Nataliya Gumenyuk

Die verlorene Insel

Geschichten von der besetzten Krim

Mit einem Vorwort von Alice Bota

Aus dem Ukrainischen übersetzt von Johann Zajaczkowski

UKRAINIAN VOICES

Collected by Andreas Umland

4 *Volodymyr Yermolenko (ed.)*
Ukraine in Histories and Stories
Essays by Ukrainian Intellectuals
With a preface by Peter Pomerantsev
ISBN 978-3-8382-1456-6

5 *Mykola Riabchuk*
At the Fence of Metternich's Garden
Essays on Europe, Ukraine, and Europeanization
ISBN 978-3-8382-1484-9

6 *Marta Dyczok*
Ukraine Calling
A Kaleidoscope from Hromadske Radio 2016–2019
ISBN 978-3-8382-1472-6

7 *Olexander Scherba*
Ukraine vs. Darkness
(Undiplomatic Thoughts)
With a preface by Adrian Karatnycky
ISBN 978-3-8382-1501-3

8 *Olesya Yaremchuk*
Our Others
Stories of Ukrainian Diversity
With a foreword by Ostap Slyvynsky
Translated from the Ukrainian by Zenia Tompkins and Hanna Leliv
ISBN 978-3-8382-1475-7

The book series "Ukrainian Voices" publishes English- and German-language monographs, edited volumes, document collections, and anthologies of articles authored and composed by Ukrainian politicians, intellectuals, activists, officials, researchers, and diplomats. The series' aim is to introduce Western and other audiences to Ukrainian explorations, deliberations and interpretations of historic and current, domestic, and international affairs. The purpose of these books is to make non-Ukrainian readers familiar with how some prominent Ukrainians approach, view and assess their country's development and position in the world. The series was founded and the volumes are collected by Andreas Umland, Dr. phil. (FU Berlin), Ph. D. (Cambridge), Associate Professor of Politics at the Kyiv-Mohyla Academy and Senior Expert at the Ukrainian Institute for the Future in Kyiv.

Nataliya Gumenyuk

DIE VERLORENE INSEL

Geschichten von der besetzten Krim

Mit einem Vorwort von Alice Bota

Aus dem Ukrainischen übersetzt von Johann Zajaczkowski

ibidem
Verlag

Bibliografische Information der Deutschen Nationalbibliothek
Die Deutsche Nationalbibliothek verzeichnet diese Publikation in der Deutschen Nationalbibliografie; detaillierte bibliografische Daten sind im Internet über http://dnb.d-nb.de abrufbar.

Bibliographic information published by the Deutsche Nationalbibliothek
Die Deutsche Nationalbibliothek lists this publication in the Deutsche Nationalbibliografie; detailed bibliographic data are available in the Internet at http://dnb.d-nb.de.

Übersetzung von Johann Zajaczkowski in Zusammenarbeit mit Dario Planert und Simon Muschick.

Coverdesign: © Tetyana Omelchenko, 2020.

Abbildungen: © Anastasia Vlasova, Silver Meykar, Alexander Nazarov, Alexander Popenko, Anna Tsigima, Natalia Gumenyuk, 2014–2019.

УКРАЇНСЬКИЙ ІНСТИТУТ //IIIКНИГИ

Dieses Buch wurde mit Unterstützung des Translate Ukraine Translation Grant Program veröffentlicht.
This book has been published with the support of the Translate Ukraine Translation Grant Program.

ISBN-13: 978-3-8382-1499-3

Originally published under the title: «Загублений острів. Книга репортажів з окупованого Криму» by Vydavnytstvo Staroho Leva (The Old Lion Publishing House), Lviv, Ukraine.

Printed in the EU

Inhalt

Vorwort von *Alice Bota* ... 7

Die Stimmen der Inselbewohner von *Kateryna Mishchenko* ... 13

Einleitung ... 17

Teil I: SCHOCK

Vorwärts in die Vergangenheit ... 25

Teil II: UNRUHE

In Schokolade getaucht, oder:
der See, den es nicht gibt ... 61

Teil III: ANGST

Schneidet mir die Zunge heraus,
ich habe vor nichts mehr Angst ... 87

Teil IV: ZORN

Die Krim zu verlassen ist wie eine kranke Mutter
zurückzulassen ... 111

Teil V: MUT

Ukrainisch bleiben auf der Krim ... 141

Krimnasch versus *Artek* ... 157

Einmal um die halbe Welt:
Der Fall Senzow-Koltschenko ... 163

Teil VI: SCHMERZ

Getrennt: wie es ist, Mutter, Frau, Vater
eines politischen Gefangenen auf der Krim zu sein ... 185

Teil VII: EINSAMKEIT

Die Stadt der Friedhofsstille 223

Wir haben die besten Spezialeinheiten weit und breit.... 232

Teil VIII: ENTTÄUSCHUNG 245

Nachwort: HOFFNUNG 287

Danksagung 297

Vorwort

Zu den unschönen Eigenschaften von Medien gehört, schnell da zu sein, wenn es knallt, und schnell wieder weg zu sein, wenn der Stillstand eintritt. Wenn Emotionen aufgebraucht sind und Geschichten erschöpft, wenn auch die schlauste Analyse nichts mehr erklärt, dann ziehen die Reporter und Reporterinnen weiter: Zum nächsten Krisenort, zur nächsten Tragödie, zur nächsten Geschichte.

Man kann diese mediale Hyperaktivität ganz sicher kritisieren, aber zur Wahrheit gehört eben auch: Die Leser und Leserinnen sind anspruchsvolle Wesen, die sich schnell langweilen. Sobald sie das Gefühl der Wiederholung haben, verlieren sie das Interesse. Wer könnte es ihnen auch verübeln? Gumenyuk kennt diese Schwierigkeiten. Als die Krim kurz nach dem Ende des Maidan-Protestes von Soldaten ohne Hoheitszeichen in grünen Uniformen besetzt wurde, war die Annexion das wichtigste Thema in der russischen, ukrainischen und internationalen Presse. In Russland waren Staatsmedien und Regierungspolitiker wie benebelt von ihrem plötzlich erwachten Krim-Patriotismus, in der Ukraine war der Verlust der Halbinsel das alles beherrschende Thema. Und in den internationalen Medien wurden Überlegungen angestellt, was wohl als nächstes passieren würde, wo noch grüne Männchen auftauchen könnten. Die Redaktionen sandten ihre Reporter aus, um über die ominöse Einnahme der Halbinsel zu berichten.

Ich war ebenfalls als Reporterin im Frühjahr 2014 auf der Krim, auch ich sprach Anfang März 2014 mit ukrainischen Soldaten und einem Oberst – so wie später Nataliya Gumenyuk. Aber anders als Gumenyuk kam ich nicht wieder. Irgendeine gute Begründung hatte ich immer: die Krisen woanders; der beginnende Krieg im Donbas; die Auflagen der ukrainischen Behörden, die zeitfressende, komplizierte Einreise auf die Halbinsel, die auf mich wie eine Schikane wirkten; die Redaktion schien nicht sonderlich interessiert. Es tat sich ja auch wenig auf der Krim – wie eingefroren schien der Zustand zu sein nach der militärischen Annexion, die mit einem fingierten Referendum besiegelt wurde. Als sei auf der Krim die Zeit stehen geblieben. Gumenyuk kennt das Problem. Für

Journalisten ist die zwanzigste, fünfzigste Verhaftung von Krimtataren und Regimegegnern nichts, worüber man wieder berichten würde. „Für die betroffene Familie ist jede Verhaftung einmalig, unwirklich, noch nie dagewesen – nicht jedoch für den Leser."

Obwohl die Annexion der Krim eine politische Katastrophe und eine menschliche Tragödie für die Ukraine bedeutet, obwohl Familien zerrissen und Biografien zerstört wurden, schwindet selbst in der ukrainischen Gesellschaft das Interesse, beobachtet Gumenyuk. „Das Thema Krim ist ohnehin nicht sonderlich populär", schreibt sie an einer Stelle eher beiläufig. „Weshalb man die Aufmerksamkeit eines breiteren Publikums nur mit wirklich gutem Material gewinnen kann." Man liest, man staunt, aber so ist der Mensch wohl: Unfähig, zu lange den Schmerz der Anderen in sich wachzuhalten, wenn er selbst in Frieden weiterleben will.

In Deutschland schien von der ersten Stunde an das Interesse an der Krim gewaltig zu sein. „Krim-Annexion" wurde zum Reizwort, kein anderes bescherte mir um 2014 herum so viele Leserbriefe. Aber das Interesse war allzu oft ein scheinbares; gerade die Meinungsstarken interessierten sich nicht für die Krim, sondern für die Projektionsfläche, die sie bot. Der frühere Bundeskanzler Gerhard Schröder, von dem nicht bekannt ist, dass er die Halbinsel jemals besucht hat, erklärte, die Krim sei „altes russisches Territorium" und die Annexion „keine Abtrennung, sondern eine durch die Bevölkerung genehmigte, also keine aggressive" Handlung. Der Fußball-Funktionär Uli Hoeneß vermutete die Halbinsel zwar im Mittelmeer, war aber überzeugt, dass der Kreml sich mit der „Einnahme" gegen die Expansion der Nato schützen musste. In Kommentaren erklärten Leserbriefschreiber und plötzlich erwachte Hobby-Historiker wieder und wieder, warum die Halbinsel geopolitisch für Russland unverzichtbar sei und das Vorgehen deshalb legitim, warum sie schon immer russisch war und russisch blieb. Plötzlich schien die Krim zur ganz persönlichen Chiffre zu werden – über sie wurde das Verhältnis zwischen Deutschland und Russland abgehandelt. Und während sich die Schreibtisch-Strategen weit weg vom Ort des Geschehens in ihre geopolitischen Planspiele vertieften, nahmen sie eines nicht wahr: Die Stimmen jener, die vor Ort von der Annexion betroffen sind. Die nun unter russischem Recht leben, ob sie wollen oder nicht.

Gumenyuk lässt insbesondere die Krimtataren zu Wort kommen. Sie wurden aus ihrer Heimat unter Stalin 1944 deportiert und durften erst Ende der 80er Jahre zurückkehren. Nun wird wieder ihr kollektives Trauma wach, fürchten sie wieder, die Heimat zu verlieren. Deportiert werden sie nicht, natürlich nicht. Aber sie werden massenhaft eingesperrt, unter fadenscheinigen Vorwürfen angeklagt. 20.000 Krimtataren, fast ein Zehntel der krimtatarischen Bevölkerung, sollen die Halbinsel bereits verlassen haben. Wer über die Zukunft der Krim spricht, darf sie nicht außen vor lassen.

Von ihnen und vielen anderen, die in diesem Buch zitiert werden, könnten Gerhard Schröder oder Uli Hoeneß zum Beispiel erfahren, wie es ist, heute auf der Krim Ukrainisch zu sprechen. Oder verpflichtet zu sein, in der eigenen Heimat plötzlich Aufenthaltsgenehmigungen von fünf Jahren beantragen zu müssen. Oder in der Medschlis, einer Selbstverwaltung der Krimtataren, aktiv zu sein. Oder seinen Glauben zu praktizieren. Oder die russische Staatsangehörigkeit nicht annehmen zu wollen. Oder nicht damit einverstanden zu sein, wie Lehrbücher umgeschrieben werden und dass ein Denkmal auf der Halbinsel die „grünen Männchen" ehrt, die sie militärisch eingenommen haben – denn dass die Krim nicht als Folge einer Volksbewegung sich von der Ukraine abspaltete, sondern in einer vom Kreml befehligten militärischen Operation einverleibt wurde, das bekennt mittlerweile mit einigem Stolz sogar der russische Präsident Wladimir Putin. Gumenyuk hält die schleichenden Veränderungen, die zunehmenden Repressionen, die wachsende Angst fest – der Eindruck, dass auf der Krim das Leben wie eingefroren ist, er täuscht.

Man spürt, dass Nataliya Gumenyuk vom Fernsehen kommt. Sie denkt in Bildern und gibt in ihrem Buch O-Tönen, Zitaten, viel Platz, und das ist ein Segen. Ihre Sprache ist schnörkellos, aber nie frei von Empathie. Je mehr sich Gumenyuk als Erzählerin zurücknimmt, desto mehr Raum lässt sie für jene, die sonst keinen Platz haben, nicht vorkommen. Man hört sie tatsächlich denken, reden, hadern.

Da ist die Krimtatarin Nadschije Mamutowa, deren Mann inhaftiert ist und die sich um Kinder von politischen Gefangenen kümmert.

Da ist Mykola Semena, ukrainischer Journalist, dem jahrelange Haft wegen eines Kommentars droht.

Da ist der Anwalt Emil Kurbedinow, der viele der Krimtataren vertritt und sagt: „Wenn du ein Muslim bist, können sie dir die Terrorismus-Paragrafen anhängen; hast du eine säkulare Weltanschauung, fällst du unter die Extremismus-Paragrafen."

Da ist die Krimtatarin Elmira, die während der Deportationen zur Welt kam und deren Mann nun angeklagt wurde. Sie sagt etwas von einer verstörenden Einfachheit: „Auf unserem Land sind wir unsere eigenen Herren, und diese Fragen müssen mit uns erörtert werden. Uns müsst ihr fragen, was wir wollen."

Warum fällt uns das allen so schwer?

Es muss für Gumenyuk nicht leicht gewesen sein, dieses Buch zu schreiben; auch jenen zuzuhören, die Positionen vertreten, die in Kyjiw verdammt werden. In einer Zeit, in der in der Ukraine darüber diskutiert wird, ob man die Kämpfer in der Ostukraine anders nenne dürfe als „Terroristen", verzichtet sie auf wertende Zuschreibungen. Sie hört einfach zu – ein nahezu provozierender Akt in einer Zeit der politischen Dogmen. Doch wie könnte man anders verstehen, wie jene Menschen, die gegen den Maidan waren und ihre Sehnsucht nach der Sowjetunion pflegen, als ukrainische Staatsbürger verloren gehen konnten? Denn auch wenn das russische Militär die Krim fast über Nacht einnahm – die politische Entfremdung der Krim-Bewohner vom ukrainischen Festland hatte Jahrzehnte zuvor begonnen.

Am Ende ihres Buches schreibt Nataliya Gumenyuk: „Überhaupt begleitet mich auf der Krim ständig ein Gefühl der Reue, und ich fühle mich oft schuldig." Weil sie Gesprächspartner nicht wieder trifft, weil Kontakte verloren gehen. Darf man das, mitfühlen? Interviewpartner umarmen, jubeln, wenn der Aktivist Oleh Senzow nach fünf Jahren russischer Gefangenschaft freikommt? Ich finde: Wenn man seine Arbeit so macht wie Gumenyuk, dann darf man das. Es wäre zynisch, von einer Ukrainerin wie Gumenyuk eine Distanz zu verlangen, als wäre sie eine Fremde und nicht

Staatsbürgerin dieses Landes, über das sie berichtet. Und es ist fast beruhigend zu lesen, dass Gumenyuk seit 2014 nicht nur wieder und wieder auf die Krim gereist ist und mit allen spricht, sondern dass sie auch weiterhin nach Moskau gefahren ist, sogar mit Kollegen des russischen Staatsfernsehens spricht. Dass sie dieses Vorwort für die deutsche Ausgabe einer Korrespondentin anvertraut, die seit Jahren in Moskau wohnt.

Das große Verdienst dieses Buches ist es, ohne „explizite Schlussfolgerungen" auszukommen, wie Gumenyuk schreibt – mit einer Ausnahme: „Relatives Glück und Frieden der Mehrheit können nicht erlangt werden, wenn der Preis dafür das Leid anderer ist". Sein größtes Verdienst ist es aber, dass es in der Welt ist. Dass es existiert. Dass es die Bewohner dieser Halbinsel sprechen lässt inmitten des Lärms der Geopolitik.

Die Krim mag in diesen Jahren verloren sein, aber ihre Menschen sind nicht vergessen.

Alice Bota,
Korrespondentin der ZEIT für Osteuropa
Moskau, Oktober 2020

Die Stimmen der Inselbewohner

Nach der Annexion verlor die Krim ihren Status als Halbinsel. Die Abtrennung von der Ukraine, eine neue Gerichtsbarkeit, neue Grenzziehungen und darüber hinaus eine neue politische Mythologie haben das Gefüge der Halbinsel radikal verändert. Ihr Verharren zwischen der Macht des Faktischen und der Ohnmacht des Rechtlichen hat die Krim in eine Insel der Ambivalenz und der Unsicherheit verwandelt - eine Unsicherheit, die in sämtliche Lebensbereiche einsickert und keine andere Wahl lässt, als die eigenen politischen Hoffnungen auf ein Mindestmaß zu beschränken.

Es ist allgemein bekannt, dass Inseln häufig Gegenstand kolonialer Gelüste oder Fixpunkte von Eroberungsfantasien sind. 2014 blinkte die Krim infolge der revolutionären Ereignisse in der Ukraine als roter Punkt auf der geistigen Landkarte Russlands auf - seitdem ist sie nicht länger ein von Sowjetnostalgie überformter Kurort, sondern vollkommen moderne, historische Zweckmäßigkeit; eine Phantasmagorie, die angeblich seit jeher das russische Volk genährt hat. Aus Gründen der Effekthascherei und der Effektivität erfordert die physische Eroberung des Territoriums eine Kolonisierung des Imaginären, einen Glauben an die Alternativlosigkeit der „Rückkehr" der Krim nach Russland. In dieser Hinsicht tobt seit sechs Jahren - trotz zahlreicher verlorener Debatten - unvermindert ein ideologischer Kampf um die Krim, dauert die Auseinandersetzung um die Deutungshoheit der Besetzung der Krim auf russischen und ukrainischen Mattscheiben und in der Presse weiter an. Die Erklärungen stehen in einem unversöhnlichen Gegensatz zueinander und wetteifern innerhalb der Gesellschaften der Ukraine, Russlands und der Krim eifrig um das Recht auf Wahrhaftigkeit.

Wir erfahren dort von der Rückkehr, dem Wiederaufbau, der historischen Gerechtigkeit, dem wachsenden Wohlstand der Staatsbeamten und von der Erholung der Touristenströme; man erzählt uns von den Stätten patriotischer Heldentaten - damals im Zweiten Weltkrieg, heute im Widerstand gegen die „nationalistische Offensive" vom ukrainischen Festland. Die Krim ist zu einer Art politischem Laboratorium geworden, wo die Grenzen des Völkerrechts ausgelotet und die Militarisierung des Bewusstseins erprobt werden. Ein solches Bewusstsein ermöglicht es, die Zugeständnisse an die Bürger gering zu halten und gleichzeitig einen hohen Grad an Loyalität sicherzustellen.

Im kollektiven Gedächtnis der Ukraine stellt die Krim eine Wunde dar, die für den Kriegsbeginn und den Verlust des Zuhauses steht. In unserem medialen Kontext wird die Krim häufig auf einen Punkt auf der Landkarte reduziert, der bisweilen neurotisch aufblitzt - ebenso neurotisch, wie die Ukrainer sich und anderen die eine Frage stellen: wem gehört die Krim? Gegenwärtig ist das Sprechen darüber, dass die Krim ein Teil der Ukraine ist, das vielleicht einzige wirksame Schmerzmittel gegen die Wunde, die der Verlust der Krim bedeutet. Gleichzeitig hat der Raub der Halbinsel historische Traumata - insbesondere das Trauma der Deportation der Krimtataren - wieder zutage gefördert. Dieses Trauma fällt mit der gegenwärtigen ethnischen Verfolgung der Krimbevölkerung durch die russischen Sicherheitsbehörden zusammen und bringt unaussprechliches Leid hervor, welches die ukrainische Seite zu überwinden nicht in der Lage ist. Infolgedessen wird die Krim immer mehr zu einem Sinnbild des Schweigens und verschwindet allmählich aus dem politischen Bewusstsein.

Paradoxerweise versucht ausgerechnet Russland, den verlorenen Status der Halbinsel wiederherzustellen. Dabei stellt der utopische Bau der Brücke von Kertsch (der „Krim-Brücke") nicht nur einen physischen, sondern auch einen mentalen Ausgangspunkt für ein neues Kapitel in der Geschichte dar; darin wiederum ist die jüngste ukrainische Vergangenheit als Sinnbild des Schweigens vorgesehen.

Dieses eiserne Schweigen gilt es zu brechen, und die diskursiven Rahmenbedingungen, in die die Krim und ihre Einwohner geraten sind, zu verändern. Seit der Annexion reist Natalija Gumenyuk regelmäßig auf die Krim, stets bestrebt, den Kontakt mit der Realität nicht zu verlieren - einer Realität, die komplexer ist, als die angebotenen Narrative uns glauben machen. Diese Komplexität ist nicht nur das Resultat ihrer eigenen Ansichten, sondern auch ihres journalistischen Ansatzes. Die Autorin wendet sich an Vertreterinnen und Vertreter unterschiedlicher Gemeinschaften, sozialer und ethnischer Herkunft und politischer Lager. Im vollen Bewusstsein ihrer eigenen politischen Position stellt sie Fragen und sucht nach Antworten, ohne dabei Partei zu ergreifen; ihr Tasten richtet sich nicht nur an ihre Leserschaft, sondern gilt auch ihr selbst. Der aufrichtige Wunsch, sich ein Bild von der Lage auf der Krim zu machen, spricht aus den in diesem Band versammelten Texten Natalija Gumenyuks. Was verrät uns nun das so verfertigte Stimmungsbild?

Bezeichnenderweise ist es in gewisser Hinsicht ein Klangbild, hervorgerufen durch die Vielstimmigkeit derjenigen, die zurückgeblieben sind. Darunter finden sich „schweigende" ukrainische Oppositionelle, die Wahlen boykottieren, ihre Kinder von russischen Schulen fernhalten und die Ukrainisch-Orthodoxe Kirche besuchen; da gibt es Unternehmer und Sozialarbeiter, ebenso wie Befürworter der Annexion, die sich mit russischen Korruptionsschemen herumschlagen. Eine andere Woge spült die Geschichten der Nachkommen der unterdrückten Krimtataren - und mit ihnen die Erinnerungen an die Deportation - an die Oberfläche. Zwischen diesen Geschichten schimmert eine neue Inselidentität durch: den Gefangenen, Verlassenen, Vertriebenen fällt die Bürde zu, ihr Dasein unter extremen Restriktionen zu behaupten.

Natalija Gumenyuk setzt alles daran, den Veränderungen sämtlicher Aspekte des materiellen Lebens, der wirtschaftlichen und sozialen Wirklichkeit sowie den Migrationsbewegungen nachzuspüren - denen also, die die Krim verlassen, und denen (vorwiegend Mitglieder der Sicherheitsbehörden), die sich dort ansiedeln. Zugleich schildert die Autorin die Metamorphose des kollektiven historischen Gedächtnisses, befeuert von einer vorsätzlichen Instrumentalisierung, die einige Jahre zuvor noch unvorstellbar gewesen wäre. Dieses neue Gedächtnis erscheint als eine Art Monolith, der das Gefühl der Isolation gleichsam zementiert. Es sieht nicht danach aus, als wären in diesem neuen historischen Überbau drastische Brüche vorgesehen.

Die Isolation wird auch über die Grenzen der Krim hinausgetragen. Davon zeugen die Reportagen über das Schicksal von Oleh

Senzow und Oleksandr Koltschenko, deren Überstellung und anschließende Freilassung uns dazu zwingen, die Distanz und Verlassenheit der Krim in aller Schärfe nachzuempfinden. Dieses Buch ist ein Versuch, die Isolation zu durchbrechen und Geschichte in ihrem Werden zu begreifen – mit all ihren Widersprüchen, ihrer Gewaltförmigkeit, ihren Zusammenstößen ideologischer Narrative und ihren Praktiken des täglichen Überlebens und der Adaption.

Natalija Gumenyuk begreift Geschichte aus einer humanistischen Warte heraus als ein Mosaik aus Mikroerfahrungen der Inselbewohner, die für sich selbst stehen. Solch eine inklusive Position verlangt nach einem offenen Ende der ukrainischen Geschichte der Krim. Gleichzeitig schlägt die Auseinandersetzung mit den sozialen Aspekten des gesellschaftlichen Lebens eine Brücke nicht nur zur fernen Krim, sondern fördert auch das Verständnis der Realitäten auf dem ukrainischen Festland. Dieses Buch handelt nicht nur vom Widerstand der Vergessenen und Zurückgelassenen. Sein Erscheinen ist *selbst* ein Akt des Aufbegehrens gegen die Alternativlosigkeit der Krim-Annexion. An die Stelle des Schweigens muss eine Sprache der Rückkehr treten. Die Artikulation einer solchen Sprache ist eine unermüdliche und akribische Arbeit, die neben der Tatkraft der Autorin auch Empathie und Offenheit für das Menschliche in all seinen Facetten erfordert.

Die Krim ist im Kontext des russisch-ukrainischen Krieges unfreiwillig zur möglicherweise größten Herausforderung für die ukrainische und internationale Politik geworden. Diese Herausforderung erfordert eine ethische Positionierung und eine radikale Vorstellungskraft, die es ermöglichen würde, die Krim wieder anzueignen und zurückzuholen. Vor Ihnen liegt die Einladung, das Gespräch über die Rückkehr fortzuführen.

Kateryna Mishchenko
Publizistin, Kuratorin

Einleitung

„Wozu schreibst du dieses Buch?“, werde ich von einer Journalistin aus dem Ausland gefragt. Sie macht das nicht der bloßen Kritik wegen: Fragen dieser Art – frei aus dem Bauch – beflügeln das Denken und schärfen den Geist. Ich zögere meine Antwort hinaus, obwohl meine Gedanken ohne Unterlass um diese Frage kreisen.

Ich schreibe dieses Buch, damit die Menschen, die in den vergangenen Jahren nicht auf der annektierten Krim gewesen sind oder dort gelebt haben, zumindest eine vage Vorstellung vom Leben dort bekommen. Dabei geht es nicht unbedingt darum, wie es sein muss, die Mutter, Frau oder Tochter eines politischen Gefangenen zu sein, oder ein Menschenrechtler oder Aktivist, der täglich in Gefahr schwebt; ein Militärangehöriger, der sich entscheiden muss, ob er aus Sorge um seine Familie seinen Eid bricht oder sich in Gefahr begibt oder jemand, der die ukrainische Sprache wertschätzt; ein Priester, dessen Kirche gesetzlich verboten wurde; ein Unternehmer, der vor den Scherben seiner Existenz steht, und so fort. Die meisten Menschen werden weiterhin davon ausgehen, dass diejenigen, die von der Annexion betroffen sind, entweder außergewöhnliche Helden sind, die sich bewusst für den Weg des Kampfes entschieden haben – oder aber, dass sie einfach Pech hatten und sich diesem Kampf nun gezwungenermaßen anschließen. Doch das sind Ausnahmen. Und selbst wenn wir die Helden und die Pechvögel – die bewussten und die umständehalber dazu gewordenen Kritiker der Annexion – als eine Kategorie denken, bilden sie immer noch die Minderheit. Die Mehrheit der Krimbewohner hingegen schlägt sich mit knapper Not durch.

Doch was mag ein Mensch empfinden, der unversehens unter eine Fremdherrschaft geraten ist?

Seit der russischen Annexion der Krim trete ich Jahr für Jahr auf Dutzenden von Konferenzen auf und unterhalte mich mit ebenso vielen ausländischen wie ukrainischen Journalisten und Experten. Und ich muss mit Befremden feststellen, dass selbst die klügsten Köpfe nicht vor der Vorstellung gefeit sind, dass die Krim-Frage als solche ein wenig zurückgestellt werden könne. Schließlich gehe es weder um aktive Kampfhandlungen, die sofort eingestellt werden müssen, noch um Massenfolter oder -verhaftungen von zehntausenden Menschen. Daher sei die Situation auf der Krim nicht sonderlich lebensbedrohlich und die Lösung des Konflikts könne noch warten.

Dabei bleibt der Schmerz der Routine zu keinem Zeitpunkt aus. Dumpf, stechend, bisweilen stumm, und doch ein Schmerz – von jener Sorte, die sich vor Außenstehenden verborgen hält, den du aber jeden Tag verspürst.

Ein Schmerz, an den man sich anpassen und gewöhnen kann, und den man irgendwann als gegeben hinnimmt.

Ein Schmerz, der sich jeden Tag in Erinnerung ruft, da du zum Abendessen wie immer eine zweite Portion zubereitest für deinen Mann, der seit zwei Jahren im Gefängnis sitzt.

Du spürst ihn, weil du dir angewöhnt hast, mit den Kollegen nur über den Arbeitsalltag zu reden, weil sie dich aus heiterem Himmel anschwärzen könnten und du bestenfalls nur deinen Job verlierst.

Er ist urplötzlich da, wenn dir schlagartig bewusst wird, dass du vor einigen Jahren ein Geschäft geführt und mit Diplomaten zusammengearbeitet hast, und nun suchst du Arbeit als Verkäufer auf dem Markt oder versuchst es deinetwegen als Maler.

Er reiht sich mit dir in die Warteschlange zur Eintragung eines Hauses ins Grundbuchamt ein – deines Hauses, das du vor mehr als fünfzig Jahren mit deinen eigenen Händen gebaut hast, doch dein Antrag wird schließlich abgelehnt.

Er wartet am Checkpoint der Verwaltungsgrenze auf dich, wo du gleich doppelt gedemütigt wirst: erst aus Angst vor den Feind, dann, weil deine eigenen Leute in dir einen potenziellen Feind sehen.

Er sitzt neben dir, wenn die Taxifahrer, die normalerweise ohne Punkt und Komma über Politik reden, nun einfach schweigen, um der Fremden gegenüber keine unbedachte Äußerung fallen zu lassen.

Er begleitet dich, wenn du in der falschen Gegend deiner Heimatstadt unterwegs bist und dir ein Bußgeld für eine Ordnungswidrigkeit aufgedrückt wird, dabei ist das Bußgeld deine geringste

Sorge, denn es ist nicht dein erster Verstoß, und nun besteht die Gefahr, dass dein Aufenthaltstitel für die Stadt, in der du dein ganzes Leben verbracht hast, fünf Jahre nach der Annexion nicht verlängert wird.

Er macht sich bemerkbar, wenn du aus Höflichkeit nickst und Nachbarn und Freunde aus Kindheitstagen grüßt, mit denen du dich eigentlich zerstritten hast, weil eure Ansichten unvereinbar sind, es aber besser ist, kein Salz in die Wunde zu streuen.

Ich bin im März 2014, am Tag des sogenannten Referendums, auf die Krim gereist. Die letzte im Buch beschriebene Reise auf die Halbinsel fand im März 2019 – während des fünften Jahrestags der Annexion – statt. Insgesamt unternahm ich in diesem Zeitraum sieben (mal kürzere, mal längere) Reisen auf die Halbinsel. Bei jeder Reise habe ich versucht, möglichst viele Städte und Ortschaften zu besuchen – von Jewpatorija bis Kertsch, von Bachtschyssaraj bis Sudak, und natürlich Sewastopol, Simferopol und Jalta. Dabei habe mir immer vorgenommen, so viele Eindrücke wie möglich zu sammeln, und bin Dutzenden von Menschen begegnet – Ukrainern, proukrainischen Russen, prorussischen Ukrainern, Krimtataren. Ich habe mich mit Politisierten und Apolitischen, mit Staatsangestellten und Unternehmern, mit Rentnern und Schülern, mit Ärzten und Lehrern, mit Militärangehörigen und Anwälten, mit den Gebrochenen und mit den Standhaften unterhalten – und mit solchen, denen es auf den ersten Blick gutzugehen scheint.

Der vielleicht nicht schwierigste, aber dafür kniffligste Teil der Arbeit als Journalistin auf der Krim waren für mich nicht die Fragen nach der eigenen Sicherheit oder die Befangenheit der Menschen im Gespräch. In all den Jahren war es jedes Mal dasselbe: immer, wenn ich auf die Krim zurückkehre, hat sich scheinbar nichts verändert – so als gäbe es keinen Lauf der Geschichte mehr. Über die Preise, die Russifizierung, die Ankömmlinge aus Russland wurde bereits erschöpfend berichtet. Wieder werden Krimtataren und Regimegegner festgenommen. Doch ist dies bereits die zwanzigste, fünfzigste, sechsundfünfzigste Verhaftung. Für die betroffene Familie ist jede Verhaftung einmalig, unwirklich, noch nie dagewesen

– nicht jedoch für den Leser. Und die absurden Staatsakte mit Militärangehörigen und sowjetrussischen Flaggen am „Tag des Verteidigers des Vaterlandes", am Jahrestag des „Referendums" oder am Tag des Sieges muten zwar bizarr an, aber haben ihren Nachrichtenwert verloren.

Mir scheint jedoch, dass der dumpfe Schmerz der Annexion, den jemand genau in diesem Augenblick verspürt, trotz allem beschrieben werden kann. So, wie man zeigen kann, wie die Besatzung für Millionen von Menschen zu einem neuen Alltag geworden ist. Einem Alltag, an den man sich gewöhnen kann, denn jeden Tag ruft die Arbeit, die Schule, und so fort. Schon das sechste Jahr in Folge erleben die Kinder den Schulbeginn in der Schule eines völlig anderen Staates, und vielleicht wissen sie nicht einmal, dass vor nicht allzu langer Zeit alles noch ganz anders gewesen ist.

Dieses Buch kommt ohne explizite Schlussfolgerungen aus – mit einer Ausnahme: Relatives Glück und Frieden der Mehrheit können nicht erlangt werden, wenn der Preis dafür das Leiden anderer ist, und selbst wenn die relative Mehrheit nicht leidet, so hebt die systematische Unterdrückung der Minderheit diese vermeintliche Stabilität wieder auf.

Ich beabsichtige weder eine Analyse der Ursachen der Annexion noch fertige ich eine Chronologie der Eroberung und der Rechtsverletzungen an. Es ist dies eine Sammlung von Reportagen, basierend auf eigenen Reisen, Interviews und Eindrücken. Es ergab sich, dass nur wenige der Journalisten, die während der Annexion – im Februar/März 2014 – auf der Krim tätig waren, wieder dorthin zurückgekehrt sind. Eine ausländische Journalistin beklagte sich darüber, dass ihre große Redaktion nicht das Risiko eingehen wolle, sie *„wegen einer Geschichte, die sich kaum verändert"* zurückzuschicken – auch, weil dies zu viel Zeit koste. Mit sämtlichen Genehmigungen und dem Weg über Tschonhar oder Tschaplinka nehmen Hin- und Rückreise einen ganzen Tag in Anspruch.

Es gibt Kollegen, die ich bewundere, da sie häufiger als ich bei den Gerichtsprozessen gegen politische Gefangene anwesend sind und deren Schicksale genauer verfolgen, die jedoch nicht unbedingt seit den Anfängen der Besatzung auf der Krim gewesen sind. Es gibt diejenigen, die geblieben sind, um im Untergrund weiter tätig zu sein, und es gibt solche, die sich gezwungen sahen, ihren Beruf zu wechseln, wobei die Mehrheit der Lokaljournalisten auf das Festland übersiedelte. Seit fünf Jahren widme ich mich der mir zugefallenen Aufgabe, zu beobachten, was sich auf der Krim ereignet, und zu erkennen, was sich geändert hat, was erstarrt ist, und warum der Schmerz nicht nachlässt. Es gibt also noch eine andere Antwort auf die Frage, warum ich beschlossen habe, dieses Buch zu schreiben: Da es mir gelungen ist, diesen Menschen zu begegnen und sie mir ihre Geschichten erzählt haben, habe ich einfach nicht das Recht, sie für mich zu behalten.

Teil I
SCHOCK

März 2014

Bachtschyssaraj – Balaklawa –
Sewastopol – Jalta – Simferopol

Vorwärts in die Vergangenheit

Selbsternannte Kosaken kontrollieren die Ausweise der Passagiere, die auf die Krim reisen. Dschankoj ist der erste Halt auf der Halbinsel. Ich liege auf der oberen Pritsche eines Schlafabteils und täusche völlige Müdigkeit vor. Während ich meinen Pass hervorziehe, hebt sich mein Kopf fast unmerklich vom Kissen. Mein Smartphone ist sauber – kein einziges Foto vom Maidan ist darauf zu finden.

Ein Mann lugt in unser Abteil. Meinen Pass würdigt er kaum eines Blickes, und damit ist meine Einreise auf die Krim geglückt. Wir schreiben den 16. März 2014. Heute soll ein sogenanntes Referendum über den Status der Krim stattfinden. Der Zug fährt bis nach Sewastopol, ich steige in Bachtschyssaraj aus.

In der wichtigsten Stadt der Krimtataren gibt es weitaus weniger Anhänger des „Russischen Frühlings"[1] als dessen ausgesprochene Gegner. Der Zug hat eine Verspätung von etwa 25 Minuten. Es stellt sich heraus, dass Kosaken pünktlich am Bahnhof waren, dann aber, ohne die Ankunft des Zuges abzuwarten, unvermittelt wieder abgezogen sind.

Faktisch wurde die Krim bereits erobert und besetzt. Die schlimmste Befürchtung ist eingetreten. Diejenigen, die versuchten, Widerstand gegen die Okkupation zu leisten, Aktivisten, die alles daransetzten, um die „grünen Männchen"[2] – sprich: russische Soldaten – zu entlarven, wurden verprügelt und weggesperrt. Nach Lage der Dinge kontrolliert die Armee der Russischen Föderation bereits das Territorium der Halbinsel. Und obwohl über manchen ukrainischen Militärbasen noch die ukrainische Flagge weht: der Bruch ist vollzogen.

---

1 Begriff aus den russischen Staatsmedien zur ideologischen Überformung der Ereignisse von 2014 auf der Krim und im Donbas (Anm. d. Übers.).

2 Euphemistische Bezeichnung für die russischen Spezialeinheiten mit Uniformen, aber ohne Hoheitsabzeichen, die für die Besetzung der Krim eingesetzt wurden. Bisweilen auch zynisch als „höfliche Menschen" gelesen, da die Spezialeinheiten auf direkte Gewaltanwendung bei der Besetzung und auf jegliche Kommunikation verzichtet haben (Anm. d. Übers.).

Doch am Tag der sogenannten „Abstimmung über die Unabhängigkeit der Krim" weigern wir uns noch, diese neue Realität zu akzeptieren, und hoffen darauf, die Zeit zurückdrehen zu können.

Über dem bekannten krimtatarischen Café *Musafir* weht die Flagge der Krimtataren. Das Lokal liegt ein Stückchen oberhalb des Weges. Mit meinem Smartphone filme ich ein vorbeifahrendes - ein russisches - Militärfahrzeug. Ich möchte daran glauben, dass die Aufnahme als Beweis für die Präsenz ausländischer Truppen taugt.

Im *Musafir* arbeiten mehrere Journalisten aus verschiedenen Ländern an ihren Laptops. Ich habe eine Tarnidentität. Wahlweise gebe ich vor, eine lokale Übersetzerin oder die Freundin eines estnischen Journalisten zu sein. Mein „Freund" war einst der jüngste Abgeordnete des estnischen Parlaments. Er war der einzige EU-Politiker, der 2004 während der Orangenen Revolution im Zeltlager auf dem Maidan lebte. Jetzt ist er einfach freiberuflicher Journalist. Ich habe die Kontakte zu den Protagonisten und werde Geschichten für den Internet-Fernsehsender *Hromadske* aufschreiben, und solange wir zusammenarbeiten, begleitet er mich zu allen Interviews und Treffen und schreibt Texte für estnische Medien.

Der Maidan ist gerade zu Ende gegangen und die Arbeit von *Hromadske* schlägt hohe Wellen. Das Bild eines Kollegen wird auf den Kundgebungen der Separatisten gezeigt - als Zielscheibe. Jetzt ist nicht die Zeit für Live-Übertragungen von der Krim; man erregt besser keine Aufmerksamkeit und behält den aktuellen Aufenthaltsort einer ukrainischen Journalistin für sich. Meine Aufgabe besteht somit weniger darin, Aufmerksamkeit zu generieren, als vielmehr darin, herauszufinden, was hier wirklich vor sich geht. Mein Kollege ist einige Tage früher angekommen und hat es geschafft, gemeinsam mit einem estnischen Fernsehteam (das nicht länger auf der Krim erwünscht ist) einige Szenen einzufangen. Er hat auch Perewalne besucht, wo er russische Soldaten ohne Hoheitsabzeichen gefilmt und das Material an uns weitergereicht hat. Die bewaffneten Männer mit vermummten Gesichtern hüllten sich einfach in Schweigen, und den Ortsansässigen mit ihren schwarz-

orange gestreiften Georgsbändchen[3] stand auch nicht der Sinn nach einer Unterredung mit EU-Bürgern. Besagter Kollege hat auch die letzte große proukrainische Kundgebung am Tag vor dem „Referendum" am Taras-Schewtschenko-Denkmal[4] in Sewastopol verfolgt. Der gesamte Platz sei in ein Meer aus blau-gelben Flaggen getaucht gewesen.

Noch bevor ich herausfinde, wie ich zum Wahllokal gelange, erfahre ich, dass der berüchtigte prorussische Aktivist Johan Bäckman zur Unterstützung der Annexion aus Finnland auf die Krim gereist ist. Bäckman bestreitet vehement die Existenz eines unabhängigen Estlands, wurde dort zur *Persona non grata* erklärt und

---

3 Während des Zweiten Weltkriegs Verdienstorden für sowjetische Soldaten; seit 2014 Symbol der Unterstützung der Aktivitäten der russischen Regierung auf der Krim und im Donbas (Anm. d. Übers.).

4 Taras Schewtschenko ist ein Klassiker der ukrainischen Literatur des 19. Jahrhunderts (Anm. d. Autorin).

darf schon lange nicht mehr an finnischen Universitäten unterrichten. Ab Juli 2014 wird sich Bäckman selbst als offiziellen Repräsentanten der „Volksrepublik Donezk" in Finnland bezeichnen. Damals waren solche Vertreter der „Russischen Welt"[5] für uns noch Neuland.

„Gegen Mittag hatten bereits 461 Person abgestimmt. Alle sind sehr aktiv! Viel junges Volk. Ich bin nicht zum ersten Mal Mitglied einer Wahlkommission. Alle behaupten immer, dass die Jugend unpolitisch sei, aber die ersten, die ihre Stimme abgegeben haben, waren fünf junge Leute", berichtet eine Frau, Mitglied einer sogenannten Wahlkommission im Stadtzentrum von Bachtschyssaraj. Das baufällige, einstöckige Gebäude ist größtenteils verrammelt und wurde eigens für die Wahlen auf Vordermann gebracht.

Die Frau rechtfertigt die großen Lücken im Wählerverzeichnis damit, dass zur Vorbereitung der Abstimmung nur wenig Zeit geblieben sei. Daher dürfen auch jene, die nicht auf der Liste stehen, „abstimmen". Wir beobachten den Ablauf:

„Hier ist der Antrag von Nadija Wolodymyrowna Ionowa auf Aufnahme in die Liste." Es wird abgestimmt; der Antrag wird angenommen.

„Nun kommen Sie her, nehmen Sie einen Stimmzettel und wählen Sie", fordert die Organisatorin die Frau auf.

Wenige Stunden später treffen wir im selben Wahllokal eine befreundete Journalistin mit russischem Pass. Sie erzählt uns, dass sie soeben bereits in einem anderen Wahllokal in Bachtschyssaraj ihre Stimme abgegeben hat.

„Finden Sie, dass Russland eher zum Vorbild taugt als Europa?", fragt mein estnischer Kollege eine junge Familie, die zum Wahllokal gekommen ist.

„Natürlich, in Russland steht alles zum Besten, dort herrscht Stabilität. Die EU ist definitiv kein Vorbild, und Lettland schon gar nicht."

---

5 Bezeichnung der russischen Regierung für eine diffuse geopolitische und kulturelle Einflusssphäre, die den Großteil der Nachfolgestaaten der Sowjetunion umfasst (Anm. d. Übers.).

„Wir sind aus Estland."

„Estland? Auch kein gutes Vorbild. Was gibt´s da schon Gutes? Die Leute dort leben schlechter. Wir waren in Serbien, die Leute dort machen sich scharenweise aus dem Staub."

„Serbien? Aber Serbien ist nicht in der EU."

„Das nicht, aber sie haben ein Integrationsabkommen unterschrieben, deshalb geht das Land mit jedem Jahr mehr vor die Hunde. Und meine Freunde in Riga sind auch nicht eben begeistert: die Lebenshaltungskosten steigen, das Rentenalter ebenfalls, die Gehälter sinken. Die treiben die Menschen in den Ruin."

Die Wahlleiterin beteuert, dass auch Krimtataren ihre Stimmen abgeben. Der Medschlis des Krimtatarischen Volkes[6] hat den Boykott des „Referendums" beschlossen. Dies bestätigt auch Achtem Tshijhos, der stellvertretende Vorsitzende des Medschlis – und zu diesem Zeitpunkt auch Abgeordneter des Bezirksrats von Bachtschyssaraj. Sein winziges Büro ist nur einen Steinwurf vom vermeintlichen Wahllokal entfernt und öffnet am Nachmittag. Da berichten die russischen Medien bereits über die erfolgreiche Abstimmung. Tshijhos spricht im Brustton der Überzeugung: *„Das ist eine Provokation, eine Farce, damit wollen wir nichts zu tun haben. Hier im Bezirk Bachtschyssaraj und in einigen unserer kleineren Siedlungen haben sich die Krimtataren nicht an der Bildung von Wahlkommissionen beteiligt. Wir sind seit vielen Jahren eine feste Größe bei der Wahldurchführung auf der Krim. Zur Wahlbeteiligung muss ich nicht viele Worte verlieren – die ist natürlich gering. Den Informationen zufolge, die wir aus unserer Region erhalten haben, hat nur ein Bruchteil der über 25.000 hier lebenden Krimtataren an den Wahlen teilgenommen. Wir sind uns darüber einig, dass unsere Heimat in Gefahr ist. Dieses Gefühl lastet jedem auf der Brust – sowohl denen, die die Deportation durchlitten haben, als auch jedem Kind, wenn es sich schlafen legt. Morgen werden wir aufwachen und den Kampf um unsere Rechte fortsetzen. Die Form des Kampfes wird von der Problemlage abhängen. Doch wir, die Krimtataren, sind Bürger der Ukraine."*

---

6 Exekutiv-repräsentatives Organ des Krimtatarischen Volkes; seit 2016 durch die Besatzungsbehörden auf der Krim verboten (Anm. d. Übers.).

Wir stehen vor einem der größten Wahllokale im Dorf Turheniwka. Ein Mann mittleren Alters mit Schiebermütze und Lederjacke stellt sich lächelnd als „Onkel Tolja" vor. „*Na aber selbstverständlich*" habe er abgestimmt.

„*Und wofür haben Sie gestimmt?*"

„*Ja keine Ahnung, wie das alles jetzt gelaufen ist.*"

„*Wofür nun? Für die Vereinigung mit Russland?*"

„*Und wohin geht dieses Video?*"

„*Nach Kyjiw.*"

„*Oh, nein! Dann nicht. Das zeigt ihr sowieso nicht!*"

„*Doch, na klar, warum denn nicht?*"

„*Ich sage nichts. Ich habe zwar gewählt, aber jetzt weiß ich nicht, ich horche in mich hinein und frage mich, wozu das Ganze gut sein soll.*" Er zuckt mit den Schultern.

„*Und was wird morgen geschehen?*"

„*Morgen wird ein schwerer Tag, aber die Leute werden erfahren, dass alle auf der Krim nach Russland wollen.*"

Onkel Tolja ist überzeugt, dass die Krimtataren das Referendum boykottiert haben. Er führt aus: „*Ihr Tschubarow*[7] *will es nicht, er hat es verboten. Und nun hocken sie in ihren Hütten, keine Spur von ihnen in ganz Bachtschyssaraj. Ist so. Hast du hier etwa einen einzigen Tataren gesehen? Fehlanzeige. Die wollen nicht nach Russland. Die Tataren haben Angst, vielleicht zu Recht. Russland wird ihnen die Daumenschrauben anlegen. Die Ukraine fürchten sie nicht, dort herrscht Chaos, und sie hocken auf dem Basar herum, schachern, arbeiten in die eigene Tasche, geben nichts an den Staat, aber streichen ihre Rente ein. Und die kommt aus Donezk, wo die Fabriken stehen. Russland wird ihnen schon verklickern, dass man schuften muss, anstatt auf dem Basar die Zeit totzuschlagen.*"

Mehr an sich selbst gewandt, überlegt er laut, was ihn an der Ukraine stört: „*Wir wollen ein ganz normales Leben. Aber die pressen uns hier aus. Das Geld von den Touristen fließt nach Kyjiw, und wir sehen*

---

7 Von 1995 bis 1998 stellvertretender Vorsitzender des Obersten Sowjets der Autonomen Republik Krim. Seit November 2013 Vorsitzender des Medschlis des Krimtatarischen Volkes (Anm. d. Autorin).

keine müde Kopeke. Wenn bei euch in Kyjiw der Mindestlohn bei 2.500 Hrywnja liegt, dann sind es hier 1.000.[8] *Damit kommst du nicht weit. Im Fernsehen zeigen sie, dass man in Kyjiw 8.000, ja sogar 10.000 Hrywnja kriegen kann. Klar sind die dort für die Ukraine! Würden die nur mal bei uns leben. Nun, wir haben Janukowytsch gewählt, diesen Dreckskerl. Ja, wir haben für ihn gestimmt, für wen auch sonst. Hätten wir denn wissen können, was das für ein Typ ist? Die eigenen Taschen hat er sich vollgestopft."*

„Glauben Sie etwa, dass es in Russland keine Korruption gibt?"

„Keine Ahnung, aber zumindest setzt Putin jede Woche einen dieser korrupten, betrügerischen Gouverneure aus allen möglichen Oblasten vor die Tür. Unter Julija Timoschenko hatten wir zwei Stunden täglich Strom, es gab kein Benzin, Busse fuhren nicht. Und die soll jetzt eine Heldin sein? Habt ihr die dreistöckigen Hütten gesehen, die die sich gebaut haben? Wir

---

8 Im März 2014 entsprachen 1.000 Hrywnja dem Wert von 120 US-Dollar (Anm. d. Autorin).

sind hier weit ab vom Schuss, wir haben im Dreck gelebt und wir werden weiter im Dreck leben."

In Kyjiw herrscht der Eindruck vor, dass die Krim hinter Janukowytsch stand – die Halbinsel als Hochburg jener „Partei der Regionen", die mit dem NATO-Beitritt kokettiert und politisches Kapital aus der Sprachenfrage geschlagen hat. Wir werden den Eindruck nicht los, dass die Menschen auf der Krim nicht das gesamte Ausmaß der Korruption des Ex-Präsidenten, der durch den Maidan aus dem Amt gejagt wurde, erfasst haben. Es scheint, als kämen wir einige Jahre zu spät. Die russische Botschaft auf der Krim lautet: *„Alle ukrainischen Politiker sind wie Janukowytsch. Einzig Putin ist anders."* Ein lokaler Aktivist pflichtet bei: *„Weißt du, die Leute glauben, dass der korrupte Donezker Clan sich die Krim unter den Nagel gerissen hat und dass Russland so etwas nicht dulden wird."*

Ich möchte von Onkel Tolja wissen, ob er darauf setzt, dass Moskau ganz ohne Bedingungen Geld aushändigen werde. Doch dieser gerät ins Schwärmen über die Zeiten in der Sowjetunion, als es im Dorf noch drei Traktoristen-Brigaden gab. Onkel Tolja glaubt, dass Krieg vermieden werden kann und dass alle in Frieden leben werden: *„Wir – die Ukraine und die Krim – sind eine Familie. Aber es ist besser, wenn jeder seinen eigenen Weg geht. Schlimmer kann´s nicht werden."*

„Wovor wir Angst haben? Es kursieren Gerüchte über ‚ethnische Säuberungen', das heißt die Vertreibung der ursprünglichen Bevölkerung der Krim; man will Bedingungen schaffen, die uns zwingen, unsere Heimatstätte zu verlassen." In diesem krimtatarischen Haus herrscht eine völlig andere Stimmung. Eine Gruppe von Lehrern hat sich hier versammelt. Die Altersspanne reicht vom Referendar bis zum Beamten im Ruhestand. Alle Augen blicken gebannt auf den Fernseher, über den Bilder des krimtatarischen Senders *ATR* flimmern.

Schewket[9] erläutert, dass selbst das Wissen um die Funktionsweise von Propaganda nicht vor Verblendung schütze: *„Manchmal fängst du an, an deinen eigenen Gedanken zu zweifeln. Angenommen, du weißt, dass die Mitglieder der Berkut (Steinadler)*[10] *auf dem Maidan Leute verprügelt haben. Im Fernsehen aber wird der Eindruck vermittelt, die Krimtataren wären das gewesen. Sowas schaukelt sich immer weiter hoch. Vor dem Zweiten Weltkrieg war das deutsche Volk geblendet von Hitler und unterstützte ihn auf einer Welle des Nationalismus, der sich zum Chauvinismus steigerte. Und das hat schließlich zum Weltkrieg geführt. Die Gehirnwäsche des russischen Volkes durch die Massenmedien ist ebenso eine Bedrohung für die gesamte Welt."*

An diesem Tag haben sich die Frauen zum gemeinsamen Gebet versammelt: *„Allah schenkte uns eine Heimat, auf dass wir mit anderen Völkern in Freundschaft und Harmonie leben. Wir sind froh, dass man in der Westukraine hinter uns steht. Wir unterstützen den Maidan. Wenn wir Worte der Fürsorge und der Solidarität vernehmen, kommen wir zur Ruhe. Wir haben Allah um seinen Segen gebeten, weiterhin in unserer Heimat und in Einigkeit mit der Ukraine leben zu können. Wir haben ihn auch darum gebeten, dass er Putin ein wenig Güte und Weisheit schenken möge, auf dass er seine Truppen und Soldaten, die hierhergekommen sind, abziehe, sie lebendig und unversehrt zu ihren Familien, Müttern und Frauen zurückkehren und hier wieder Friede einkehre wie vor ihrer Ankunft."*

Der Betreiber des Café *Musafir*, Lenur Osmanow, findet deutlichere Worte. Er sähe es gerne, wenn die Machthaber in Kyjiw die Strom-

---

9 Name aus Sicherheitsgründen geändert. Im Folgenden habe ich die Namen meiner Gesprächspartner geändert oder auf eine Angabe verzichtet. Dies gilt insbesondere für diejenigen, die nach wie vor auf der besetzten Krim leben, und in Fällen, in denen diese Personen identifiziert und ihre Aussagen sie in Gefahr bringen könnten. Personen des öffentlichen Lebens sowie diejenigen, die auf eigenen Wunsch ihre Geschichte erzählen möchten (beispielsweise die Verwandten von politischen Gefangenen), werden hingegen namentlich im Buch genannt (Anm. d. Autorin).

10 Mittlerweile aufgelöste, auf Janukowytsch eingeschworene paramilitärische Spezialeinheit der ukrainischen Sicherheitskräfte; maßgeblich verantwortlich für die Mehrzahl der zivilen Todesopfer auf dem Maidan (Anm. d. Übers.).

und Wasserversorgung unterbrechen würden, um den Krimbewohnern ihre Abhängigkeit vom Festland vor Augen zu führen: *„Mir ist bewusst, dass man in Kyjiw vor einem Dilemma steht: wie setzt man solche Druckmittel ein, ohne den Menschen zu schaden? Doch wir Krimtataren haben die Deportation überlebt. Wir kennen weitaus schlimmere Verhältnisse – Strom und Wasser sind ein Witz dagegen. Jede Familie hat geliebte Menschen verloren. Daher kann man wohl behaupten, dass wir einiges aushalten. Die Ukraine sollte sich nicht den Kopf darüber zerbrechen, dass sie ihre eigenen Leute in diese Lage gebracht hat. Die Krim ist ein Teil der ukrainischen Wirtschaft und Gesellschaft. Wir überstehen das."*

Switlana stammt aus Sewastopol und ist Lehrerin für ukrainische Sprache und Literatur. Ihr Tonfall bei unserem Treffen ist eindringlich: *„Natalija, sag mir, wie ist das möglich? Im Radio wird behauptet, dass achtzig Prozent der Krimtataren beim Referendum abgestimmt hätten. Ich glaube das nicht. Halb so viele vielleicht, aber doch nicht achtzig?"* Mir kommt die Frage nach der Funktionsweise von Propaganda in den Sinn. Ein Mensch mag vielleicht glauben, dass diese oder jene Zahl etwas frisiert oder gefälscht ist, aber dass man dermaßen dreist lügen kann, das er kann sich nicht vorstellen.

Switlana lief mir damals buchstäblich vor die laufende Kamera. Ich war gerade auf der Institutska-Straße im Zentrum von Kyjiw auf Sendung, während die Menschen in den ersten Tagen nach der Tragödie zu Ehren der Gefallenen der Himmlischen Hundertschaft[11] dort Blumen niederlegten. Ihre ukrainische Aussprache ist ungemein korrekt, fast theatralisch. Damals klagte sie mit Tränen in den Augen, dass niemand auf der Krim die Wahrheit über den Maidan kenne und man hinfahren und darüber berichten müsse, bevor es zu spät sei. Schließlich, so warnte sie, würden die Bewohner der Halbinsel gegen die Ukraine aufgewiegelt. Switlanas Mann ist Chorleiter bei der ukrainischen Marine. Sie hat viele Ehefrauen von Soldaten in ihrem Bekanntenkreis. Mehrere Wochen

---

11 Populäre Bezeichnung in der Ukraine für die mehr als 100 Todesopfer der Proteste auf dem Maidan (Anm. d. Übers.).

lang standen wir vom Sender mit ihnen in Kontakt, brachten Geschichten über die Blockade von Stützpunkten und sendeten Aufrufe zur Hilfe. Doch nach dem „Referendum" verweigerte eine Ehefrau nach der anderen den Austausch mit Journalisten: Am Montag ein Live-Interview, am Dienstag ein Treffen, am Mittwoch selbst ein Telefongespräch. Weil alles seinen Sinn verloren hat. Der Verlust der Freiheit auf der Krim wird in diesen Tagen mit jeder Stunde deutlicher spürbar.

Am Stadtrand von Sewastopol, wo Switlana lebt, gibt es so gut wie keine Cafés, und mir wird klar, dass Vertreter ihrer Generation (zumal mit ihrem Gehalt) es nicht gewohnt sind, sich auf einen Kaffee zu verabreden. Sie bittet um ein Treffen im Zentrum, unweit des Markts. Es erscheint mir nicht sehr vernünftig, mit einem Videointerview unter freiem Himmel Aufmerksamkeit zu erregen. In einer Pizzeria im Einkaufszentrum finden wir noch eine freie Ecke. Switlana hat ihre Tochter mitgebracht, die noch zur Schule geht. Das Mädchen ist erschöpft. Wir haben Mühe, uns auf das Gespräch einzustellen, zumal ich es aufzeichne. Die Unterhaltung kommt gerade in Gang, da setzt sich eine Gruppe stämmiger Bartträger an einen großen reservierten Tisch neben uns. Sie sprechen irgendeine slawische Sprache. Ich kann nicht verstehen, was genau sie hier auf der Krim treiben. Stehen sie an den Straßensperren Wache? Hat sie die Sensationslust hierhergetrieben? Oder sind sie als Erfüllungsgehilfen der Annexion hier? Ich nehme meinen Mut zusammen und frage sie nach ihrer Herkunft. Sie schlagen ein Selfie vor und antworten, dass sie aus Novi Sad kämen. Gelegentlich tauchen in den Newsfeeds zur Krim auch Berichte über Tschetniks auf – serbische Nationalisten, die Russland unterstützen. Höchste Zeit, unser Gespräch an einem anderen Ort fortzusetzen. Durch die Verzögerung bin ich für das nächste Interview bereits spät dran.

„Jurij, ich brauche Ihre Hilfe. Wir schaffen es nicht rechtzeitig zu Ihnen und ich habe eine Bitte. Wir wollen noch mit einer anderen Person sprechen, doch ihr Kind ist müde, und wir haben keinen guten Ort für unser Gespräch gefunden. Können wir vielleicht zu Ihnen kommen?", bitte ich

den mir im Grunde unbekannten jungen Mann, den mir ein Bekannter vermittelt hat. Jurij ist in der IT-Branche tätig. Von ihm will ich wissen, wie die unpolitische Jugend und die Unternehmer zu den Ereignissen auf der Krim stehen. Ich will möglichst unterschiedliche Menschen treffen, um zu verstehen, was die Menschen auf der Krim wirklich umtreibt.

Nach einer Stunde Fahrt stehen wir endlich vor dem modernen Büro. Wir sind in Eile und müssen nun zwei Gespräche, die nicht unterschiedlicher sein könnten, irgendwie unter einen Hut bringen. In diesem Moment scheint es, als wären zwei gegensätzlichere Charaktere kaum vorstellbar: Hier die leidenschaftliche Lehrerin, die stundenlang über ihren Stolz auf ihre Schüler und deren Erfolge bei den Schewtschenko-Spracholympiaden reden kann – dort der russischsprachige IT-Spezialist, ruhig und sachlich; bemüht, sich aus der Politik herauszuhalten.

„Am meisten beunruhigt mich die Polarisierung der Meinungen. Meine Freunde und ich streiten uns bis zur Heiserkeit. Bisher ist es gelungen, die persönliche Ebene bei den Auseinandersetzungen außen vor zu lassen, aber das gestaltet sich immer schwieriger", erzählt Jurij. *„Einige meiner Freunde haben die Milizen an den Straßensperren mit allem Lebensnotwendigen versorgt. Die haben das damit begründet, dass diejenigen, die uns angeblich verteidigen, doch Zigaretten und warme Kleidung bräuchten. Ich halte dann immer dagegen: ‚und vor wem beschützen die uns? Ich sehe keine Gefahr.' Ich sehe nur Propaganda, die uns weismachen will, dass die Benderiwtsi*[12] *im Anmarsch sind. Das ist lächerlich. Und diese Straßensperren, die sind nichts weiter als Kriegsspielchen erwachsener Männer. Mir scheint, dass die zunehmenden Spannungen für manche nur ein Vorwand sind, um endlich die Waffen sprechen zu lassen. Ich habe*

---

12 Ich bemerke, dass auf der Krim wie auch in russischen Fernsehsendern das Wort „Banderiwtsi" wie „Benderiwtsi" ausgesprochen wird. Es geht hier schon lange nicht mehr um Bandera – der Wortschatz der Propaganda ist ein Thema für sich (Anm. d. Autorin). „Banderiwtsi" ist eine abwertende Bezeichnung für Ukrainer im Allgemeinen oder Menschen aus der Westukraine im Speziellen und spielt auf den ukrainischen Nationalisten Stepan Bandera (1909-1959) an (Anm. d. Übers.).

aber auch Freunde, die zu den ukrainischen Stützpunkten gefahren sind und Lebensmittel durch den Zaun gereicht haben.“

Switlana wechselt in druckreifes Russisch: *„Wenn ich jetzt Russisch sprechen und Mütterchen Russland als Heimat anerkennen würde, ich würde nirgendwo anecken und in der Masse aufgehen. Doch wenn ich meine Pflichten so gewissenhaft erfülle wie zuvor, sogar noch gewissenhafter, aber dabei Ukrainisch spreche, bringe ich mich und meine Familie in Gefahr. Wie kann man nur der Sprache wegen einen Krieg zwischen zwei Brüdervölkern lostreten? In den Familien hat dieser Krieg bereits begonnen; sie brechen auseinander. Heute im Bus haben sich die Leute gegenseitig zum Feiertag gratuliert. Ich ließ es darauf ankommen und fragte: ‚zu welchem Feiertag denn?‘ ‚Ja wie, wir sind doch seit heute Unabhängig!‘ Ich entgegnete: ‚Welche Unabhängigkeit?‘ – ‚Na, heute haben wir uns Russland angeschlossen.‘ Dabei zeigt ein Blick ins Wörterbuch, dass die Begriffe ‚Unabhängigkeit‘ und ‚Anschluss‘ unterschiedliche Bedeutungen haben. Doch dir steht nicht zu, diesen ‚Feiertag‘ zu verweigern. Und wenn wir für das Recht einstehen, dass Sewastopol ukrainisch bleibt, bringen sie uns einfach um…“* sie ringt um die richtigen Worte *„…die schlachten uns einfach ab!“*

„Sie haben gerade das Wort ‚abschlachten‘ verwendet…“

„Weil es genauso gesagt wurde! ‚Ihr Benderiwtsi gehört abgeschlachtet! Ihr Faschisten!‘ Was geht nur vor in den Köpfen der Menschen? Es zerreißt dir das Herz, wenn du solche Dinge hörst. Wir leben hier wie Geiseln, ohne zu wissen, wie wir uns verhalten sollen: reden oder schweigen. Viele haben ihre Gesinnung bereits gewechselt, manche sind geflohen, andere untergetaucht, wieder andere sind verstummt. Die Fernsehsender in Sewastopol, auf der Krim – wohin man auch schaut, überall verzerrte Informationen. Die Menschen fürchten sich davor, aufs Festland zu reisen: ‚In der Ukraine werdet ihr getötet, Faschisten haben dort die Macht ergriffen – bleibt besser auf der Krim!‘ Sowas wird ihnen eingetrichtert. Aber ich war dort, vom Faschismus keine Spur.“

Ich kann Switlanas Wut nachvollziehen. Sie sucht das Gespräch mit Kollegen und ist bestrebt, Andersdenkende umzustimmen. Doch sie befürchtet, dass sie nichts ausrichten kann. Jurij hält sich bedeckt, daher will ich wissen, ob er keine Angst verspüre: *„Wovor* *sollte ich Angst haben? Ich gebe nur wieder, was ohnehin in aller Munde ist. Wir schlagen uns mit gesperrten Bankkonten herum. Schon vor dem Referendum konnte man kein Geld mehr abheben. Ich fürchte, dass diejenigen, die hier an die Macht gekommen sind, die Krim einfach zur Plünderung freigeben. Sie werden sich wie kleine Fürsten aufführen und den Kurs von Janukowytsch fortsetzen. Sie schnappen sich seine Villen und bauen sich noch ein paar neue dazu."*

***

Was bildest du dir ein, mein Schatz?
Willst um den Finger wickeln?
Die Mädchen woll'n dich aber nicht,
siehst aus wie ein Karnickel!

Auf dem Basar war ich vor Kurzem,
da zeigten sie ein Märchen.
'ne Alte hat'n Gaul geknutscht,
Fedja hieß das Pferdchen.

Russland und die Ukraine –
oh dichter Beerenstrauch,
der Grenzmann schützt die Heimat
heuer vor der Heimat auch.

Eine Frau mit einem angehefteten Georgsbändchen tanzt und singt dabei diese Zeilen. Ein Großväterchen mit Akkordeon sorgt für die musikalische Begleitung. Eine „spontane" Feier findet hier statt. Auf dem Nachimow-Platz in Sewastopol hat sich eine Gruppe von etwa 30 Personen, darunter vorwiegend Rentner, eingefunden. Viele tragen Fahnen mit Portraits von Putin und Medwedjew.

„Wir, die Sewastopoler, sind russische Menschen, heute sind wir das allerglücklichste Volk, und ich wünschte, alle Menschen auf dem gesamten Erdball wären so glücklich wie wir es heute sind. 23 Jahre lang hatten hier die Besatzer das Sagen, und nun kehren wir endlich heim. Wenn es von uns verlangt wird, stehen wir bereit, um Tag und Nacht zu marschieren.

In dieser Stadt hat immer russische Ordnung geherrscht, Ukrainisch haben wir nie gelernt, und die Älteren konnten die Packungsbeilage ihrer Medikamente nicht lesen. Wie ist so etwas möglich? All die Jahre mussten wir ein Wörterbuch zur Hand nehmen, um uns nicht zu vergiften und an unserer Medizin zu sterben", ereifert sich eine Frau fortgeschrittenen Alters in Matrosenshirt und Schiffchenmütze. Eben noch hatte sie mit einem Großväterchen in Kapitänsmütze getanzt.

„Wir haben diesen Moment so lange herbeigesehnt. Alles geschieht zur rechten Zeit! Was willst du da machen?!", ergänzt das Väterchen mit einem breiten Grinsen: *„Begreif doch, Kindchen: Kyjiw wurde von Banditen erobert. Hätte man ihre Machenschaften sofort im Keim erstickt, wäre das alles hier nicht passiert. Wir alle hier wären nicht zu Russland gekommen. Während wir in Untätigkeit verharrt hätten, hätten sie uns die Nationalgarde auf den Hals gehetzt. Hätte, hätte – wenn wir nicht rechtzeitig gehandelt hätten."*

Der Mann ist an die achtzig Jahre alt. Er bezeichnet sich selbst als Sewastopoler mit russischen Wurzeln, auch wenn er seine gesamte Kindheit mit ukrainischen Halbstarken in Sibirien verbracht habe: *„Wie könnte ich den Ukrainern Vorwürfe machen? Die ukrainische Sowjetrepublik war die mächtigste Republik der gesamten Sowjetunion –und ihre Kornkammer. Wenn Donezk und Luhansk doch nur einen Anführer wie unseren Aksjonow*[13] *hätten und eine Bürgerwehr auf die Beine stellen könnten, dann könnten sie eine Schwarzmeer-Republik gründen. Doch man hat die Fürsprecher des Volkes verhaftet. Ich weiß, dort hat ihnen die Unterstützung gefehlt, und hier steht die gesamte Schwarzmeerflotte hinter uns.“*

„Die Ukrainer sind ja auch ein gutes Völkchen, das schon“, fährt die Frau mit der Marinekappe fort: *„Aber dann kam diese Bande daher*

---

13 Sergej Aksjonow, ehemaliger Abgeordneter des Parlaments der Autonomen Republik Krim und Vorsitzender der prorussischen Partei „Russische Einheit“, gilt als einer der Drahtzieher hinter dem völkerrechtswidrigen Referendum über die Abspaltung der Krim von der Ukraine (Anm. d. Übers.).

und sorgte für Ärger. 2008 habe ich im Urlaub in den Karpaten eine Familie aus der Nähe von Kyjiw getroffen. Großartige Menschen! Wir konnten uns in jeder Sprache unterhalten. Und so friedfertig! Es gibt keinen Grund, uns in die Enge zu treiben."

Während der Videoaufnahme erwähne ich den Umstand, dass ich aus Kyjiw komme und bei *Hromadske* arbeite, mit keinem Wort. Doch ich gebe auch nicht vor, gebürtig von der Krim zu stammen. Und so kommt die Gruppe auf die Beziehung zwischen der Krim und der Festlandukraine zu sprechen – auf dass man sie *„da drüben"* hören möge.

„Turtschynow[14] *hat selbst gesagt, dass er die Russen auf die Knie zwingen, ihnen den Prozess machen und sie bestrafen wird!"*, beteuert eine streng dreinblickende Frau mit Brille. Im Gegensatz zu den anderen Gesprächspartnern hat sie kein einziges freundliches Wort übrig.

„Wird Ihnen das im Fernsehen erzählt?"

„Natürlich! Ganz selbstgefällig saß der da, runzelte die Stirn und blähte seine Backen. Was glauben Sie denn, warum die Leute sich jetzt erheben? 23 Jahre haben die einfach so vor sich hingelebt, sich nicht beschwert und die Klappe gehalten. Die hatten Angst – bis jetzt."

Wie so viele kommt sie auf die „Sprachenfrage" zu sprechen: *„Ich will Ihnen mal was klarmachen. Wir haben Spielzeug gekauft, das war nur auf Chinesisch, Englisch und Ukrainisch beschriftet. Da weißt du nicht, ob die Kreide gegen Kakerlaken ist oder ob die Kinder damit auf der Tafel schreiben können!"*

Mir scheint, als hätte ich die Geschichte von der Insektizid-Kreide bereits irgendwo gehört. Ein junger Mann in Militäruniform hängt sich jetzt das Akkordeon um. Eine solche Uniform wird mir schon bald darauf erneut im besetzten Donezk begegnen.

Eine andere Frau tritt an mich heran, um ihre Meinung zu sagen: *„Nach Abzug aller Steuern bleiben vom Gehalt noch 50 Dollar im*

---

14 Oleksandr Turtschynow. Nach der Flucht von Wiktor Janukowytsch vom 23. Februar bis zu zur Amtseinsetzung von Petro Poroschenko am 7. Juni 2014 Übergangspräsident der Ukraine (Anm. d. Autorin).

Monat übrig. Davon muss man 18 Dollar nur für die täglichen Mahlzeiten abziehen. In Russland wird das anders sein." Die Leute bilden jetzt fast so etwas wie eine Warteschlange.

„*Junge Dame, es gibt keine Probleme zwischen der Ukraine und Russland*", wirft ein stattlicher Mann mit Schnurrbart und Schiebermütze ein: „*Die Menschen leben in Frieden und Eintracht, doch wenn nationalistische Ideen zum Maßstab allen Handelns gemacht werden, dann ist das nicht gut. Es hat doch niemand behauptet, dass in der Westukraine alle Menschen schlecht seien. Aber Nationalisten und Extremisten, die an die Macht kommen – was soll das bitteschön? Nehmen wir den Vorsitzenden der Partei ‚Swoboda', Tjahnybok, oder die Swoboda-Abgeordnete Iryna Farion, die dazu aufruft, alle Nicht-Ukrainer zu vernichten. Die beiden sagen schreckliche Dinge. Oder Jarosch,*[15] *der allen Moskowitern*[16] *den Krieg erklärt hat. Gut, Jarosch ist nicht an der Macht, aber er tritt bei den Präsidentschaftswahlen an! Die Ukraine kann doch in der Europäischen Union und in der Zollunion*[17] *sein! Um Himmels Willen! Aber dann bitte ohne Nazismus und Extremismus, wie ein normaler, zivilisierter Staat. Ich glaube, dass die Leute in der Ukraine das alles früher oder später begreifen und sich davon lossagen. Dann sind einem solchen Volk Ruhm und Ehre gewiss, und ich werde mein Haupt vor ihnen verneigen!*"

Das Akkordeon verstummt. Die ganze Gruppe hebt im Chor an:

Sewastopol, Sewastopol,
Stolz der Matrosen, Russen, der Deinen
oh legendäres Sewastopol,
Bollwerk wider alle Feinde!

***

---

15 Dmitrij Jarosch. 2014 der Anführer der nationalistischen Bewegung „Rechter Sektor" (Anm. d. Autorin).

16 „Moskaly" im ukr. Original. Abwertende Bezeichnung für Menschen aus Russland (Anm. d. Übers.).

17 Seit 2015 Eurasische Wirtschaftsunion. Mitgliedstaaten: Armenien, Kasachstan, Kirgistan, Russland, Weißrussland (Anm. d. Übers.).

Vom Nachimow-Platz aus wollen wir die Uferseite wechseln – auf die „Nordseite", wie das Viertel in Sewastopol genannt wird. Dort befindet sich der letzte noch nicht eingenommene Stützpunkt samt der Wohnheime der ukrainischen Militärangehörigen. Die Fähre, ein öffentliches Verkehrsmittel, verkehrt von morgens bis abends und bewältigt die Strecke in einer Viertelstunde. Die meisten Passagiere sind Berufstätige auf dem Weg von der Arbeit zu den Plattenbausiedlungen am Stadtrand. Einige sind auf dem Rückweg von einem Konzert, das dem „baldigen Anschluss an Russland" gewidmet ist. Formal ist es noch ein Tag bis dahin. Die Strecke mag zwar sehr kurz sein, doch die Vorstellung, auf dem Schiff Gespräche zu führen, behagt mir nicht. An Land kannst du einfach weggehen – hier gibt es kein Entkommen. Man hat uns den Tipp gegeben, beim Anlegen auf die Kaimauer zu achten. Vom Schiff aus soll eine riesige blau-gelbe Flagge zu sehen sein, die auf den Beton der Anlegestelle gemalt wurde – ein Symbol des gewaltfreien Widerstands, das immer wieder überstrichen und dann in monatelanger Arbeit neu aufgetragen wird. Wir versuchen zu filmen, aber in der Dunkelheit erweist sich das als unmöglich.

Am Pier erwartet uns ein ukrainischer Offizier im Ruhestand, um uns mit seinem Wagen zu seinen Bekannten zu bringen. Wir sind in Eile. Im Vorbeifahren erhasche ich einen Blick auf ein Schild: „Fliegerhorst Belbek". Hier ist eine Brigade der taktischen Luftstreitkräfte stationiert. Der Begriff *Belbek* ist derzeit in aller Munde. Wie auch der Name Juli Mamtschur, Oberst der taktischen Luftwaffenbrigade des Luftwaffenkommandos „Süd". Dieser Tage ist *Belbek* ein Symbol des Widerstands. Rund zwei Wochen zuvor, am 4. März 2014, rückten ukrainische Militärangehörige mit der ukrainischen Nationalflagge in den Händen und mit der ukrainischen Nationalhymne auf den Lippen unter der Führung von Mamtschur zu den bewaffneten Soldaten vor, die die Zufahrt zum Stützpunkt blockierten. Man schoss den Ukrainern vor die Füße. Im Laufe des Tages kam der Stützpunkt wieder unter ukrainische Kontrolle. Am 12. März brach jedoch ein Feuer im Stützpunkt aus, der zu diesem Zeitpunkt bereits von russischen Spezialeinheiten erobert worden war. Die Ukrainer haben es gelöscht.

Selbst jetzt, im Dunkeln, kann man noch die ukrainische Flagge neben dem Tor erahnen. Diese Nacht wird der Oberst nicht zuhause verbringen, dafür ist seine Frau Larissa vor Ort. Die Offiziersfamilie lebt in einem kleinen Zimmer im nahegelegenen Wohnheim.

Larissa hat eine direkte und bestimmte Art. Es scheint, als hätte sie ihre eigene soldatische Pflicht zu erfüllen. Ihre Stimme klingt nicht verzweifelt, dabei lassen ihre Worte anderes vermuten: *„Es ist vorbei. Zu spät. Das einzige, was drängt, ist die Erlaubnis zum Verlassen des Stabs – und selbst das ist schon seit einer Woche überfällig. Alles, was die Einheit hätte bewachen sollen, ist entweder beschlagnahmt oder zerstört. Und die eigenen vier Wände zu beschützen und Menschenleben zu riskieren macht keinen Sinn. Uns ist bewusst, dass die russische Armee an den Grenzen zur Ukraine aufmarschiert. Falls es dort losgeht, wird uns niemand herauslassen, um unserer Armee zu helfen. Man hätte unsere Truppen ohnehin früher abziehen müssen. Selbst wenn es nicht 20.000, sondern nur 10.000 wären, so sind es immer noch ausgebildete Spezialkräfte."*

„Wie lauten derzeit Ihre Befehle? Was spielt sich hier gerade ab?"

„Es heißt, sie seien gerade in der ‚Entscheidungsfindung'. So gut wie alle fühlen sich im Stich gelassen. In dieser Situation sind uns die Hände gebunden. Der Befehl, ‚den Umständen entsprechend zu handeln', ist eine bequeme Ausrede, um sich aus der Verantwortung zu stehlen. Ganz gleich, was wir tun, wir werden ohnehin als Verräter verurteilt. Der Oberst trägt die Verantwortung für das gesamte Eigentum, das bereits zerstört wurde. Aus dem Stab kann er nicht ausscheiden, außer er jagt sich eine Kugel in den Schädel. Verlässt er den Stab, wird er als Verräter behandelt. Sie wollen wissen, was in den kommenden Tagen geschehen wird? Wir reden hier von Stunden. Drei Regimenter, darunter unser eigenes, wurden noch nicht festgesetzt. Wir erwarten die baldige Stürmung. Unsere einzigen Informationen beziehen wir aus dem Fernsehen, und dabei nicht einmal dem ukrainischen. Unser Flugplatz, die Ausrüstung – alles wurde bereits zerstört. Wir sind umzingelt von bewaffneten Männern."

Der Hoffnungslosigkeit zum Trotz wollen wir sofort in unserer Eigenschaft als Journalisten helfen. Ich frage also, welche Art von

Hilfe die Militärangehörigen und ihre Familien nach dem „Referendum“ benötigen: *„Wir sehen alles nur von unserer begrenzten Warte aus. Niemand traut sich, über Flucht zu reden, das wäre feige. Aber wir sitzen einfach herum und warten, da es keine Befehle gibt. Die größte Angst haben wir davor, dass in der Ukraine ein Krieg ausbricht. In den vergangenen drei Wochen haben wir uns moralisch und physisch an die Situation gewöhnt. Es gibt jetzt nicht viel zu helfen, es sei denn, das Militär würde auf das Festland verlegt.“*

„Unterkunft, Geld, wenigstens irgendwas?“

„Stellt euch vor, die Leute lassen alles stehen und liegen, ihre Möbel, alles Mögliche. Gebe Gott, dass wir wenigstens einige Koffer packen können. Wo sollen wir nur hin – aufs freie Feld? Hier hat zumindest fast jeder ein Zimmer im Wohnheim, eine eigene Wohnung, oder die der Eltern. Und dort – nichts.“

Larissa macht eine lange Pause. Dann fährt sie fort: *„Ich kann nicht behaupten, dass das ukrainische Volk uns nicht helfen würde. Wir* *werden aus allen möglichen Gegenden des Landes angerufen und moralisch unterstützt. Tablets haben wir auch erhalten, Internet haben wir. Die einzige spürbare Unterstützung kommt vom ukrainischen Volk. Wenn wir ermutigende Worte hören, etwa im Fernsehen… dann rühren sie uns zu Tränen. So leben wir. 99 Prozent der Militärangehörigen halten zu diesem Volk. Ob das auf die Regierung zutrifft, lässt sich schwer sagen. Aber für dieses Volk werden wir weiter einstehen."*

Major Leonid Lisowyj, der Nachbar der Familie Mamtschur, bringt sich in die Unterhaltung ein: *„Was hier vor sich geht? Die russischen Truppen drängen uns an die Wand. De facto befinden wir uns jetzt auf fremdem Territorium. Seit dem Referendum sind wir für sie nicht mehr als bewaffnete Banditen, die ausgemerzt werden müssen. Das muss denen in Kyjiw klargemacht werden, aber die Leitungen sind gekappt. Ich denke nicht, dass es jetzt noch Sinn macht, Waffengewalt anzuwenden. Das wäre Brudermord. Wir haben jedoch keine Verbindung zum Verteidigungsministerium. Wenn wir doch nur potente Machthaber hätten, die hierher auf die Krim, nach Simferopol, kämen, um sich hinzusetzen und zu einer Einigung zu kommen. Aber so werden wir Tag für Tag weiter zurückgedrängt."*

Major Lisowyj hat eine Entscheidung getroffen. Gebürtig stammt er aus Winnyzja. Seine Eltern leben dort, vor kurzem hat er seine Frau dorthin geschickt. Eine Unterkunft auf der Krim hat er nicht erhalten: *„Auf dem Dienstweg hat mir niemand etwas angeboten. Sobald ich in Winnyzja angekommen bin, vereinbare ich ein Treffen mit dem diensthabenden Offizier und bitte ihn, mich für ein weiteres Jahr zu verpflichten. Ich würde gerne. Kommt er zu dem Schluss, dass ich gebraucht werde – dann werde ich dienen. Falls nicht, schreibe ich einen Bericht und lasse mich vom Dienst suspendieren. Und was dann? Ich weiß es nicht. Das ist Sache der Machthaber."*

So dächten Lisowyj zufolge viele der Militärangehörigen, die nicht von der Krim kämen. Die Ortsansässigen hingegen, mit Familie, Eltern, Frau, die blieben hier.

Als wir aufbrechen, registriert mein estnischer Kollege die bescheidenen Lebensverhältnisse der ukrainischen Offiziere. Überall auf den Fluren stehen große, karierte Taschen; Anzeichen für die Abreisevorbereitungen der Familien.[18]

Nicht nur ihre Wohnungen und Familien hindern die Ortsansässigen an der Abreise. Wiktor Wasylowytsch, der Offizier außer Dienst, der uns zu diesem Stützpunkt und diesem Wohnheim gebracht hat, sagt, dass er die Halbinsel nicht so ohne weiteres verlassen könne. Es ist noch nicht so lange her, dass sein Sohn bei einem Verkehrsunfall ums Leben kam. Und die Person, die den Unfall zu verantworten habe, sei noch nicht verurteilt worden; der Prozess dauere noch an: *„Ich verstehe einfach nicht, wie das möglich ist, und ich kann nicht zulassen, dass die Akte einfach geschlossen wird"*, erklärt er leise.

In der Innenstadt treffen wir uns mit einem anderen Angehörigen der ukrainischen Marine. Seine ganze Familie stammt aus Sewastopol. Roman mimt für uns den Tourguide und führt uns durch die Stadt. Er zeigt uns das *Moskauer Haus* und das russische Offizierskasino, das schon sehr lange auf der Krim ansässig ist. Dabei wiederholt er gebetsmühlenartig, wie lange Russland hier schon seine Vorherrschaft ins Felsgestein meißelt: *„Sewastopol, die Krim wie auch das Baltikum sind Rückzugsorte für viele Soldaten im Ruhestand. Sie haben in Russland gedient und genießen hier ihre Rente. Und nun fordern sie ein besseres Leben. Sie sind einfach auf die russischen Rentenzahlungen angewiesen. Mit der Krim oder der Ukraine fühlen sie sich in keinster Weise verbunden, deshalb unterstützen sie die Vereinigung mit Russland. Das trifft auch auf diejenigen zu, die für Unternehmen arbeiten, die mit der Wartung der Schwarzmeerflotte betraut sind. Dann gibt es noch die*

---

18 Am 22. März 2014 verteidigte die 204. Brigade der taktischen Luftwaffe unter dem Kommando von Juli Mamtschur in Eigenregie den Stützpunkt A-4515, der schlussendlich durch russische Besatzungstruppen und unbekannte bewaffnete Einheiten eingenommen wurde. Nach der Stürmung wurde Mamtschur von russischen Militärangehörigen verschleppt. Anschließend wird Mamtschur berichten, dass er drei Tage in Isolationshaft festhalten wurde. Russische Soldaten hätten versucht, ihn zum Übertritt in die russische Armee zu bewegen. Am 26. März 2014 verließ Mamtschur gemeinsam mit fünf weiteren gefangenen Offizieren unter der Eskorte russischer Sturmgewehre die Krim. Seine Einheit wurde nach Mykolajiw verlegt. Von 2014 bis 2019 war Mamtschur für die Partei „Block Petro Poroschenko" Abgeordneter in der Werchowna Rada (Anm. d. Autorin).

‚Berufsrussen' aus den prorussischen Organisationen. Die jungen Menschen sind in den Jahren nach der Unabhängigkeit auf der Krim aufgewachsen, haben an ukrainischen Hochschulen studiert, sind nach Europa gereist und haben das Leben in der Sowjetunion nicht miterlebt; viele waren noch nie in Russland. Doch im Gegensatz zu den Rentnern sind sie nicht sonderlich aktiv. Denn die, die haben keine einzige Wahl verpasst."

Die Straßen sind fast menschenleer. Auf unserem Weg zum Treffen können wir die Silhouetten der „höflichen Menschen" erahnen – bewaffneten Soldaten, die um die Häuserblöcke patrouillieren. Einerseits ist die Versuchung groß, weitere Aufnahmen von russischen Sicherheitskräften zu machen. Andererseits ist Vorsicht geboten: die Aussicht, sich mit einem in Kyjiw ausgestellten ukrainischen Pass und dem Reisepass eines estnischen Staatsbürgers ausweisen zu müssen, ist nicht sehr verlockend. Für alle Fälle suchen wir uns einen ruhigeren Ort. Wir sind die einzigen drei Gäste in der anscheinend einzigen Bar, die um diese Zeit im Stadtzentrum noch geöffnet hat. Ein ukrainischer Sender läuft im Fernsehen. Ich will wissen, ob sie auch andere Sender empfangen. Das Mädchen hinter der Theke sagt, dass ihre Eltern zwar alle Sender empfangen, ihnen aber keinen Glauben schenken würden: *„Da zeigen sie Massen von Menschen auf der Flucht, aber Sie sehen doch, dass das nicht der Fall ist."*

„Das größte Problem für die ukrainischen Seestreitkräfte und die ukrainischen Bürger auf der Krim ist die Untätigkeit der Machthaber in Kyjiw. Drei Wochen lang musste das Militär ohne schriftliche Befehle auskommen. Es gab lediglich Anrufe aus dem Verteidigungsministerium und dem Generalstab. Es hieß, wir sollen auf unseren Posten bleiben, doch was zu tun sei, konnten sie uns nicht sagen", erklärt Roman.

Seiner Ansicht nach müsse man entweder alle Truppen abziehen oder aber sich auf Bedingungen einigen, unter denen sie hierbleiben können. Doch dazu bliebe keine Zeit: *„In den kommenden Tagen werden die übrigen Stützpunkte erobert. Ohne Beistand vom Festland werden sie sich nicht halten können. Der Vorsitzende des Ministerrats der Krim hat angekündigt, dass das gesamte Eigentum auf dem Territorium der Halbinsel verstaatlicht wird – und damit auch alles, was der Marine gehört. Sie werden also alles mitnehmen, Waffen, Militärtechnik, Schiffe, die Magazinbestände, einfach alles. Aktuell liegen in der Strilezka-Bucht* *einige Schiffe und U-Boote, hinzu kommen einige bemannte ukrainische Schiffe am südlichen Marinestützpunkt in Donuslaw. Wenn es wie von Aksjonow angekündigt dazu kommt, dass sie ebenfalls festgesetzt werden, bleibt uns nichts anderes übrig, als die Schiffe entweder preiszugeben, abzuziehen oder zu versenken. Die Leute handeln auf eigene Initiative, ohne klare Anweisungen aus Kyjiw. Das kann nicht lange gutgehen. In Nowooserne wurde bereits eine Garnison eingenommen. Mindestens die Hälfte aller Schiffe wurde seit der Unabhängigkeit in der Werft in Mykolajiw vom Stapel gelassen. Das alles setzt Kyjiw durch seine Unentschlossenheit aufs Spiel."*

Wir verabschieden uns und wollen aufbrechen. Den ganzen Abend lang redete Roman besonnen, führte Fakten an und legte Argumente dar. Doch plötzlich klingt seine Stimme verärgert, so als wäre das Wesentliche noch nicht zur Sprache gekommen: *„Wie kann es sein, dass wir, eine Nation der Kosaken, uns kampflos ergeben haben? Das bekümmert mich zutiefst. Ich weiß nicht, was ihr in Kyjiw so denkt, aber hier fragen sich alle, wie ihr Leben unter Russland aussehen wird."*

„Werden Sie die russische Staatsbürgerschaft annehmen?"

„Wenn die Krim russisch wird, lässt sich das wohl nicht vermeiden. Was bleibt mir anderes übrig? Man hat uns im Stich gelassen. Von Rechts wegen hätten wir auf die Angreifer schießen müssen. Aber wir unterließen es – auch, weil die Soldaten sich nicht sicher sein konnten, ob Kyjiw hinter ihnen steht. Das russische Militär folgte den Angreifern auf dem Fuße – vielleicht hatte sich das russische Militär auch die Uniform der Volksmilizen übergezogen. Wir werden hier von einer Horde Banditen regiert werden wie in Tschetschenien und dabei zusehen, wie die Ukraine EU- und NATO-Mitglied wird."

Roman setzt seinen Monolog fort: *„Eine starke Armee, eine starke Wirtschaft – und die Krimbewohner werden selbst darum bitten, wieder ein Teil der Ukraine zu werden. Doch bis es so weit ist, werden noch viele Jahre vergehen. Vielleicht kommt es hier auch zu ethnischen Säuberungen gegen Ukrainer, und es werden mehr Menschen leiden müssen, als wenn anstelle des russischen Eindringens ein offener, bewaffneter Konflikt ausgebrochen wäre."*

Ich werde Roman ein halbes Jahr später in Odessa wiedertreffen. Seine Einheit wurde von der Krim dorthin verlegt. In Sewastopol unterhielt er sich noch in seiner Muttersprache Russisch. Nach einem halben Jahr in Odessa hat er sie vollständig abgelegt. Für ihn ist sie die Sprache der Verräter.

Auf den Dächern der Plattenbauten von Sewastopol wehen russische Flaggen. Kritiker der Annexion sind unversehens im Untergrund gelandet. In einer weiteren Plattenbausiedlung am Rande dieser Stadt, die mir gigantisch vorkommt, da wir von einem Viertel ins nächste jedes Mal mindestens eine Stunde unterwegs sind, treffen wir ebensolche Kritiker in Gestalt eines Ehepaars.

Die beiden sind Mitglieder einer evangelikalen Kirchengemeinde und haben schreckliche Angst vor dem, was noch kommen mag. Sie berichten über den Druck gegen und die Gefahren für Gläubige, die einer anderen Konfession angehören als der Orthodoxen Kirche des Moskauer Patriarchats. Kosaken und *Berkut*-Mitglieder haben einen Baptistenpriester am Checkpoint in der Nähe von Armjansk brutal zusammengeschlagen. Die Eheleute helfen gemeinsam mit anderen Gläubigen bei der Suche nach einem jungen Glaubensbruder, der offenbar am selben Checkpoint verschwunden ist. Informationen zu dem Jungen werden mündlich unter den Gemeindemitgliedern weitergegeben. Wir sind überfordert. Wie soll man das alles schaffen? Sollen wir alles stehen und liegenlassen, um nach einer einzigen Person zu suchen? Wir sind in Sewastopol und schaffen es nicht, vor Mitternacht von der Halbinsel wegzukommen. Ich notiere mir alle Telefonnummern und leite sie an die Redaktion weiter.

„Entschuldigen Sie bitte mein Krim-Kauderwelsch“[19], sagt der Mann auf Russisch: *„Das ist ein entsetzliches Gefühl. Ich hatte nie ein Problem mit meiner Sprache. Aber jetzt schon. Und ich möchte diesen Scharfmachern sagen: ‚Ja, es gibt ein Problem. Und ihr habt es uns eingebrockt. Danke!‘“* – das letzte Wort sagt er auf Ukrainisch.

---

19 „Surshyk“ im ukr. Original. Als Surshyk wird eine informelle Mischsprache aus Ukrainisch und Russisch bezeichnet (Anm. d. Übers.).

Es gibt auf der Halbinsel immer noch Straßensperren, an denen die Papiere kontrolliert werden. Um aus der Stadt zu gelangen, haben wir beschlossen, uns mit dem Fahrer eines estnischen Geschäftsmannes zusammenzutun, bei dem wir für einige Tage in Balaklawa, einem Viertel in Sewastopol, untergekommen sind. Oleksandr war einer derjenigen, die an den Straßensperren die Ankunft des „Rechten Sektors" erwartet haben. An dem teuren Wagen flattert ein Georgsbändchen. Ich höre fast die gesamte Strecke über nur zu und halte meinen Mund; ich bin einfach nur irgendein ukrainisches Mädchen, die Freundin des Landsmannes seines estnischen Bosses.

Mein estnischer Kollege hat im Übrigen einen konkreten Auftrag: in Simejis lebt der berühmte estnische Basketballprofi, ehemalige sowjetische Meister und seit Kurzem auch Schriftsteller Mihkel Tiks. Für seinen Ruhestand hat er sich auf der Krim niedergelassen. So wie die britischen Rentner nach Spanien auswandern, so fänden die Esten ihren Seelenfrieden eben auf der Krim, sagt er. Aus dem Fenster seines schlichten, lichtdurchfluteten Hauses hat man eine herrliche Aussicht über die Zypressen und auf das Meer.

Tiks lebt seit acht Jahren hier. Selbst in diesen stürmischen Tagen sei es an der Südküste für gewöhnlich ruhig. Es gibt keine Stützpunkte, daher sei hier nicht viel los. Dabei seien die Nachrichten beängstigend: *„Hier verschwindet ein ukrainischer Soldat, da ein französischer General, dort finden sie einen toten Krimtataren. Diejenigen, die gegen die Besatzung sind, sollten besser den Mund halten, um sich nicht in Gefahr zu bringen. Es wäre besser, wenn sie die Krim verlassen."*

Tiks überlegt, wie die Krim wieder ukrainisch werden könne. Wenn das Land zu neuen Kräften komme, würden die Bewohner der Krim in fünf Jahren von alleine zurückwollen: *„Im Laufe der Jahre habe ich begriffen, dass die Bewohner der Krim niemals aus eigener Anschauung erfahren haben, was Demokratie und Rechtsstaatlichkeit bedeuten. Man kann ihnen nur schwer etwas erklären, was sie noch nie selbst erlebt haben. Ich kann sogar nachvollziehen, dass die Leute die gesamte Ära Janukowytsch über alle Maßen satt haben, die Macht der Oligarchen, die allgegenwärtige Korruption, aber aus irgendeinem Grund haben die Leute beschlossen, dass Russland das alles im Griff hat"*, sagt er, überrascht von seinen eigenen Worten. Es scheint, als habe er lange auf die Gelegenheit zu einem Gespräch mit einem Landsmann gewartet. Dieser Tage hat er nur wenig Kontakt zu seinen Nachbarn.

Wir befinden uns ganz in der Nähe von Jalta, weshalb wir uns zu einem kurzen Abstecher in die Stadt entschließen. Auf der Strandpromenade unterhalten wir uns mit einer Reihe von Souvenirverkäufern und Spaziergängern. In stürmischen Zeiten finden die Meinungen solcher Menschen kaum Beachtung. Auf den ersten Blick wirken sie wie gleichgültige Spießbürger. Tatsächlich aber bilden eben diese Menschen die Mehrheit. Die meisten unserer Gesprächspartner sagen, sie seien *„weder dafür noch dagegen, da sich nichts wirklich geändert hat und auch nicht ändern soll."* Unterwegs halten wir für einige Minuten am sogenannten Schwalbennest, einem Schloss, das unter Touristen sehr beliebt ist. Wir machen ein paar Fotos - und das vielleicht einzige Selfie der gesamten Reise; ein Andenken, nur für uns selbst. Touristische Aufnahmen kommen uns in diesem Augenblick besonders wertvoll vor (und tatsächlich werden in den kommenden Jahren in den ukrainischen Medien nur wenige unbelastete Eindrücke von der Krim zu sehen sein). Zurück in Balaklawa kehren wir zum ersten Mal während dieser Reise für ein Abendessen in ein Restaurant ein. Der eingeschaltete Fernseher sendet aus dem Georgs-Saal im Kreml. Die Separatistenführer, der „Volksbürgermeister" von Sewastopol Oleksij Tschalyj, der sogenannte Regierungschef der Krim Sergej Aksjonow und der Parlamentssprecher Wolodymyr Kostjantynow unterzeichnen gemeinsam mit Putin einen „Vertrag über die Aufnahme der Krim und Sewastopols als neue Föderationssubjekte der Russischen Föderation". Dann unterzeichnet Putin ein Dekret über den Anschluss der Krim. Ich versuche, die Emotionen der Restaurantbesucher von ihren Gesichtern abzulesen. Freuen sie sich? Sind sie empört? Das alles gemahnt an eine Szene wie aus einer Dystopie, in welcher die Menschen aus dem Untergrund unversehens in eine Bar geraten sind und nun Angst haben, das einer der anwesenden Gäste sie bloßstellt, indem er mit dem Finger auf sie zeigt und ruft: *„Seht her, da sitzen die Aufständischen!"* Ich möchte von hier verschwinden. An der Mauer des Nachbargebäudes prangt ein Schriftzug: „Wer in Angst lebt, wird an der Angst zugrunde gehen."

Wir planen unsere Rückreise nach Kyjiw. Am nächsten Tag soll ich die Eröffnungsfeier der *Dokudays*, eines Dokumentarfilm-Festivals über Menschenrechte, moderieren. Auf der Krim wurden zwei bekannte Regisseure des Filmkollektivs Babylon'13 - der Kameramann Jurij Gruzynskyj und Jaroslaw Pilunskyj - festgenommen. Der Vater des Letztgenannten ist ein auf der Krim bekannter Politiker, der sich offen gegen die russische Annexion ausgesprochen hat. Sie wurden am Checkpoint Tschonhar festgenommen und sechs Tage gefangen gehalten.

Aus irgendeinem Grund scheint es mir, als könnte ich nach meiner Rückkehr von der Krim berichten, was dort *wirklich* vor sich geht. Ich erhalte noch einige Kontakte von Aktivisten des Euromaidan auf der Krim. Unter diesen Umständen haben solche Gesprächspartner einen hohen Seltenheitswert.

Es handelt sich um zwei Schwestern. Die jüngere ist um die 65, die ältere 75 Jahre alt. Sie nennen ein gemütliches Haus am Stadtrand von Simferopol ihr Eigen. Obwohl sie wissen, dass wir es eilig haben, versuchen sie uns, wenn schon nicht zum Essen, so doch wenigstens auf einen Kaffee einzuladen.

„Natalija, jeden Tag sind wir zu den Kundgebungen gegangen, aber wir waren zu wenige“, so die Jüngere.

„Nein, dass wir zu wenige waren ist nicht der Grund für das alles; das wurde schon lange vorher entschieden“, widerspricht die Ältere.

„Hier auf der Krim hat man den Maidan nicht verstanden. Erst hinterher begann man sich dafür zu interessieren. Es gab aber auch Leute mit prorussischen Ansichten, die begriffen haben, dass der Maidan nicht gekauft war, dass die Menschen schlicht und ergreifend für ihre Rechte, ihre Ehre, ihre Würde und für die Freiheit auf die Straße gegangen sind. Erst

durch die Falschmeldungen, wonach Scharfschützen aufseiten der Opposition auf dem Maidan das Feuer eröffnet hätten, ist hier die Stimmung gekippt. Hier ist ‚Inter'[20] *der beliebteste Fernsehsender. Der hat erst nach den Schüssen am 20. Februar eine etwas objektivere Berichterstattung angestimmt. Dabei hat die intellektuelle Elite in Kyjiw, ja in der gesamten Ukraine, keinen mentalen Bezug zur Krim. In Jalta etwa gibt es ein kleines Museum über die Schriftstellerin Lesja Ukrajinka, die einige Jahre auf der Krim verbracht hat, aber ich bin mir nicht sicher, ob Oksana Sabuschko oder Jurij Andruchowytsch jemals dort gewesen sind. Und war es nicht Andruchowytsch, der gesagt hat: ‚Lasst uns die Krim doch abgeben!' Und was sagt der Autor der Schwarzen Sonne, Wasyl Schkljar? ‚Wie konnte*

20 Im Besitz des zum prorussischen Meinungsspektrum zählenden Oligarchen Dmytro Firtasch. Während des Maidan überwiegend regierungs- und kremlfreundliche Berichterstattung (Anm. d. Autorin).

man nur das Kiwalow-Kolesnitschenko-Gesetz aufheben!'[21] *Es stimmt schon, dass das Gesetz falsch ist, doch es braucht eine einfühlsamere, flexiblere Politik. Die Liebe zu Kultur und Sprache will in den Menschen geweckt werden – und nicht mit dem Schwert aufgezwungen."*

„Das reicht jetzt!", unterbricht sie die ältere Schwester. Sie hat Angst, dass die Jüngere sich um Kopf und Kragen redet.

„Herrgott noch eins! Das wissen doch alle!"

„Walya, willst du Nummer 15 auf der Vermisstenliste werden?"

Eine heißdiskutierte Frage ist das Verhalten Kyjiws nach der sogenannten Abstimmung. Die Jüngere befindet: *„Ich für meinen Teil liebe die Ukraine so sehr, dass ich bereit wäre, Opfer zu bringen. Einen Ofen bauen, mit Brennholz heizen. Aber ich finde nicht, dass die Ukraine die Stromversorgung unterbrechen sollte. Es zahlt sich aus, die Menschen zu unterstützen, die 23 Jahre lang ihre Staatsbürger gewesen sind. Es gibt hier ja auch welche, die die ukrainische Sprache unterstützen, und das sind nicht nur ethnische Ukrainer, sondern auch russischsprachige und sogar ethnische Russen. Es ist alles so kompliziert, ich kann mir nicht vorstellen, wie man sich mit dieser nicht legitimierten Regierung an den Verhandlungstisch setzen könnte. Aber die Hoffnung stirbt zuletzt."*

„Und worauf hofft ihr?"

„Wir setzen auf uns selbst. Und darauf, dass Aksjonow und Konsorten uns nicht hinter Gittern bringen, weil wir andere Ansichten haben…"

„Wir suchen uns Trost. Wir spazieren in unseren wunderschönen Garten. Kommt in einem Monat nochmal vorbei, dann seht ihr, wie hier alles blüht…" – für einen Moment wechselt die Frau das Thema, dann fährt sie fort: *„Aber wir wissen nicht, welche Rechte wir dann noch*

---

21 Populäre Bezeichnung für das Gesetz „Über die Grundlagen der staatlichen Sprachenpolitik", die auf die Namen zweier prorussischer Abgeordneter zurückgeht. *De jure* garantiert das 2012 angenommene Gesetz die Nutzung „regionaler Sprachen" in der Ukraine. *De facto* hat das Gesetz Russisch in einigen Regionen zur zweiten Amtssprache gemacht und nach Ansicht von Kritikern die staatliche Unterstützung für die ukrainische Sprache eingeschränkt. Unmittelbar nach dem Maidan stimmte die Werchowna Rada für die Aufhebung des Gesetzes – ein Vorgang, den sich die russische Propaganda zunutze machte (Anm. d. Autorin).

haben werden. Wie können wir die Bindung zur Ukraine aufrechterhalten? Sie rufen zur Evakuierung der Zivilbevölkerung auf. Aber weshalb sollten wir unsere Häuser verlassen? Erstens haben wir Angst vor Plünderungen. Zweitens ist uns nicht begreiflich, warum wir die Orte, an denen wir ein halbes Jahrhundert lang gelebt haben, überhaupt verlassen sollen.“

Die ältere Schwester ergänzt: *„Ich habe 1963 mit dem Bau dieses Hauses begonnen und lebe seit einem halben Jahrhundert hier. Ich habe das alles mit meinen eigenen Händen geschaffen, gespachtelt, gestrichen – alles in der Hoffnung auf einen ruhigen Lebensabend.“*

In den kommenden zweieinhalb Monaten werden die Schwestern zweimal nach Kyjiw reisen – davon einmal, um sich für die vorgezogenen Präsidentschaftswahlen zu registrieren. Die Fahrt nach Kyjiw ist kraftraubend und kostet Zeit und Geld. Für die betagten Frauen von der Krim ist sie eine Bürgerpflicht und wenigstens eine Sache, das sie tun können. Sie freuen sich, in Kyjiw zu sein. Die festliche Stimmung in den Wahllokalen und die blau-gelben Flaggen, die auf der Krim zum Symbol des Widerstands geworden sind. Wir unterhalten uns vor dem Eingang zu einem Wahllokal im Zentrum der Stadt, rund einhundert Meter vom Maidan entfernt. Eine der Wahlbeobachterinnen, eine Maidan-Aktivistin, will wissen, woher die Frauen stammen: *„Ihr seid von der Krim? Warum habt ihr sie nicht verteidigt?“*, fragt sie in vorwurfsvollem Ton: *„Hier in Kyjiw haben Frauen in Pelzmänteln Pflastersteine herausgebrochen und Molotow-Cocktails vorbereitet.“*

„Was konnten wir schon groß tun? Auch wir sind auf die Straße gegangen. Nur standen uns bewaffnete Leute gegenüber“, rechtfertigt sich die jüngere Schwester. Die ältere schweigt.

Für gewöhnlich mische ich mich nicht in Gespräche ein, sondern beschränke mich auf die Rolle der Beobachterin. Doch jetzt kann ich mich nicht zurückhalten und nehme die Wahlbeobachterin zur Seite: *„Ist Ihnen überhaupt bewusst, was Sie da sagen? Diese beiden Damen haben am Euromaidan auf der Krim teilgenommen. Sie sind eigens nach Kyjiw gekommen, nur um ihre Stimme abzugeben. Sie haben schon genug Sorgen. Können Sie sich vorstellen, mit welchen Gedanken sie jetzt auf die Krim zurückkehren werden?“* Daraufhin geht die Frau zu den Schwestern zurück und entschuldigt sich.

Der Zug Simferopol - Kyjiw passiert Dschankoj, den letzten Halt auf der Halbinsel. Das bedeutet, dass es keine Kontrollen mehr durch Kosaken oder *Krimnasch* (*Die Krim ist unser*)-Aktivisten geben wird. Für einige Minuten schweigen die Passagiere einfach. Sie hängen ihren Gedanken nach oder schauen auf die Bildschirme ihrer Smartphones. Dann blicken sie auf und beginnen zu reden. Schnell wird klar, dass niemand in unserem Abteil die Annexion unterstützt.

„*Diese Verräter! Sie haben uns einfach fallengelassen, um einem anderen Staat zu dienen*", empört sich eine junge Frau, die, wie sich herausstellt, für die Staatsanwaltschaft in Simferopol tätig war: „*Man sollte sie alle vor Gericht bringen. Sie sind Journalistin? Wissen Sie vielleicht, ob man uns dort Arbeit verschafft? Ich habe einfach meine Sachen gepackt und mich auf den Weg nach Kyjiw gemacht. Ich werde bei der Generalstaatsanwaltschaft anrufen und fragen, wo ich jetzt arbeiten soll. Ich hoffe, es findet sich eine Möglichkeit. Wo soll ich sonst hin? Ich komme zwar von der Krim, aber mit Verrätern und Eidbrechern zusammenarbeiten – niemals!*"

Teil II
UNRUHE

April – Mai 2014

Sewastopol – Simferopol - Sudak

In Schokolade getaucht, oder: der See, den es nicht gibt

„In den letzten anderthalb Monaten sind die Preise für Lebensmittel gestiegen", erklärt ein Gemüseverkäufer auf dem Markt von Sewastopol. Ich filme seine Aussage mit meinem Smartphone. Das bleibt nicht unbemerkt; ein älteres Ehepaar mischt sich in die Unterhaltung ein: *„Was behaupten Sie da?! Alles ist günstiger geworden." „Aber ich musste doch die Preise erhöhen. Vom Festland werden keine Lebensmittel mehr geliefert"*, widerspricht der Händler überrascht. *„Ja, aber wenn man die steigenden Renten und Gehälter berücksichtigt, kommt es uns billiger"*, beharren die beiden.

Ich kann die Logik nicht ganz nachvollziehen. Die Kunden wollen dem Händler, der die Preise erhöht hat, weismachen, dass seine Waren günstiger geworden sind? Davon abgesehen wurden die Rentenzahlungen für April zu diesem Zeitpunkt noch nicht ausbezahlt. Im Laufe dieser Reise auf die Krim werde ich Zeugin einer nicht minder bizarren Unterhaltung in Form eines Streits zweier Nachbarn in einem Kurort in der Nähe der Kapsel-Bucht bei Sudak. Auf der Krim kursieren Gerüchte, wonach die Ukraine im Begriff sei, die Wasserversorgung zu unterbrechen: *„Aber das wird uns keine Probleme bereiten, denn im Dorf gibt es einen unterirdischen See"*, wird der eine Nachbar im Brustton der Überzeugung behaupten. *„Aber wir haben keinen unterirdischen See"*, wird daraufhin der andere Nachbar entgegen. Dass es dort *wirklich* keinen unterirdischen See gibt, ist eine unbestreitbare Tatsache. Sudak wird in den Maifeiertagen wie ausgestorben sein, die meisten Hafenrestaurants bleiben geschlossen. Einige werden schlicht behaupten, dass die Saison noch nicht begonnen habe. Andere werden erläutern, dass über die kurzen Feiertage in der Regel Ukrainer angereist seien – für Russen ist es zu weit weg, und der Weg von Rostow am Don über Donezk ist gefährlich. Es wird einige Zeit dauern, bis sich die Tourismusbranche durch Reisewillige aus Russland wieder erholt hat.

Ende April 2014, anderthalb Monate nach der Annexion, kehre ich auf die Krim zurück. Das russische Militär versteckt sich nicht länger hinter der Mär von den „grünen Männchen". Die Ukraine blickt gebannt auf den Donbas, wo eine Ortschaft nach der anderen an die Separatisten fällt. Doch ich habe den Menschen, die ich zu Beginn der Annexion getroffen habe, versprochen, zurückzukommen. Ich bin in Verzug, denn ich komme geradewegs aus Donezk und Luhansk. In dieser Region hat der „Antimaidan" großen Zulauf. Derweil halten die Grenzschutzbeamten an der ukrainisch-russischen Grenze noch die Stellung. Ich war auch in Kramatorsk, wo ein berüchtigter russischer Aufständischer den Platz neben dem Gebäude des ukrainischen Geheimdienstes SBU in Beschlag genommen hat, während der Flugplatz von ATO-Kämpfern[22] und der SBU-Spezialeinheit *Alpha* gehalten wird.

Die Krim ist nicht länger das Epizentrum des Geschehens. Hier ist schon alles gelaufen. Wie zu erwarten, ersticken die Krimbewohner an dem bürokratischen Dickicht, das seit der Annexion von ihren Leben Besitz ergreift. Meldebescheinigung, Registrierung, Aufenthaltsgenehmigung und so weiter. Russische Nummernschilder sind noch nicht verpflichtend, russische Pässe werden derzeit nur für Beamte ausgestellt. Alles ist unklar: Nach welchem Lehrplan die Abschlussprüfungen stattfinden, welche Zertifikate zur Hochschulzulassung benötigt werden, nach welchen Zuständigkeitsbereichen und Verfahrensabläufen sich die Krankenhäuser richten müssen. Der Zug Kyjiw – Sewastopol verkehrt nach wie vor; die ukrainischen Mobilfunkanbieter sind noch immer an das Netz angeschlossen; die Hrywnja wird weiterhin als Währung akzeptiert; dagegen haben die meisten Banken ihren Betrieb bereits eingestellt: „Aus technischen Gründen nicht möglich", lese ich auf den Bankautomaten der *Privatbank* – der bis zur Annexion wichtigsten Bank auf der Krim –, deren Konten gesperrt worden sind. Dadurch haben viele Menschen keinen Zugriff auf ihre Gehälter und Vorschüsse. Viele Banken waren anderthalb Monate geschlossen und haben dann schrittweise wieder geöffnet. Sobald eine Bank

---

22 Anti-Terror-Operation (Anm. d. Übers.).

wieder öffnet, bildet sich sofort eine lange Warteschlange. Eine Person wird mir erzählen, dass sie den 4.625-ten Platz auf der Warteliste habe. Täglich müsse man seinen Anspruch auf den Platz in der Warteschlange behaupten, andernfalls verfalle er. Jeder Tag bietet genügend Anlässe zur Sorge und reichlich Gründe, sich den Kopf zu zerbrechen. Da bleibt keine Zeit für Politik – von Geopolitik ganz zu schweigen! Buchstäblich jede Person hat eine dringende persönliche Angelegenheit zu regeln.

Bei dieser Reise geht es mir nicht darum, einzig und allein über den mutigen Widerstand und die Unterdrückung zu berichten. Im Frühjahr 2014 haben wir Journalisten noch geglaubt, dass unsere Arbeit irgendwas bewirken kann. Wenn wir nur die Probleme zur Sprache bringen, können diese gelöst werden – oder man kann zumindest eine Verfügung oder Anordnung erlassen; eine Richtschnur für das Leben der ukrainischen Bürger unter Besatzung. Zu diesem Zeitpunkt schien es noch, als würden Probleme nur deshalb nicht gelöst, weil sie schlicht nicht bekannt sind.

Wir begleiten Iryna in der *Marschrutka*, einem Kleinbus im öffentlichen Nahverkehr, zu einer Verwaltungsbehörde in einer der Plattenbausiedlungen von Sewastopol. Die Frau lebt schon seit sechs Jahren auf der Krim, allerdings ohne Aufenthaltsgenehmigung. Sie hat hier standesamtlich geheiratet und weiß nicht, ob sie das Recht hat, mit ihrem ukrainischen Pass auf der Krim zu bleiben und einen russischen Pass zu beantragen. Am Vortag hat Iryna an einer Kundgebung der „Sewastopoler ohne Aufenthaltsgenehmigung" teilgenommen. Die Anwesenden verlangten von den Besatzungsbehörden mehr Klarheit in dieser Sache. Für Iryna lautet die drängendste Frage, ob ihre Tochter ohne notariell beglaubigte Erlaubnis ihres Ex-Mannes (zu dem Iryna kein gutes Verhältnis hat) zu ihren Eltern in die Oblast Sumy ausreisen kann. Diese hatten ihre Enkeltochter eine Zeitlang in ihrer Obhut. Dies wird nun nicht mehr ohne weiteres möglich sein; die Russen haben zwischen der Krim und der Ukraine eine neue Staatsgrenze eingerichtet.

Die Abiturientin und angehende Studienanfängerin Wika macht sich ebenfalls Sorgen, ob sie ohne ihre Eltern in die Oblast Mykolajiw fahren kann, um dort die einheitliche ukrainische Abschlussprüfung abzulegen. Gleiches gilt für die Aufnahmeprüfungen in Kyjiw. Falls sie als Minderjährige eine Ausreisebewilligung benötigt – nach welchem Recht werden diese erteilt? Hinzu kommt, dass die Notarkammern nicht mehr arbeiten beziehungsweise noch nicht wieder ihre Arbeit aufgenommen haben.

„Ich habe keine Ahnung, wie ich verhindern kann, dass sie mich aus dem Zug werfen. Und mit der ganzen Familie zu fahren ist zu teuer. Selbst wenn meine Eltern mich nach Kyjiw bringen, können sie sich einen längeren Aufenthalt dort nicht leisten. Es gibt insgesamt drei Aufnahmeprüfungen, zwischen denen vier bis fünf Tage liegen. Ich könnte auch alleine bei Verwandten unterkommen, dann müssten Mama und Papa sich ein Zimmer in einem Hotel mieten. Aber die haben hier schon genug Probleme mit Eigentum und Immobilien."

Wika wird die Schule bald beenden. Sie ist schon einmal nach Mykolajiw gefahren, um sich dort für die Abschlussprüfung anzumelden. Sie war auch beim Tag der offenen Tür in einer der Hochschulen in Kyjiw. Gerüchte über organisierte Reisen für Schüler von der Krim zu den Abschlussprüfungen auf dem Festland haben sich nicht bewahrheitet. Jede Familie muss jetzt selbst entscheiden, was zu tun ist. Wika möchte sich für den Studiengang Softwareentwicklung an der Fakultät für Informatik und Informationstechnologie bewerben: *„Es werden keine Zugtickets mehr im Voraus verkauft, daher habe ich keine Ahnung, wie ich nach Kyjiw kommen soll. Das letzte Mal wurde der Zug für drei Stunden in Dschankoj aufgehalten."* Wika rief in der Hauptstadt an, doch sie konnte nicht in Erfahrung bringen, ob es möglich sei, die Unterlagen per Post an die Hochschule zu senden. Einige Klassenkameraden versuchten es auf diesem Weg, aber die Unterlagen für die Anmeldung zur einheitlichen Abschlussprüfung steckten für zwei, drei Wochen in Simferopol fest und kamen schließlich zu spät an. Die Hälfte von Wikas Klassenkameraden will an ukrainischen Hochschulen studieren - vorwiegend jene, deren Eltern vom ukrainischen Festland stammen, auf der Krim gedient haben und nun nach Hause zurückgekehrt sind. Und auch wenn die Militärangehörigen fortgezogen sind - ihre Kinder sind geblieben, um hier die Schule zu beenden. Krimbewohner, die es ablehnen, die Halbinsel zu verlassen, haben Angst, ihre Kinder alleine auf das Festland zu schicken.

Im Park treffen wir einen pensionierten Oberst der ukrainischen Marine. Er muss vorsichtig sein, da er während der Annexion seinen Kameraden geholfen hat. Nach anderthalb Monaten haften die Erinnerungen zwar noch frisch im Gedächtnis, aber die Erregungskurve hat sich gelegt. Den Oberst treiben jetzt stärker die Ereignisse im Donbas um - und die Frage, was man von den Erfahrungen auf der Krim lernen könne: *„Die Situation in den Oblasten Donezk und Luhansk ähnelt in vielen Aspekten unserer eigenen. Auch in Sewastopol wurden Forderungen nach der Wahl eines Volksbürgermeisters laut. In der Zwischenzeit wurde die ukrainische Flagge durch die russische ersetzt. Die Strafverfolgungsbehörden und die Armee sind demoralisiert. Diesen Umstand macht sich das russische Militär zunutze und entsendet Selbstverteidigungseinheiten."*

Mein Gesprächspartner ist in mehreren proukrainischen Organisationen aktiv. Die jüngeren Mitglieder sahen sich gezwungen, die Krim zu verlassen: „*Vizeadmiral Sergej Menjajlo, den sie aus Moskau entsandt haben, um als Gouverneur von Sewastopol zu dienen, hat gesagt, man müsse den ukrainischen Geist auf der Krim ausrotten. Das Denkmal für den Hetman Sahaidatschnyj*[23] *wurde bereits gestürzt, eine Steintafel zum Gedenken an den zehnten Jahrestag der ukrainischen Marine hat man entfernt, obwohl selbst in den Internetforen aus Sewastopol zu lesen ist, dass es angesichts steigender Preise wichtigere Dinge gebe.*"

Akribisch führt er eine Fülle an Details und Fakten an, so als würde er ein Referat halten: „*Auch die Umweltaktivisten halten sich bedeckt. Stattdessen kommen russische Geschäftsmänner hierher und kaufen Immobilien auf, solange hier noch Unklarheit herrscht. Übrigens wollen viele Leute nur der Immobilien wegen einen russischen Pass. Das ist die Krim! Die Menschen haben ihr ganzes Leben lang geschuftet, um sich eine Wohnung leisten zu können. Die Rentner setzen ihre Hoffnung auf russische Rentenzahlungen, dabei war das Business früher eng mit dem ukrainischen Festland verflochten. Die Reisebüros sind noch nicht umgezogen. Viele von ihnen haben in den vergangenen Jahren mit ausländischen Touristen ein gutes Geschäft gemacht. Doch jetzt kommen keine Kreuzfahrtschiffe mehr hierher.*"

Mein Gesprächspartner hat einen Verzichtsantrag gegen einen russischen Pass eingereicht und stattdessen eine Aufenthaltserlaubnis beantragt. Hierfür wurden den Menschen rund drei Monate eingeräumt. Seine Wartenummer liegt irgendwo im vierstelligen Bereich. Er sagt, dass sich vor dem Einwohnermeldeamt eine lange Warteschlange gebildet hätte. Nicht alle hätten es geschafft, den Antrag rechtzeitig auszufüllen und einzureichen. Nun zerbricht er sich den Kopf darüber, wie er unter der Besatzung leben und seine Interessen auch mit einem ukrainischen Pass wahren kann: „*Die Ukraine muss sich ihre Staatlichkeit bewahren, damit sie nicht*

---

23 Petro Konaschewytsch-Sahaidatschnyj, ukrainischer Heerführer des 16. und 17. Jahrhunderts. Hetman der Saporoger Kosaken, Organisator der Kosakenfeldzüge gegen das Khanat der Krim, das Osmanische Reich und (an der Seite Polen-Litauens) gegen das Russische Zarenreich; Schirmherr der orthodoxen Schulen (Anm. d. Autorin).

dasselbe Schicksal ereilt wie uns auf der Krim. Die Leute müssen begreifen, dass sie nicht irgendwelche Bürokraten beschützen, sondern eine Lebensart, ebenso wie die Zukunft ihrer Kinder und Enkel. Es ist besser, in einer Demokratie zu leben, in einer freien Gesellschaft, in der offen diskutiert werden kann und die Machthaber sich vor den Bürgern der Ukraine verantworten müssen, dann herrschen Ruhe und Frieden auf unseren Straßen. Der Maidan hat uns die Möglichkeit dazu gegeben, aber Putin hat den Umstand ausgenutzt, dass das Janukowytsch-Regime gestürzt wurde und die Bürger sich nicht schnell genug organisieren und den Staat verteidigen konnten. Wir erleben einen historischen Augenblick: die ukrainischen Bürger bilden das Fundament der Gegenwehr – der Staat, das sind sie selbst."

In Sewastopol komme ich bei Switlana, der Lehrerin für ukrainische Sprache und Literatur, unter. Ihr Mann leitet noch immer einen Marinechor – allerdings spielt das gesamte Ensemble nun unter russischer Flagge. Er prahle damit, wie schnell die Gruppe ihr Repertoire angepasst, russische Lieder einstudiert und russische Kostüme – samt Hoftracht und den Kokoschniki, der traditionellen, haubenförmigen Kopfbedeckung russischer Frauen – aufgetrieben habe. Die Frau teilt die Ansichten ihres Mannes nicht und missbilligt sein Handeln. Die Beziehung ist äußerst angespannt. Aber sie haben eine Tochter und ein gemeinsames Haus.

Mit großem Eifer hilft mir Switlana bei der Suche nach Gesprächspartnern mit unterschiedlichen Problemen und Ansichten. Ich habe den Eindruck, dass meine Anwesenheit sie zumindest ein wenig vom Familienzwist ablenkt. Sie ruft Freunde und Bekannte an und lädt sie zu sich nach Hause ein – tagsüber, während ihr Mann auf Arbeit ist.

Zu einigen Gesprächspartnern muss ich in andere Randgebiete der Stadt fahren. Man spürt sofort, dass die rechtlichen Streitereien durch die prekäre finanzielle Situation zu großen Problemen angewachsen sind. Alle sind auf ihre Gehälter angewiesen, keiner kann es sich leisten, seine Wohnung zu verlassen. Jede Kopeke wird umgedreht. Staatsangestellte werden in Rubel entlohnt, aber die Geschäfte akzeptieren nur Hrywnja. Obwohl die Kurse schlecht stehen, bilden die Leute lange Warteschlangen vor den

Wechselstuben. Eine Fahrt mit der *Marschrutka* kostet zweieinhalb Hrywnja respektive zehn Rubel – dabei sollten es laut Wechselkurs 7,75 Rubel sein. Die Preise werden einfach aufgerundet.

Switlana hat offensichtlich viele Lehrer mit demselben fachlichen Hintergrund in ihrem Bekanntenkreis. Ihre Arbeitskollegin heißt ebenfalls Switlana und unterrichtet Ukrainisch an einer der angesehensten Schulen Sewastopols. Sie lebt seit 36 Jahren hier. Der Ehemann ihrer ältesten Tochter dient in der ukrainischen Armee. Das Schuljahr ließ man sie ohne besondere Einschränkungen zu Ende bringen, doch die Prüfungen wurden abgesagt.

„Vor dem ‚Referendum' wurde in sämtlichen Schulen Sewastopols ein dringendes Elterntreffen einberufen und angekündigt, dass es nach der Abstimmung drei Amtssprachen auf der Krim geben werde: Russisch, Ukrainisch und Tatarisch. Russisch und Ukrainisch würden gleichberechtigt in den Schulen unterrichtet, keine Sprache würde dominieren, und sämtliche Lehrkräfte für Ukrainisch würden ihre Stellen behalten. Doch schon

zwei Wochen später wurde die Anzahl der für den Ukrainischunterricht vorgesehenen Stunden drastisch reduziert. Ursprünglich waren es vier Unterrichtsstunden, jetzt ist es noch eine. Das bedeutet, dass zwei Drittel der Pädagogen nicht mehr benötigt werden", erläutert die Lehrerin. Derzeit erwartet die Schule eine Delegation aus Moskau, die die Computer- und Russischkenntnisse sowie die jeweiligen Fachkenntnisse prüfen wird.

„Sie leben und arbeiten hier seit 36 Jahren als Ukrainischlehrerin. Bei einigen Anlässen haben sich die Leute bei mir beschwert, dass sie zur ukrainischen Sprache genötigt worden seien; sie konnten die Rezepte ihrer eigenen Medikamente nicht lesen. Ist sowas vorgekommen? War die Sprache wirklich ein Problem?"

„Es gab und gibt diese Ablehnung der ukrainischen Sprache. Man trifft sie schätzungsweise bei der Hälfte aller Einwohner der Krim an. Am deutlichsten macht sich das bei den Rezepten bemerkbar. Diese werden üblicherweise von betagten Damen und Herren gelesen, die nie Ukrainisch gelernt haben. Es gab viel Gegenwehr. So gut wie jedes Großmütterchen, das irgendwelche Straßenanzeigen studiert hat, wollte von dir wissen, was dort feilgeboten wird. Einige taten dies auf freundliche Art und Weise. Aber die Situation begann sich zu verändern, als das Ansehen der ukrainischen Sprache wuchs. Ich erinnere mich an die problematische Zeit zwischen 1997 und 2000. Damals hatte ich einen Schüler, der den Umschlag seines Schulheftes für die ukrainische Sprache mit ‚Notizheft für Russisch' beschriftet hatte. Und als wir ein Diktat übten, übersetzte er den Text beim Schreiben ins Russische. Hinterher erzählte mir die Mutter des Schülers unter Tränen, dass der Vater dem Kind nicht erlaube, Ukrainisch zu lernen, und alle Hefte zerrissen habe. So war die Ausgangslage, aber in den letzten Jahren ist die Freude der Kinder am Lernen gewachsen. Wann immer ich ihnen einen Aufsatz zu lesen gebe, suche ich die mitreißendsten Stellen für sie heraus. Anschließend kommen die Eltern und wollen wissen, wie ich das anstelle. Die Kinder stürmen nach Hause und wollen sofort wissen, wie es weitergeht. Wir haben auch innovative Lehrmethoden eingeführt. Darüber hinaus haben wir in den höheren Klassen die Anzahl der Stunden für den Grammatikunterricht verdoppelt, da diese in beiden Sprachen gleich ist. Wir haben sehr kollegial mit russischen Philologen

zusammengearbeitet. Unser Schulleiter etwa, ein Russischlehrer, hat versucht, die Lehrpläne anzugleichen – so wird ein Thema bei uns auf Ukrainisch und auf Russisch behandelt.“

Aus Switlanas Abschlussklasse haben neun Schüler ein Studium in Kyjiw aufgenommen, zwei in Kharkiw, und eine in Odessa. Eine ehemalige Schulkameradin, die gebürtig aus Sewastopol stammt, ging als Freiwillige auf den Maidan. Switlana weiß lediglich von zwei Schülern, die eine russische Hochschule besuchen möchten. Ihnen wurde versprochen, dass sie dies problemlos tun könnten, aber es stellte sich heraus, dass sie Aufnahmeprüfungen bestehen müssen. Eine andere ehemalige Schülerin, die bereits studiert, hat erzählt, dass man ihnen vor dem Referendum einen kostenlosen Zugang zu den Universitäten und Hochschulinstituten auf der Krim versprochen habe. Darauf hätten viele gesetzt. Aber die Hoffnungen seien enttäuscht worden.

Weder Verbitterung noch Überraschung sprechen aus Switlanas Stimme. Switlana wusste, dass es so kommt. Sie kritisiert das gesellschaftliche Klima: *„Früher habe ich mich mit den Kollegen im Bus entspannt auf Ukrainisch unterhalten – jetzt stoßen die Ukraine und alles Ukrainische ringsum auf Ablehnung. Es ist, als würden sie künstlich Bedingungen dafür schaffen, dass die Menschen die Ukrainer hassen können.“* Dass die Ukraine einigen Einwohnern Sewastopols Fremd ist, erklärt sie damit, dass viele russischstämmige Militärangehörige, die aus Russland versetzt werden, sich in der Heldenstadt aufhalten: *„Sie haben in uns keine ukrainischen Frauen, Mütter und Schwestern gesehen, die geweint haben, als sie die ukrainischen Stützpunkte eroberten. Stattdessen haben sie gefeiert. Meine Tochter hat alle ihre Freunde verloren, denn als sie ihnen ihr Leid klagte, entgegneten sie ihr: ‚Bist du blöd? Dein Mann soll in eine russische Einheit wechseln und fertig!‘“*

Julia ist ebenfalls Ukrainischlehrerin. Sie wurde in Sewastopol geboren. Im Gegensatz zu der älteren und umsichtigen Switlana gesteht sie bekümmert ein, dass sie Angst habe, Ukrainisch zu sprechen: *„Wie sich herausgestellt hat, sind die Ukrainer für die Menschen auf der Krim nichts weiter als Faschisten und glühende Bandera-Anhänger. Und deshalb können sie nicht freundlich und klug sein – ebenso wenig wie die ukrainische Sprache. In den späten Neunzigern und frühen* *nuller Jahren hatte ich ebenfalls Angst, Ukrainisch auf der Straße zu sprechen, aber bald darauf spielte es schon keine Rolle mehr. So viele Urlauber aus der Ukraine kamen hierher! Jedes Kind hatte einen anderen Zugang zur Sprache: die einen gewissenhaft, andere weniger. Doch sie alle begegneten der Sprache mit Respekt. Es fällt schwer, hier zu leben, wenn du dich nicht zuhause fühlst. Ich fühle mich wie eine überflüssige Person. Ich habe auf die russische Staatsbürgerschaft verzichtet und muss nun um eine Aufenthaltserlaubnis für den Ort betteln, an dem ich mein ganzes Leben verbracht habe, an dem ich in den Kindergarten und in die Schule gegangen bin und wo ich jeden Pflasterstein kenne. Und ich muss darum bitten, dass ich hier leben darf? Und bin von ihrer Gnade abhängig? Alle meine Freunde leben hier. Es ist eine Sache, freiwillig zu gehen. Doch es ist etwas anderes, die eigene Wohnung verlassen zu müssen. Dabei geht´s mir ja nicht mal um die Wohnung! Mein ganzes Leben spielt sich hier ab! Ich müsste meine Seele zurücklassen! Meine Mutter und mein Bruder liegen hier begraben."*

„Julia, wenn Sie die ukrainische Sprache nicht unterrichten können, was können Sie tun? Was bleibt Ihnen übrig?"

„Im Grunde gar nichts."

„Und was bieten die Ihnen stattdessen an?"

„Nichts. Was sollen die mir schon groß anbieten!?"

„Schokolade! Alles wird in Schokolade getaucht sein. Ein neues Leben auf einem unbeschriebenen Blatt. Kein Flickwerk – ein Neubeginn", rezitiert eine weitere Freundin von Switlana, Olena, mit erhabener Stimme. Switlana liegt viel daran, dass ich mit diesen *„ganz normalen Leuten"*, die sich über die Annexion freuen, ins Gespräch komme, um zu begreifen, in welchem sozialen Umfeld sich ihr Leben jetzt abspielt.

Olena ist passionierte Christin und sehr besorgt, dass sich westliche Werte auch auf der Krim ausbreiten werden. Sie versucht uns davon zu überzeugen, dass sie gesehen haben will, wie die gleich neben ihrer Wohnung gelegene Industrieanlage *Parus*[24] wieder in Betrieb genommen wird: *„Die Werft von Sewastopol*[25] *nimmt die Arbeit ebenfalls wieder auf. Das bedeutet Arbeitsplätze! Bei der Arbeitsbehörde wurde mir gesagt: holt eure Ingenieursdiplome hervor, alle Fachgebiete werden benötigt. Es soll eine staatliche Anordnung für die Fachausbildung in verschiedenen technischen Berufen geben. Für die jungen Leute ist das ein Geschenk des Himmels. Die Rentner freuen sich sowieso schon – ihre Rente ist um 25 Prozent gestiegen. In den Krankenhäusern, besonders den onkologischen Zentren, werden neue Gerätschaften herangeschafft. In den Lokalnachrichten haben sie gezeigt, wie der Transporter entladen wurde."*

Von Zeit zu Zeit unterbreche ich Olena, um herauszufinden, ob sie alles, was sie erzählt, mit eigenen Augen gesehen, in den Medien gehört oder gerüchtehalber aufgeschnappt hat.

„Die Menschen sind auferstanden. Das Volk hing am Kreuz, es war gekreuzigt, und nun ist es auferstanden! In den Seelen aller leuchtet der Satz: ‚Wir sind auferstanden!' Es ist einfach beschämend, dass wir die vergangenen 23 Jahre eine so kümmerliche Existenz gefristet haben – und selbst das hatten wir nur den Besuchern aus Russland zu verdanken. Auch jetzt wird es keine Probleme mit russischen Touristen geben. Das sind die Russen der Krim schuldig, sie müssen jetzt hierherkommen. Auch die Großbetriebe werden es gut haben: Man hat uns versprochen, dass die gesamte Krim und Sewastopol fünf Jahre lang keine Steuern zahlen müssen, mit Ausnahme der Privatunternehmer. Immerhin haben sie schon so viel durchgemacht – bei Gott, das wünsche ich niemandem."

---

24 Das in den 1960er Jahren erbaute Werk stellte insbesondere informationsgestützte Lenksysteme, etwa für sowjetische Atom-U-Boote, her, ebenso wie integrierte computergesteuerte Kontrollsysteme für Marschflugkörper. In den nuller Jahren wurde auf dem Werksgelände eines der größten Einkaufszentren der Stadt erbaut – samt Fitnessstudios, Eisbahnen und Restaurants. Während der Annexion wird es aufgrund von Verstößen etwa gegen die Brandschutzverordnung geschlossen und schließlich wiedereröffnet. 2020 wird der Betreiber des Einkaufszentrums, das Unternehmen *Musson*, vor dem Besatzungsschiedsgericht von Sewastopol von der Regierung wegen der Schließung Schadensersatz fordern (Anm. d. Autorin).

25 Die Erbauung der Werft fand zum selben Zeitpunkt statt wie die Gründung der Stadt, 1783. Die Schiffsanlage wurde nach der Unabhängigkeit der Ukraine privatisiert und führte Aufträge sowohl der ukrainischen Marine als auch der russischen Schwarzmeerflotte aus. Nach der Annexion „verstaatlichte" Russland die Werft (Anm. d. Autorin).

Vor allem jedoch hofft Olena, dass in den Schulen Unterricht für religiös-traditionelle Werte eingeführt wird: *„Den Taxifahrern werden Verkehrsregeln beigebracht, damit sie wissen, was ihnen blüht, wenn sie über eine rote Ampel fahren. Der Jugend dagegen sind die Konsequenzen ihres Handelns nicht bewusst – etwa, wenn sie eine Abtreibung vornehmen lassen. Abtreibung ist nämlich Mord. Man muss die orthodoxe Kirche unterstützen."*

„Man erzählt sich, dass hier bald eine Vergnügungsmeile entstehen soll" – darüber wird wirklich viel geredet –, *„mit Spielkasinos aller Art. Sind Sie als Gläubige alarmiert?"*

„Ich habe davon gehört. Damit können wir uns nicht gerade rühmen. Aber alles hängt davon ab, wie man es aufzieht. Selbst wenn man alle Triebe unterdrückt, sind sie immer noch im Unterbewusstsein präsent. Daher ist es besser, den Tatsachen ins Auge zu blicken, sie zu legalisieren, einen gesetzlichen Rahmen zu schaffen und damit Profit zu machen."

Gegenüber mir, einer Person aus Kyjiw, betont Olena mit Nachdruck, dass es der Maidan war, der das politische Bewusstsein der Krimbewohner geschärft habe: *„Wir haben den Maidan gesehen, wir haben gelernt und begriffen, dass wir die Machthaber kontrollieren müssen. Die ‚Sewastopoler ohne Aufenthaltsgenehmigung' etwa sind mit der Forderung auf die Straße gegangen, dass man sie anhören und ihnen russische Pässe aushändigen möge. Ich denke, dass die Abgeordneten dies berücksichtigen und ein entsprechendes Gesetz verabschieden werden."*

„Und früher haben Sie keinen Unterschied gemacht zwischen Russen und Ukrainern?"

„Das spielt auch jetzt keine Rolle. Jetzt sind alle glücklich. Man möchte einen Ukrainer liebkosen – sogar einen Schwarzen, ganz gleich. Wir sind einfach glücklich. Wir hätten uns nicht träumen lassen, dass wir wieder zu Russland zurückkehren. Sollen doch die Preise steigen für Waren und Dienstleistungen, die früher aus der Ukraine kamen. Das ist eine Übergangsphase. Die Rente soll verdoppelt werden. Mein Vater hat seine Rente schon in russische Rubel umgetauscht. Gott hat uns geholfen. Nach 23 Jahren sind unsere Gebete erhört worden. Wir hingen am Kreuz – und nun sind wir auferstanden!"

Olha Wasyliwna stammt gebürtig von der Krim und lebt und arbeitet schon lange in Moskau. Nun ist sie in aller Eile auf die Krim zurückgekehrt, um ihre Tochter zu retten. Oksana Hrytsenkowa hat sieben Jahre lang eine Drogenersatztherapie gemacht. Dabei wird Rauschgiftabhängigen unter ärztlicher Aufsicht der Ersatzstoff Methadon verabreicht. Nun soll das Substitutionszentrum, dessen Patientin Oksana war, geschlossen werden. Im Gegensatz zur Ukraine und den EU-Staaten ist diese Form der Therapie in Russland verboten. Und obwohl die Weltgesundheitsorganisation *WHO* die Drogenersatztherapie als *„eines der wirksamsten Verfahren gegen Opioid-Abhängigkeit"* einstuft, beharrt Wiktor Iwanow, Direktor der (2016 aufgelösten) russischen Bundesbehörde zur Betäubungsmittelkontrolle darauf, dass diese Therapie keinen *„etablierten klinischen Standards"* entspreche.

Bis zum Ausbruch des russisch-ukrainischen Krieges waren in den landesweit insgesamt 170 Einrichtungen rund 8.700 Patienten in Behandlung. Dies war ein großer Triumph für den gesamten postsowjetischen Raum – und das Programm auf der Krim eines der erfolgreichsten in der Ukraine. Auf der Krim waren bis zur Annexion 800 Patienten in Behandlung - darunter 200, die positiv auf HIV getestet wurden.

In Olha Wasyliwnas Stimme schwingen Angst und Verzweiflung mit: „*Das war unser Leben, ein ganz normales Leben. Ich war beruhigt, denn ich wusste, dass meine Tochter keine harten Drogen nehmen würde. Und nun stellt sich heraus, dass sie uns einfach keine Chance zum Leben lassen. Das ist kein geheimes Programm, alle Patienten sind registriert und können einer Arbeit nachgehen.*" Die Ärzte sagen, dass ihre Tochter bei Drogenproblemen eine Rehabilitationsklinik aufsuchen soll. Die Familie ist skeptisch; sie hätten es oft genug versucht, es sei Zeitverschwendung. Und doch scheint Olha ihr Handeln unablässig rechtfertigen zu wollen.

Olha ist eine wunderschöne, sorgfältig geschminkte Blondine in einem gebügelten Kleid. Ihre Tochter Oksana ist ein schlankes Mädchen von durchschnittlicher Größe. Ein Hauch Makeup, Sonnenbrille, rotgefärbte, zu einem Pferdeschwanz zusammengebundene Haare. Sie sitzt neben uns auf der Bank und raucht schweigend. Es fällt schwer, ihre Gefühlslage zu durchschauen. Zunächst wirkt sie erstaunlich unbeteiligt, so als hätten wir nicht die ganze Zeit über sie geredet.

Mit den Worten „*Vielleicht erzähle ich es dir selbst?*" bringt Oksana sich nun selbst in die Unterhaltung ein. Jedes einzelne Wort wägt sie ab: „*Gleich nachdem unsere Krim durch das ‚Referendum' ein Teil der Russischen Föderation geworden ist, haben sie verkündet, dass das Programm eingestellt wird. Sie haben eine Übergangszeit versprochen, damit wir uns vorbereiten und alles weitere überdenken können. Sie haben erklärt, dass es keine umgehende Schließung geben würde… dann hieß es auf einmal, dass das Programm eingestellt und die tägliche Dosis innerhalb eines Monats reduziert wird… ich habe einen Behindertenausweis der zweiten Kategorie. Eine solche Herabsetzung der Dosierung hält mein Körper einfach nicht aus. Es gibt keine Rezepte, keine Hilfe - sie sagen uns nur, dass wir die Dosis so schnell wie möglich reduzieren sollen. Das Medikament reicht noch bis zum 20. Mai. Ich hatte eine Dosierung von 80 Milligramm, jetzt bin ich bei 55. Das bedeutet durchgehende Schmerzen, Schwäche, Depression.*"

„*Tränen und Leid*", nickt ihre Mutter.

„Tränen und Leid", fährt die Tochter fort: *„Du kannst nicht entkommen und weißt nicht, wie du am Leben bleiben sollst. Bis dahin lief alles gut. Das Verhältnis zur Familie war intakt, wie bei ganz normalen Menschen. Ich hatte mein Privatleben im Griff. Doch nun weiß ich einfach nicht, was ich tun soll."*

Unser Treffen findet in einem Park in der Nähe des Krankenhauses statt. Oksana und ihre Mutter haben zwei Männer mitgebracht. Einer davon, Andriy, erklärt sich zu einem Gespräch mit uns bereit. Genau wie Oksana hat er am „Referendum" teilgenommen. Damals habe man ihnen noch versichert, dass die medizinischen Einrichtungen arbeiten würden wie gewohnt: *„Wenn die Krebskliniken genauso arbeiten wie zuvor – wieso nicht auch die Drogenentzugsstellen? Dafür habe ich nicht gestimmt. Man hat uns auf die Müllkippe geschmissen wie neugeborene Kätzchen. Sie haben gesagt, uns blieben noch drei Monate, und jetzt wollen sie davon nichts mehr wissen."* Andriy wurde nach Ende seines Militärdienstes drogenabhängig; er ist jetzt 40 Jahre alt. Seit 2000 versucht er in verschiedenen Entzugsstellen vom Rauschgift wegzukommen. Keines der Angebote konnte ihm helfen. Wie Oksana und anderen Krimbewohnern auch wird ihm bei den Entzugsstellen lediglich die Standardbehandlung vermittelt – eine temporäre Entgiftung, die häufig mit religiösen Praktiken verbunden ist.

Seit 2007 ist Andriy in Substitutionsbehandlung. Er arbeitet als Hausmeister in einer Möbelfabrik und steht den Alltag nur dank des Methadons durch: *„Meine größte Angst ist, dass ich auf dem direkten Weg in den Zusammenbruch und die Depression bin. So wie früher, als ich in die Altstadt ging, etwas Shore besorgte und mir dann einen Schuss setzte. Die Einstellung des Programms wirft uns wieder auf die Straßendrogen zurück. Wenn ich abstürze, verlässt mich meine schwangere Frau. Ich mache mir große Sorgen und weiß nicht, wie ich weiter Leben soll. Nach Kyjiw umziehen kann ich nicht. Dazu braucht man Geld, und ich kann nur hier Geld verdienen. Wer braucht schon einen Süchtigen wie mich in einer fremden Stadt?"*

Ich stehe in Austausch mit dem Kyjiwer Menschenrechtsaktivisten Pawlo Skala, der seit Jahren in der Drogenhilfe tätig ist. Er erklärt, dass die selbsternannte Besatzungsmacht unmittelbar nach der Annexion ein formelles Gesuch auf einen Methadon- und Buprenorphin-Vorrat für sechs Monate beim ukrainischen Gesundheitsministerium eingereicht hat, um das Programm noch eine Weile weiterführen zu können. Das Gesuch wurde abgelehnt, da die hiesigen Machthaber nicht anerkannt werden. Kurz darauf, nach Protesten von Patienten und Menschenrechtsaktivisten, erklärte sich das Ministerium zur Bereitstellung der Medikamente bereit. Daraufhin lehnten wiederum die Besatzungsbehörden ab und kündigten die Einstellung des Programms bis Ende Mai an. In den Gesprächen mit den Patienten wird deutlich, dass sie ihre Hoffnung auf die Freigabe der Lieferung noch nicht aufgegeben haben.

Am Ersten Mai findet in Simferopol eine Demonstration statt. Ich war noch nie auf einer Maiparade. Sie erinnert mich an eine Mischung aus dem, was ich von Fotografien aus der Sowjetunion kenne, und einem Karneval. Die Reihen sind nicht ganz synchron, manche tragen Kostüme. Das Treiben wirkt wie eine Parade-Rückkehr in die Sowjetunion. Hier marschiert die „Poliklinik Nr. 1", darauf folgt eine Entbindungsklinik, dann die „Schule Nr. 8", dann das „Gymnasium Nr. 9", dann eine Gruppe von Schülern mit sowjetroten Halstüchern, dann Mädchen von einer juristischen Fakultät auf Stöckelschuhen, mit Abschlusshüten samt Quasten und in langen schwarzen Roben, dann Schülerinnen eines Kollegs, die den Kokoschnik tragen. Erneut frage ich mich, wie die Kokoschniki auf die Krim gelangt sind. Dann drei Teenager in ukrainischen Pluderhosen und mit Kosakenmützen. Ihnen folgen fünf Rentner in Nationaltracht und der offiziellen belarussischen Flagge. Bestimmt soll das Schauspiel den „Multikulturalismus der Krim" unter Beweis stellen.

Endlich kommen vermehrt Slogans in Sichtweite: „Keinen Preisanstieg!", „Sportlernation = gesunde Nation". Es marschiert eine Gruppe von zehn Soldaten in Uniformen – den gleichen Uniformen, die ich später an den Volksmilizionären der „Volksrepublik Donezk" sehen werde. Ein schwarzer Wagen befördert ein riesiges Portrait von Putin auf seinem Dach.

Eine ganze Kolonne marschiert unter einem Portrait von Wiktor Medwedtschuk[26] und der Partei „Ukrainische Wahl“: „Du regierst das Land! Referendum! Die Macht des Volkes!“ Solche Plakate hingen fast ein Jahr lang bei den Rolltreppen der *Metro* in Kyjiw. Der Medwedtschuk-Kolonne folgt der „Russische Block“ auf dem Fuße. Auf ihren Transparenten steht: „Die Krim und Russland – eine Familie, am Ersten Mai ein Hoch auf das Volk!“, „Solange wir vereint sind, sind wir unbesiegbar“.

---

26 Ukrainischer Politiker mit prorussischen Ansichten. Taufpate von Wladimir Putins Tochter. Von 2002 bis 2005 Leiter der Präsidialverwaltung der Ukraine. Seit 2019 Abgeordneter des ukrainischen Parlaments und Vorsitzender des politischen Rates der Partei „Oppositionsplattform – Für das Leben“ (Anm. d. Autorin).

Einige Meter entfernt tobt eine Auseinandersetzung: „*Ihr Schwuchteln! Ihr seid Drecksäcke! Putin ist unser Präsident!*", kreischt eine alte Frau mit einer russischen Flagge auf der Brust und dreifarbigen Luftballons. Sie greift die Teilnehmer an und versucht, ihnen die Plakate zu entreißen, doch mit den Luftballons in ihren Händen will ihr das nicht recht gelingen. Sie empört sich über eine Gruppe junger Menschen, die mit Plakaten voranschreiten, auf denen Slogans zu lesen sind wie: „Buchweizen!", „Nicht kaputt – nicht reparieren", „Bärchen, ich will ein Rädchen", „100 Gramm Zucker auf 100 Gramm Sauerrahm", „3500 Games durchgezockt und immer noch kein Nerd", dann auf englisch: „The End is near", „Be positive. Such monstration is very original". Diese „Monstration" ist die Simferopoler Spielart eines Flashmobs, den lokale Anarchisten in Nowosibirsk ins Leben gerufen haben. Dahinter steckt die Idee, dass die Teilnehmer mit Improvisationstalent und möglichst absurden Slogans auf die Straße gehen. In den vergangenen Jahren haben die Monstrationen immer stärkeren Zulauf bekommen und wurden in Dutzenden russischen Städten abgehalten.

„*Warum belästigen Sie uns? Wir sind nicht für Schwule!*", entgegnet ein Mädchen einer weiteren Frau, die sich der Monstration von der anderen Seite entgegengestellt hat: „*Wir sind für Freiheit, Gleichheit, Glück!*"

„*Verrückt! Ihr seid verrückt!*", hält die Frau dagegen.

„*Du bist eine Verräterin, was redest du da! Schwuchteln! Schwuchteln!*" Die Initiatorin der Gegenaktion, die Alte mit den Luftballons, hat ihre Stimme wiedergefunden.

„*Bandera auf den Scheiterhaufen!*", schreit unisono einige Meter entfernt eine Gruppe junger Burschen in Richtung der alten Frau.

„*Schwuchteln auf den Scheiterhaufen!*", entgegnet regungslos ein Typ mit langen Haaren aus der Gruppe der Monstration.

„*AAAAAA!!!*", einfach nur „*AAAA!*", schreit die Alte erneut. Ihr Atem reicht offenbar nicht für mehrsilbige Wörter aus: „*Hurraaaaa!! Russland! Hurra! AAAAA! Putin! Fickt euch, ihr Schwuchteln!*"

Die Monstration ist schon fast vorbeigezogen – bis auf ein Mädchen mit einem Plakat, auf dem „Laden Sie Ihre Orangen in die

Fässer" steht. Sie ist ein wenig hinter die Gruppe zurückgefallen und hat die gefährliche Alte offenbar nicht bemerkt. Diese versucht ihr – kaum hat sie Luft geschnappt –, das Plakat zu entreißen. Ein junger Mann geht dazwischen: *„Lassen Sie meine Frau in Ruhe, lesen Sie lieber Weltliteratur!"*[27] Die Alte kreischt unbeirrt weiter: *„Mach dich nicht lächerlich, du bist eine Schande! Putin ist unser Präsident!"*

Das Mädchen hält die Situation nicht länger aus und faltet ihr Plakat zusammen.

Vom Stadtzentrum aus spaziere ich entlang des Ufers des Flusses Salhir zum Medschlis des Krimtatarischen Volkes. Bäume säumen den Weg, auf jeden Baum wurde eine blau-gelbe Flagge gemalt.

Im April 2014 hegen die Besatzungsbehörden der Krim und Russlands noch die Absicht, mit der maßgeblichen Interessenvertretung der Krimtataren, die die Besatzung nicht anerkennt, zu einer Einigung zu kommen. Das politische Oberhaupt der Krimtataren, der legendäre Mustafa Dschemiljew, wurde in Russland und auf der Krim bereits zur *Persona non grata* erklärt. Der Medschlis setzt seine Tätigkeit fort, doch einige Tage zuvor haben Vertreter der sogenannten Selbstverteidigung versucht, die krimtatarische Flagge vom Gebäude zu entfernen und stattdessen die russische Flagge aufzuhängen. Die Frauen, die sich im Gebäude befanden, rissen die Trikolore kurzerhand wieder ab. Mit ihrem Mut haben die Selbstverteidiger nicht gerechnet.

Im Medschlis treffe ich mich mit dem krimtatarischen Aktivisten Synawer Kadyrow. *De facto* ist er der letzte politische Gefangene der Sowjetunion. 1988 wurde er infolge seiner Beteiligung an der krimtatarischen Bewegung in die Strafkolonie von Jakutsk verbannt (es fällt schwer, zu begreifen, dass dreißig Jahre später Oleh Senzow einen Teil seiner Haftstrafe dort verbüßen wird) und blieb der Letzte auf einer Liste von 300 politischen Gefangenen, die nach

---

27 Die Phrase „Laden Sie Ihre Orangen in die Fässer", auf die der junge Mann sich bezieht, entstammt dem satirischen Roman *Das goldene Kalb* der sowjetischen Schriftsteller Ilja Ilf und Jewgeni Petrow und hat eine rein selbstreferenzielle „Bedeutung" (Anm. d. Übers.).

der Rede des Generalsekretärs der Sowjetunion Michail Gorbatschow vor den Vereinten Nationen freigelassen werden sollten.

Kadyrow wurde nach der Deportation in Usbekistan geboren und nahm 1984 sein Studium in Taschkent auf, wo er zusammen mit Gleichgesinnten die historisch-ethnographische Zeitschrift *Kasewet* gründete. Nach zwei Ausgaben der Zeitschrift wurde Synawer aufgrund der „Produktion und Verteilung von Texten theoretischer Art, die geeignet sind, die staatliche Ordnung der Sowjetunion in Verruf zu bringen", für drei Jahre nach Jakutien verbannt.

Der Annexion zum Trotz bleibt Synawer Kadyrow auf der Krim, wo er sich zivilgesellschaftlich engagiert. Eine der brennendsten Fragen betrifft die russischen Pässe: „*Wenn die Menschen mit Aufenthaltserlaubnis und ukrainischer Staatsangehörigkeit alleine Zugang zu Medikamenten erhalten, wird die Mehrheit natürlich nicht die russische Staatsangehörigkeit annehmen. Falls nicht, dann müssen wir uns an die neuen Realitäten anpassen*", erklärt er. Eine weitere drängende Frage sei, wie den Bürgern der Krim die Teilnahme an den für Ende Mai geplanten Präsidentschaftswahlen ermöglicht werden könne. Ohne den ukrainischen Staat sei dies nicht zu bewerkstelligen, so Synawer. Der Medschlis habe weder das Recht noch die Mittel, um zusätzliche Wahllokale in der anliegenden Oblast Cherson zu organisieren.

Den Besatzern und Russland steht er äußert kritisch gegenüber. Während er über das „Referendum" spricht, erinnert er an die ukrainischen Sicherheitsbeamten, die den Eid gebrochen haben: „*Die Sicherheitsbehörden auf der Krim haben nicht nur keinen Widerstand geleistet, sondern die Annexion geradezu herbeigesehnt. Wir haben uns an Kyjiw gewandt, damit sie irgendwie reagieren, und dabei betont, dass die Sicherheitsbeamten die Krimtataren diskriminieren. Zuvor haben wir uns die Frage gestellt, wie hoch beim SBU der Prozentsatz derjenigen ist, die loyal gegenüber dem ukrainischen Staat eingestellt sind. Jetzt ist klar, dass der SBU erwiesenermaßen für den russischen Geheimdienst FSB gearbeitet hat. In Kyjiw hatten sie schon früher keine Vorstellung davon, was auf der Krim passiert. Ich will, dass die Machthaber in der Ukraine begreifen, dass viele ukrainische Bürger hiergeblieben sind, vor allem die ursprüngliche Bevölkerung der Krimtataren. Gemeinsam könnten wir der Lage irgendwie Herr werden, den Lauf der*

Geschichte verändern und zur Ukraine zurückkehren – doch dafür darf die Ukraine die Hände nicht in den Schoss legen."

Das kleine blaue zweistöckige Gebäude des Medschlis ist eine Insel der Ruhe und Stille. Überall hängen krimtatarische und ukrainische Flaggen. Hin und wieder schauen krimtatarische Journalisten vorbei, die ich vor und während der Annexion kennengelernt habe. Abgesehen von den Problemen, die die Annexion mit sich bringt, haben die Krimtataren jede Menge Pläne für den Mai.

Erstens planen sie ein symbolisches Treffen mit Mustafa Dschemiljew an der neuen Verwaltungsgrenze. Es ist unwahrscheinlich, dass die russischen Grenzschutzbeamten ihn gewähren lassen.[28] Die Befreiungsbewegung der Krimtataren ist seit sowjetischen Zeiten für ihre Akte des gewaltfreien Widerstands bekannt. Die sowjetischen Dissidenten wissen um die Macht symbolischer Aktionen.

Zweitens soll 2014 das tragische Datum des 70. Jahrestags der Deportation der Krimtataren auf ganz besondere Weise gewürdigt werden. Ich wünsche viel Erfolg und verspreche, *„dort, in Kyjiw zu berichten, was die Krim umtreibt.“* Bis unser eigener Krieg ausgebrochen ist, habe ich zumeist aus anderen Ländern berichtet und meinen Gesprächspartnern häufig versprochen, den Menschen anderswo zu erklären, *„wie es dort wirklich ist.“* Es tut schrecklich weh, dies im eigenen Land tun zu müssen. In den kommenden Jahren werden meine Gesprächspartner sowohl auf der Krim als auch aus dem Donbas weiterhin sagen: *„Mögen sie es dort erfahren.“*

***

Ich bin am Bahnhof von Dschankoj. Kurz vor der Abfahrt steigt ein russischer Grenzbeamter in den Zug und stempelt den Übertritt der „russisch-ukrainischen Grenze“ - sprich: der Verwaltungsgrenze zur Krim - in meinen Pass. Keinen Monat später werden alle Zugverbindungen zum ukrainischen Festland - dem seit Kindheitstagen geläufigsten Weg, auf die Krim zu gelangen - eingestellt. In zehn Tagen, am 10. Mai 2014, wird auf der Krim der Regisseur und Aktivist des hiesigen Euromaidan, Oleh Senzow, festgenommen. Man wird ihn des Terrorismus beschuldigen.

---

28 Dem Anführer der Krimtataren Mustafa Dschemiljew wurde am 22. April 2014, noch während er auf dem Weg auf die Krim war, die Einreise verboten. Am 3. Mai 2014 unternahmen aufgebrachte Krimtataren den Versuch, ihm die Rückkehr auf die Halbinsel zu ermöglichen. Sie überquerten die Verwaltungsgrenze von der unter russischer Kontrolle befindlichen Seite, um Dschemiljew auf der anderen Seite zu treffen, die unter ukrainischer Kontrolle steht. Der Weg wurde von bewaffneten russischen Spezialeinheiten blockiert. Anschließend wurde noch weiteren einflussreichen Persönlichkeiten des Medschlis - darunter dem Vorsitzenden Refat Tschubarow - die Einreise auf die Krim verwehrt (Anm. d. Autorin).

Teil III
ANGST

Mai 2016

Sewastopol – Bachtschyssaraj – Simferopol – Bilohirsk – Molodischne – Jewpatorija – Romaschkyne

Schneidet mir die Zunge heraus, ich habe vor nichts mehr Angst

„Der Leiter der Kulturgemeinde der polnischen Tataren mit Wurzeln auf der Krim trat an mich heran – ich hielt mich gerade in Polen auf – und sagte: ‚Es tut mir leid, soll ich es dir rundheraus sagen?' ‚Natürlich', entgegnete ich. Daraufhin erwiderte er: ‚Sei stark, ich habe soeben einen Anruf erhalten. Dein Vater ist tot.' Jeder ist auf das Ableben von alten Menschen gefasst. Doch es ist etwas anderes, wenn du nicht hinfahren und dich verabschieden kannst… mir war klar, dass sie mich nicht einreisen lassen – und wenn doch, dann lassen sie mich sicher nicht zum Begräbnis…"

Synawer Kadyrows Vater verstarb im April 2016. Knapp anderthalb Jahre zuvor, am 23. Januar 2015, wurde Synawer gemeinsam mit anderen Mitgliedern des Medschlis an der Verwaltungsgrenze zur Krim von russischen Sicherheitsbeamten festgenommen. Das Amtsgericht Armjansk erwirkte die Abschiebung des Aktivisten der krimtatarischen Nationalbewegung: *„Ich wurde einfach zum Amtsgericht nach Armjansk gebracht und durch eine Entscheidung des Gerichts ausgewiesen. Im Gerichtsentscheid werde ich als ausländischer Staatsbürger bezeichnet, der gegen die Aufenthaltsdauer auf dem Staatsgebiet der Russischen Föderation verstoßen hat"*, erzählt Synawer meiner Kollegin in Kyjiw, seinem neuen Wohnort. Er bereitet Material für die Gedenkfeier zum Jahrestag der Deportation der Krimtataren vor. Zwischen dem 18. und dem 21. Mai 1944 wurde auf Stalins Befehl hin die gesamte krimtatarische Bevölkerung der Halbinsel - mehr als 188.000 Menschen - gewaltsam von der Krim vertrieben. Sie wurde vor allem nach Zentralasien deportiert. Fast die Hälfte von ihnen starb unterwegs oder in den ersten Jahren des Exils. Die Rückkehr auf die Krim blieb den Krimtataren bis 1989 untersagt.

Infolge der Annexion misst nun auch der Rest der Ukraine diesem Datum einen hohen Wert bei. In diesem Jahr wird die Ukraine beim *Eurovision Song Contest* durch die krimtatarische Sängerin Jamala mit dem Stück *1944* vertreten. Das Lied nimmt Bezug auf den Jahrestag der Deportation. Wie sich herausstellt, wissen wir, die wir nach der Erlangung der Unabhängigkeit die Schulbank gedrückt haben, kaum etwas über die Tragödie selbst und über den gewaltfreien Kampf der Krimtataren für die Rückkehr in ihre Heimat. Synawer ist einer derjenigen, die davon erzählen können – ebenso wie die noch lebenden Augenzeugen der Deportation. Nur leben sie jetzt unter Besatzung. Das private Fotoarchiv von Synawer blieb in Simferopol zurück. Es enthält Aufnahmen aus sowjetischen Zeiten, von Kundgebungen in Usbekistan und Moskau, auf denen die Erlaubnis zur Rückkehr der Krimtataren auf die Krim gefordert wurde. Das Grab seines Vaters, dessen Beisetzung er nicht beiwohnen durfte, musste er ebenfalls zurücklassen.

Ich war lange nicht mehr auf der Krim. Die zweite Hälfte des Jahres 2014 und das Jahr 2015 waren geprägt von der Eskalation des Krieges im Donbas. Seit einem Jahr schon arbeitet die Redaktion *Hromadske.Krim* unter dem Dach von *Hromadske*, und hin und wieder gelangen unsere Journalisten auf die Halbinsel, aber während der letzten Dienstreise kam es bei den Kollegen zu Problemen, also fahre ich dieses Mal selbst. Eine Bahnverbindung existiert längst nicht mehr, reguläre Flüge wurden gestrichen, legale Verkehrsanbindungen wurden nicht geschaffen. Daher bleibt den Menschen keine andere Wahl, als mit privat organisierten Kleinbussen zu reisen, die täglich von Kyjiw nach Simferopol verkehren.

Bei der Anfahrt auf die Halbinsel verschwindet plötzlich der Handyempfang – genau in dem Moment, in dem es angezeigt wäre, das Überqueren des Grenzübergangs zu melden. Auf der Krim wird das ukrainische Mobilfunknetz schon lange blockiert. Von Tschaplinka bis nach Simferopol sind es mehr als zwei Stunden, und ich kann den Redakteur, der auf ein Lebenszeichen von mir wartet, nicht wissen lassen, dass es mir gut geht. Im Zeitalter der Mobilität sind zwei Stunden – zumal auf gefährlichem Terrain – eine Ewigkeit. Eine in Russland gekaufte SIM-Karte funktioniert nicht. Ich wurde bereits vorgewarnt, dass ich ohne Aufenthaltsgenehmigung für die Krim und ohne Reisepass an keine SIM-Karte käme.

„Mit Pass zweihundert Rubel, ohne – fünfhundert", sagt eine Verkäuferin am Bahnhof. Man kann auch Hrywnja gegen Rubel eintauschen. Ein halbes Jahr später wird das nicht mehr möglich sein. Die allgegenwärtigen Wechselstuben in den Unterführungen werden schließen, SIM-Karten werden nur noch in Geschäften und nicht länger am Straßenkiosk verkauft. Ein gutes halbes Jahr später treffe ich am 23. Februar ein, dem „Tag des Verteidigers des Vaterlandes", einem Feiertag, und werde nach einer Möglichkeit suchen, Geld zu wechseln und eine SIM-Karte zu kaufen.

Doch heute habe ich Glück – vor allem, wenn man bedenkt, dass heute der 9. Mai ist, der Tag des Sieges, ebenfalls ein Feiertag. Rechtzeitig vor Beginn der Festparade gelange ich auf den Nachimow-Platz in Simferopol. An der Spitze des Festzugs marschiert das Unsterbliche Regiment. Was als Akt des persönlichen Gedenkens an die im Zweiten Weltkrieg gefallenen Verwandten begann, wird schon längst durch den Kreml instrumentalisiert. Sofort fallen die Knirpse in Militäruniform ins Auge: vierjährige Knaben in khakifarbenen Reiterhosen, fünfjährige Mädchen mit Schiffchenmützen und Georgsbändchen – sogar Hunden hat man das Symbol, das für die Ukrainer zum Symbol des Krieges geworden ist, angeheftet. Anstelle der üblichen Fotos mit Kriegsveteranen gehen ältere Menschen auf die Kleinen zu und bitten deren Eltern um eine Aufnahme mit den Kindern in Uniform.

„Ich habe 1962-64 an den Kämpfen in Kuba teilgenommen, 1967 war ich in Ägypten, dreißig Jahre lang habe ich der Marine gedient, ich bin ein Veteran wie alle anderen auch", entrüstet sich ein älterer, medaillenbehangener Mann in Uniform, während er sich zu einer Gruppe von Kindern beugt, die an einem Denkmal sitzt. Die Eltern schauen skeptisch, da er deutlich jünger ist als die Teilnehmer des Zweiten Weltkriegs. Er kommt auf geheime Auslandseinsätze zu sprechen, an denen, als Revolutionäre getarnt, Truppen der Sowjetunion beteiligt waren – fast wie 2014 die „grünen Männchen".

Erneut habe ich das „Glück", Zeugin einer Auseinandersetzung zu werden. Einige Dutzend Meter von mir entfernt wird blitzschnell irgendein Kosake niedergestreckt. Als ich die Szene filmen will, werde ich von einer Gruppe aggressiver Männer angegangen. Unumwunden drohen sie, ich solle es nicht darauf anlegen.

Die Fähre zum Nordbahnhof ist voller Kadetten – oder einfach nur jungen Menschen in Militäruniform, und wären da nicht die Handys, man könnte sich in einen sowjetischen Film versetzt fühlen.

Ich muss schnell nach Bachtschyssaraj gelangen. Für einige Dutzend Rubel kann man binnen einer halben Stunde dort sein, wenn man von der Bucht von Sewastopol aus fährt. Während ich auf die *Marschrutka* warte, beobachte ich die großen Gruppen von Militärangehörigen oder Leuten in khakifarbener Kleidung, die am Strand Alkohol trinken und sowjetische Lieder anstimmen. In diesem Moment erinnert das alles eher an den „Tag der Luftlandetruppen", der jedes Jahr am 2. August begangen wird.

Am mir vertrauten Busbahnhof (das letzte Mal habe ich ganz in der Nähe gewohnt) ist ein Fahrplan ausgehängt. Neben das Streckennetz auf der Krim hat man noch weitere Reiserouten samt Fahrtdauer von Simferopol aus dazugeschrieben: „Astrachan - 23 Stunden, Brjansk - 29, Wolgograd - 21, Woronesch - 21 (zweimal täglich), Gelendschik - 21, Derbent - 27, Checkpoint Armjansk - 5, Checkpoint Dschankoj - 4, Donezk - 21, Moskau - 32 (drei Fahrten am Tag), Krasnodar - 12 Stunden (16 Fahrten täglich)." Per Handschrift wurde ergänzt: „Tscheboksary - 35 Stunden." Die Anzeigentafeln sind übersät mit Immobilienangeboten, aber mehr noch mit Inseraten zur Rechtsberatung (Arbeits-, Zivil-, Familien- und Wohnrecht). Ein rotes Zelt der Biermarke *Tschernihiwske* mit der Aufschrift „Geboren in der Ukraine" steht nach wie vor. Ringsum werden Souvenirs mit dem Portrait von Putin verkauft.

Umso seltsamer und provokanter mutet ein Junge mit blau-gelben Luftballons in der *Marschrutka* nach Bachtschyssaraj an. Aber das dürfte eher ein Zufall sein.

„Wir haben unsere Kinder nicht zur Parade mitgebracht. Da geht es nicht um den Zweiten Weltkrieg. Das ist eine Demonstration des russischen Militarismus. Wie kann das sein – ein kleines Kind in eine Militäruniform zu stecken, was soll das für eine Mode sein!?", empören sich mit mir befreundete Krimtatarinnen, denen ich Fotos vom Geschehen auf dem Nachimow-Platz zeige. Sie erklären, dass es für den Durchschnittsbürger besser sei, nicht mehr vor laufender Kamera zu sprechen. Ich kam der Geschichten über die Deportation wegen auf die Krim. Und die älteren Menschen sind bereit, darüber zu reden. Sie haben vor nichts mehr Angst.

„Ich war keine sieben Jahre alt, als sie uns deportierten. Bachtschyssaraj war bereits von den Deutschen befreit, und ein sowjetischer Offizier quartierte sich bei uns ein. Er lebte im Zimmer meiner Großmutter. Sie war 78 Jahre alt", erinnert sich Elwira Mamutowa. Am Tag unserer Unterhaltung ist sie genauso alt wie ihre Großmutter damals.

„Mutter hat sich um den Soldaten gekümmert; sie hat für ihn gekocht, ihm die Milch gesäuert; sie bereitet gerade etwas zu, da sagt er: ‚Hausherrin, und meine Wäsche machen Sie nicht?' Daraufhin hat Mut-

ter ihm, dem einsamen Soldaten, die Wäsche gewaschen. So haben wir gelebt. Am 17. Mai ging starker Regen. Meine Schwester und ich rannten in den Hof. Es dämmerte bereits, und Mutter rief uns nach Hause. Es war schon Abend, wir sollten essen und danach zu Bett gehen. Da kommt der Offizier und sagt zu Mutter: ‚Hausherrin, wissen Sie was, warten Sie nicht auf uns, legen Sie sich schlafen. Ich bitte Sie nur darum, mich des Nachts um drei Uhr zu wecken.'"

Die Familie ging schlafen. Um drei Uhr weckte Elwiras Mutter den Soldaten und legte sich wieder ins Bett. Kurz darauf vernahm sie ein Klopfen an der Tür: *„Mutter öffnet, und er fragt, ob er hereinkommen könne. Großmutter schläft, die Mutter schläft, die Tante schläft – alle schlafen. Er setzt sich an die Bettkante und sagt: ‚Nun, heute werden alle außer den Russen, Ukrainern, Griechen, Bulgaren und Türken von der Krim vertrieben.'*[29] *Mutter entgegnet: ‚Was soll das? Werden etwa nur die Krimtataren ausgewiesen?' Er erwidert: ‚Es scheint so, ja. Also packen Sie ihre Sachen und machen Sie sich keine Sorgen.' Hätte er uns das nicht schon am Abend erzählen können?"* Es scheint, als wäre die Verwunderung darüber nie von Elwiras Seite gewichen. Sie erinnert sich daran, wie sich mehrere Familien in einem Viehwaggon drängten. Wenn der Zug für fünf Minuten anhielt und eine Wasserpumpe in der Nähe war, schafften es einige wenige, Wasser zu schöpfen, während die anderen leer ausgingen.

„Plötzlich halten wir an einem Bahnhof. Man hört Weinen und Geschrei, jemand ist gestorben. Die Männer steigen aus und müssen in rasender Hast, in fünf bis zehn Minuten, ein Grab ausheben. Sie buddeln zwanzig, dreißig Zentimeter tief, begraben den Verstorbenen, und der Zug fährt weiter." Sie fuhren gemeinsam mit Juden und dachten daher, man würde sie erschießen. Die Mitglieder der Familie Mamutow wurden in alle Himmelsrichtungen verstreut: Elwiras Großmutter mütterlicherseits verschlug es mit ihren vier Kindern in die Provinz Bucharsk in Usbekistan; Elwira mit der Großmutter väterlicherseits und der Schwester in die Provinz Ferghana, wo sie von Soldaten mit Maschinengewehren in Empfang genommen wurden:

---

[29] Die Deportation der Griechen, Bulgaren und Armenier begann am 27. Juni 1944 (Anm. d. Autorin).

ул. СЕВАСТОПОЛЬСКАЯ 88
90

„Die Usbeken beschimpften uns als Verräter: ‚Die Verräter sind angekommen!' Sie haben sich mit Stöcken und Steinen bewaffnet, um uns zu verprügeln, verstehst du? So wurden wir begrüßt." In Usbekistan angekommen, teilen sich neun Personen ein Zimmer: drei Kinder und die Mutter, die Großmutter und vier weitere Kinder: *„Es gab keine Fenster – wir wussten nicht einmal, was ein Fenster ist. An der Decke war nur ein Loch mit einem Glas, durch welches unablässig Licht hineinfiel, und die Tür stand immer offen."*

Im Exil studierte Elwira Medizin. Sie heiratete und brachte zwei Kinder zur Welt. Gegen Ende der 70er Jahre reiste sie zum ersten Mal wieder auf die Krim - als Touristin. Die sowjetischen Behörden untersagten den Krimtataren den Aufenthalt auf der Halbinsel. Erst 1989, als die Sowjetunion ihre Politik gegenüber den deportierten Krimtataren etwas lockerte, kehrte die Familie auf die Krim zurück. In Bachtschyssaraj fand Elwira das Haus wieder, in dem sie aufgewachsen ist und aus dem ihre Familie vertrieben wurde: *„Ich trat näher heran und erkannte die Tür wieder, die mein Vater eingebaut hatte. 1940 hatte er das Gebäude renoviert und ein Hoftor eingesetzt; selbst der Riegel war derselbe, den mein Vater verbaut hatte. Ich mag zwar noch klein gewesen sein, aber ich erinnere mich, wie ich diese Tür schloss. Ich rief zu meiner Tante, die mitgekommen war: ‚Ich habe es gefunden! Komm her! Ich habe es gefunden!' In diesem Augenblick erscheint eine Frau, sie dreht sich zu uns und fragt: ‚Was wollt ihr hier? Ihr stört! Schert euch!' Ich frage: ‚Sprechen Sie mit mir?' Daraufhin sie: ‚Mit wem sonst?! Was wollt ihr hier?!', und ich entgegne: ‚Ich bin nach Hause gekommen!'"*

Elwira hat vergeblich versucht, das Gebäude zurückzubekommen. Auch die Arbeitssuche erwies sich als schwierig. Man stellte sie, die Krimtatarin, nicht ein, obwohl es an Therapeuten mangelte: *„Ich habe erst eine richtige Anstellung gefunden, nachdem sie mich in Aktion gesehen hatten. Ich weiß noch, wie wir zu einem Patienten gefahren sind, um ihm eine Infusion zu legen. Der Patient fragt mich: ‚Frau Doktor, wo sind Sie vor fünf Jahren gewesen?' ‚Im Exil.' ‚In welchem Exil?', will er wissen. Daraufhin entgegne ich: ‚Im stalinistischen*

Exil.'" Der Chefarzt half bei der Baugenehmigung für ein Haus in Bachtschyssaraj. Elwira lebt noch heute darin.

„Diese Regierung kann sich glücklich schätzen, dass ich nicht auf die Straße gehe", sagt sie heute. *„Ich habe unsere kleine Nationalflagge, ich werde sie nehmen und damit losziehen. Sie sagen: ‚Flaggen sind erlaubt. Nur das Tamga darf nicht aufgehängt werden.'"* Das Tamga ist das Wappen der Krimtataren: *„Gestern habe ich meinem Enkel Geld gegeben und ihm gesagt: ‚Kauf mir ein Tamga – ich will auf ihre Verbote spucken!' Ich werde es mir überstreifen und losziehen. Ich weiß nicht einmal, wie ich dieses Gefühl beschreiben soll, mir fehlen die Worte. In ein fremdes Haus zu kommen, in ein friedliches Zuhause, den Menschen ihre Heimat zu entreißen und den Menschen dann zu befehlen, das gesamte Volk und seine Kinder zu verspotten – das ist die ‚Rehabilitation à la Putin'. Er hat uns ‚rehabilitiert'. Sollen sie mir doch die Zunge herausschneiden – ich werde bis zum letzten Atemzug das Wort ergreifen. Ich warte auf die Rückkehr der Krim und bete zu Allah, er möge uns unser Heimatland zurückgeben."*

Beide Töchter Elwiras haben die Krim verlassen. Eine davon ist Lehrerin an einer Schule. Ihrer Mutter gegenüber habe sie beteuert, dass sie mit ihren Ansichten nicht länger am Arbeitsplatz willkommen gewesen sei: *„Sie ist so scharfzüngig und direkt. Sie hat allen immer offen ihre Meinung gesagt und eine Kündigung an die Schuldirektorin geschrieben, die von ihr abgelehnt wurde. Die Direktorin hatte eine sehr hohe Meinung von ihr, weil sie den Prüfungskommissionen immer die Klasse meiner Tochter vorgeführt haben. Unsere Zeit wird kommen. Wir werden alle unsere Flaggen hervorholen, die wir sorgfältig versteckt halten, wir werden wieder auf die Straße gehen und wir werden uns freuen. Es ist natürlich mehr als bedauerlich, dass niemand vom Kaliber eines Reschat Ametow mehr bei uns sein wird."* Reschat Ametow wurde während der Annexion 2014 in der Nähe von Bilohirsk von Unbekannten verschleppt, gefoltert und anschließend umgebracht.

„Ein Jammer, dass die Jungs seit über einem Jahr völlig grundlos einsitzen.[30] *Sie haben nichts getan! Es gibt keine Anklage, aber sie werden gefangen gehalten. ‚Sie haben Fahrzeuge in Brand gesetzt', warf man den unschuldigen Jungs vor, und nun wurde der Brandstifter gefunden, er hat gestanden und zu Protokoll gegeben, dass er spezielle, leicht entzündliche Farbe verwendet habe. Er hat gestanden und wurde auf freien Fuß gesetzt, aber unsere Jungs werden nach wie vor festgehalten, und es soll eine Gerichtsverhandlung geben! Wo ist da die Gerechtigkeit? Ist das die russische Gerechtigkeit? Wenn heute Russen auf die Krim kommen, zeigen sie sich überrascht und sagen: ‚Ganz gleich wo wir waren, niemand hat behauptet, dass die Lebensverhältnisse widriger geworden sind, niemand hat sich beklagt, dass er jetzt weniger bekommt.' Und ich antworte ihnen: ‚Wissen Sie, für unser Volk sind das Banalitäten. Wir ziehen los und arbeiten, wir finden etwas zu essen – aber es deprimiert uns, wir brauchen die Freiheit des Denkens und des Handelns. Das vor allem bedrückt uns.'"*

Unsere Unterhaltung dauert bis tief in die Nacht. Wir schauen uns Fotos an. In wenigen Wochen findet das Finale des *Eurovision Song Contests* statt. Jamala wird dort auftreten. Elwira holt ein altes Handy hervor und sagt, dass der Auftritt sie bekümmern werde. Während des landesweiten ukrainischen Wettbewerbs konnten sie nicht an der Abstimmung teilnehmen – sie haben russische Handys. Zu der Zeit erhielt ich über den Kommunikationsdienst *Viber* Aufrufe von Krimtataren, für ihre Landsfrau zu stimmen. Am Morgen bitte ich Elwira, mir das Haus zu zeigen, in dem sie gelebt hat. Ein krimtatarischer Taxifahrer bringt uns hin – aus Gründen der Verlässlichkeit greifen die Tataren hier für Dienstleistungen auf ihre eigenen Leute zurück. Zu Fuß würde die betagte Frau die Strecke nicht bewältigen; die Siedlungen der Krimtataren liegen am Rande der Stadt. Das Haus, in dem sie geboren wurde, befindet sich

---

30 Es geht hier um die erste „Sewastopol-Gruppe", sprich die ersten Beschuldigten im Fall der in Russland verbotenen Organisation „Hizb ut-Tahrir". Am 23. Januar 2015 wurden in der Nähe von Sewastopol die Krimtataren Ruslan Sejtullajew, Rustem Waitow und Nuri Prymow festgenommen. Im September 2016 wurden sie zu einer Haftstrafe verurteilt: Ruslan Sejtullajew erhielt sieben Jahre, die anderen beiden sowie Ferat Sajfulajew erhielten fünf Jahre. Das Urteil gegen Sejtullajew wurde später zu 15 Jahren Haft in einer Hochsicherheits-Strafkolonie abgeändert (Anm. d. Autorin).

unweit des berühmten Khan-Palastes im Zentrum von Bachtschyssaraj; hinter den grünen Toren weht die russische Trikolore.

Medshyt Mambetow ist 84 Jahre alt. Er war zwölf, als in der Nacht auf den 19. Mai 1944 Soldaten gegen die Tür seines Hauses hämmerten. Er erinnert sich, wie Anfang Mai Soldaten in Kompaniestärke in seinem Dorf Mambet-Ali aufgetaucht sind. Zwei Offiziere - ein Oberstleutnant und ein Hauptmann - quartierten sich in ihrem Haus ein. Die Eltern sprachen kaum Russisch, und so fragte Medshyts älterer Bruder die Soldaten, weshalb sie durch die Höfe ziehen und das gesamte Eigentum, darunter die Viehbestände, registrieren: *„Sie sagten: ‚Nun, wir mussten den Rückzug antreten, dann haben wir die Krim wiedererobert, deshalb schreiben wir auf, was diese Zeit überstanden hat, was die Deutschen euch genommen haben und was nicht.' Den gesamten Bestand haben sie aufgezeichnet, wieviel und welche Art von Vieh – einfach alles, verstehen Sie? Zehn Tage lang gingen sie umher und machten sich mit dem Dorf vertraut."*

Zunächst schenkten die Dorfbewohner den Ausführungen der Soldaten Glauben. Als in der Nacht auf den 19. Mai Soldaten in das Haus eindrangen, räumten sie der Familie nur eine Viertelstunde ein, um ihre Habseligkeiten zu packen. Während die Brüder dem kranken und verängstigen Vater in seine Kleidung halfen, versuchte die Mutter, zumindest einige Gegenstände zusammenzutragen: *„Die Truhe mit den Wertsachen befand sich in der Halle, in der die Offiziere schliefen. Ein Soldat hielt vor der Tür Wache und ließ uns nicht durch. Es hieß, wir dürfen nicht hinein, dort sei das Eigentum der Offiziere. Alle mussten auf dem Kolchosehof antreten, bewaffnete Soldaten waren vor beiden Toren postiert. Gegen zehn Uhr fuhren etwa 15 Lastwägen vor. Sie pferchten uns in die LKWs und brachten uns zu den Militärzügen. Dort trieben sie uns in die Viehwaggons, die sie mit Brettern verrammelt hatten – darin konntest du dich höchstens auf Knien bewegen; sich aufzurichten war unmöglich. In unserem Waggon waren 60 Menschen. Keine Toilette, kein Wasser, vier kleine Dachluken, mit Stacheldraht behauen."*

Erst dann erfuhren sie - mehr aus Zufall, da sich ein Soldat verplappert hatte –, dass die Krimtataren für ihren vermeintlichen Verrat am Vaterland gewaltsam vertrieben werden: *„Er sagte, dass*

wir als Vaterlandsverräter von der Krim vertrieben werden. Zu jener Zeit wurden die Juden von den Deutschen erschossen. Dann kamen unsere eigenen Leute, doch wer konnte schon wissen, ob man nicht auch uns erschießen würde, obwohl zwei meiner Brüder an der Front kämpften."

Die ersten Todesfälle ereigneten sich noch auf dem Weg. In Usbekistan wurden die Deportierten in sogenannten Kibitkas, überdachten Fuhrwerken, untergebracht, die in der Kälte festgefroren waren. Medshyt erinnert sich, dass nur wenige der insgesamt 61 Kinder in ihrer Siedlung das erste Jahr überlebten. Er selbst musste im Alter von zwölf Jahren als Schusterjunge arbeiten. Die Erwachsenen wurden zu anstrengender und gesundheitsschädlicher Arbeit auf den Baumwollfeldern gezwungen; die Sterblichkeitsrate war extrem hoch: *„Der Kommandeur nahm sich unsere Rationen, er verkaufte und versoff sie – weg waren sie. Den Leuten gab er nichts. Deshalb gab es nichts zu essen. Wir lebten von der gelegentlichen Unterstützung durch den Sowchos. Daher starben sehr viele Menschen – etwa die Hälfte – auf den Baumwollfeldern."*

In der Siedlung herrschte Kriegsrecht. Für das Übertreten der Dorfgrenze wurde sofort eine Strafe von 25 Jahren Straflager verhängt. Erst in der zweiten Hälfte der 50er Jahre wurde das Regime ein wenig gelockert. Medshyt kehrte erst wieder in den 60er Jahren auf die Krim zurück, ebenfalls als Tourist. Als die Sowjetunion kurz vor dem Zerfall stand, kündigte Medshyt seinen Job, stieg in seinen Wagen und fuhr vier Tage lang nach Simferopol. Er kaufte ein Haus im Dorf Romaschkyne in der Nähe von Jewpatorija, obwohl den Krimtataren zunächst nicht einmal gestattet war, einen Wohnsitz auf der Krim auch nur anzumelden.

„Wir haben 50 Jahre lang unermüdlich für unsere Rückkehr gekämpft. Damals waren unsere Leute vereint. Nun sind wir natürlich zurückgekehrt, aber Sie sehen ja selbst, in welcher Situation wir uns jetzt befinden. Ich habe den Ausbruch des Krieges miterlebt, ich habe gesehen, wie sich unsere Leute zurückzogen, während die Deutschen vorrückten. Ich habe gesehen, wie sich die Deutschen zurückzogen, während unsere Leute vorrückten, ich war Zeuge unserer eigenen Deportation, ich erlebte das Kriegsrecht, den Zusammenbruch der Sowjetunion – ich habe alles gesehen!“

Seit 28 Jahren lebt er in seinem eigenen Haus in der alten Heimat. Er ist stolz auf seinen Garten. Doch wenn es um die Ereignisse in der Vergangenheit und die gegenwärtige Unterdrückung der Krimtataren geht, füllen sich seine Augen mit Tränen: *„Wir gehen nicht von hier weg. Ich sage immer: wenn sie auf die Idee kommen, mich von hier wegzuschicken, lasse ich mich auf der Stelle erschießen – ich gehe nirgendwohin!“* Er beginnt zu weinen.

Die Nacht verbringe ich in einem menschenleeren Haus in Simferopol. Die Gastgeberin ist kürzlich in die USA geflogen. Das Haus ist voller Familienfotos und Memorabilia. Ein schönes Gebäude, und doch ist mir nicht sehr anheimelnd zumute. Ich habe nicht das Gefühl, hier zu Gast zu sein, da die Gastgeber – im Gegensatz zu mir – nicht hier sein können. Als ich im Bett liege, muss ich an die Geschichten über die Deportation denken. Es fällt schwer, sich vorzustellen wie die einen in die Häuser der anderen einziehen und deren Sachen benutzen können.

Ich statte noch einem weiteren Haus einen Besuch ab, dessen Besitzer nicht anwesend sein kann. Es ist das Haus von Synawer Kadyrow. Gemeinsam mit seiner Schwester sichte ich seine Habseligkeiten. Ich soll die Archivaufnahmen abfotografieren - die Kundgebungen in Usbekistan, Moskau und Kyjiw für die Rechte der Krimtataren und für ihre Rückkehr auf die Krim. Jede einzelne Aufnahme zu fotografieren ist eine langwierige, mechanische Tätigkeit. Es ist ein merkwürdiges Gefühl, denn normalerweise steht dir eine Person zur Seite und kommentiert, was wann und wo geschehen ist. Natürlich bemüht sich die Schwester, die Wissenslücken zu füllen, aber sie ist nicht diejenige, die auf den Fotos zu sehen ist. Wir reden erneut darüber, wie es ist, nicht das Recht zu haben, zu Hause zu sein.

Nachdem wir mehrere Stunden im Stau gestanden haben, begeben wir uns gemeinsam mit Synawers Neffen auf den krimtatarischen Friedhof und besuchen das Grab von Synawers Vater. Ich soll einfach filmen. Unter anderen Umständen hätte ich natürlich mit dem Protagonisten sprechen sollen. Aber er kann nicht auf der Krim sein.

Ich gehe geradewegs zum Medschlis, wo meine letzte Unterhaltung mit Synawer stattfand. Das Gebäude steht schon lange verwaist. Letztendlich weiß ich nicht, ob russische Spezialkräfte das Gebäude beschatten, doch die Mitglieder des Medschlis mussten das Gebäude an der Schmidtstraße 2 bereits im Oktober 2014 räumen. Gegen das oberste Repräsentationsorgan der Krimtataren werden mehrere Gerichtsverfahren geführt. Einer der führenden Köpfe des Medschlis, Achtem Tschyjhos, wird beschuldigt, im Jahr 2014 vor dem Parlament der Autonomen Republik Krim eine Massenunruhe organisiert zu haben. Ihm droht den Anwälten zufolge eine 10-jährige Haftstrafe. Zunächst beschränkte die sogenannte Staatsanwaltschaft der Krim auf Ersuchen der Generalstaatsanwältin Natalija Poklonska die öffentliche Betätigung des Medschlis. Dann verbot das Besatzungsgericht sämtliche Tätigkeiten der Organisation. Seit drei Wochen (seit dem 26. April 2016) steht der Medschlis auf der Liste der extremistischen Organisationen, unter anderem aufgrund seiner Zusammenarbeit mit „Hizb ut-Tahrir". Diese wird in Russland und Kasachstan als terroristische Organisation eingestuft und ist dort verboten, in Deutschland ist ihre politische Tätigkeit Einschränkungen unterworfen. In den meisten Ländern - einschließlich der Ukraine - sind die „Hizbi" vollkommen legal in Form von islamischen Parteien tätig.

Die russischen Strafverfolgungsbehörden führten umgehend nach der Annexion die Praxis der umstandslosen Hausdurchsuchungen bei Krimtataren ein – und nahmen sich gleichermaßen Privathäuser wie Moscheen vor. Sie stellten Strafanzeigen wegen islamischer Literatur, die in Russland verboten ist und die sie angeblich bei den Tataren gefunden hätten. Anfang 2015 wurden in Sewastopol drei Krimtataren festgenommen und aufgrund ihrer Mitgliedschaft bei „Hizb ut-Tahrir" unter Terrorverdacht gestellt.

„Vielleicht erinnern Sie sich an diesen Witz unter Juristen: hat man die Person erst gefunden, dann findet sich auch der passende Paragraf. Heute muss es lauten: hat man den Krimtataren erst gefunden, dann findet sich auch der passende Paragraf. Es spielt keine Rolle, wie man ihn nennt - Hizb ut-Tahirrorist, Medschlist oder sonst wie", so der Menschenrechtsaktivist und Krimtatare Abdureschyt Dschepparow.

Der Rechtsanwalt Emil Kurbedinow gibt ihm Recht: *„Wir beobachten, dass Russland uns in zwei Kategorien unterteilt – in Extremisten und in Terroristen. Es haben sich zwei Pole herausgebildet. Wenn du ein Muslim bist, können sie dir die Terrorismus-Paragrafen anhängen; hast du eine säkulare Weltanschauung, fällst du unter die Extremismus-Paragrafen."* Die Anwälte und Menschenrechtsaktivisten von der Krim weisen nachdrücklich darauf hin, dass die Terrorismusvorwürfe gegen die Krimtataren unbegründet seien; die *Causa* „Hizb ut-Tahrir" bezeichnen sie als rein politisch motiviert. Das Ziel der Anschuldigungen sei es, das gesellschaftspolitische Engagement der Krimtataren einzuschränken. Zu diesem Zeitpunkt befindet sich die gesamte Welt im Kampf gegen den Terror, in weiter Ferne feiert der Islamische Staat seine Siege. Kurbedinow beklagt, dass sogar einige Menschenrechtsaktivisten von der Übernahme von Fällen absehen, sofern diese Muslime betreffen: *„Meine Klienten werden einfach als Terroristen abgestempelt. Doch seit einiger Zeit bekommt die Mauer des Schweigens Risse, die Menschen spüren, dass die ganzen Vorwürfe einfach nur ein Druckmittel sind; sie rücken wieder zusammen."*

Er ergänzt, dass unter den Inhaftierten neben Menschenrechtsaktivisten auch solche seien, die sich in ihrem sozialen Umfeld eingebracht hätten – oder schlicht Menschen, die nach dem Eintreffen Russlands auf der Krim offen Position bezogen hätten. Menschen wie etwa Emir-Usejn Kuku, Mitglied der Kontaktgruppe für Menschenrechte. Nach dreieinhalb Jahren Haft verurteilte ein russisches Gericht in Rostow am Don den Menschenrechtsaktivisten im November 2019 für die „Teilnahme an den Tätigkeiten der Jalta-Zelle der Terrororganisation ‚Hizb ut-Tahrir' sowie den Versuch des politischen Umsturzes" zu zwölf Jahren Haft in einer Hochsicherheits-Strafkolonie.

„Die Ermittler konnten keinen einzigen Beweis vorlegen. Alle Beweise wurden rechtswidrig gesammelt. Insbesondere gegen diejenigen, die derzeit inhaftiert sind, liegen keine Beweise dafür vor, dass sie Mitglieder dieser Organisation sind", so der Anwalt.

In Kurbedinows kleinem Büro in Simferopol fallen mir zwei Mädchen in Kopftüchern und den langen Gewändern der muslimischen Frauen ins Auge. Vor dem Maidan habe ich zum Nahen Osten und islamischen Ländern geschrieben und gearbeitet. Für die

Festlandukraine ist der Islam nach wie vor etwas Exotisches – etwas, das mit Gefahr in Verbindung gebracht wird. Selbst die Touristen, die vom Festland aus auf die Krim kamen, hielten sich in erster Linie in den Ferienressorts an der Südküste auf, wohin die deportierten Krimtataren nicht zurückkehren konnten. Kaum jemand fuhr nach Bachtschyssaraj, wo es eine große krimtatarische Gemeinde gibt. Ich erinnere mich, wie ich ein Jahr vor der Annexion auf einem Seminar in Simferopol gewesen bin, bei dem die örtliche ukrainische Veranstalterin einen gewöhnlichen Mittagstisch für die Teilnehmenden bestellt hat, ohne einen Gedanken daran zu verschwenden, dass die Gläubigen kein Fleisch essen, das nicht *Halāl* ist. Auch die Kellnerin konnte nicht begreifen, weshalb mehrere Gäste das Mittagessen verschmähten.

Bislang haben die Ukrainer den Großteil ihres Wissens über Muslime russischen Medien entnommen, die vor allem über den islamischen Radikalismus im Kaukasus berichteten. Als ich bei den großen ukrainischen Fernsehkanälen arbeitete, hörte ich oft, wie einige auf der Krim tätige Korrespondenten anboten, Geschichten über *DAS* Modethema nach dem 11. September, den islamischen Radikalismus, zu liefern, und in nächster Nähe nach „Terroristen" zu suchen. Die meisten solcher Korrespondenten hatten Verbindungen zu chauvinistischen Kuban- oder lokalen Kosaken-Organisationen, die die „slawische Bruderschaft" pflegten. Auch die ukrainischen Sicherheitsbehörden auf der Halbinsel bezeichneten die „Radikalisierung" als größte Bedrohung. Und selbst ausländische Journalisten – bis zum Maidan selten gesehene Gäste in der Ukraine – reisten auf die Krim, um sich auf die Suche nach „örtlichen Dschihadisten" zu begeben. Bis heute haben die Krimtataren keinen einzigen terroristischen Anschlag auf der Krim verübt. Auch ist der Medschlis eine politische und keine religiöse Organisation.

Bei den Frauen im *Hijab* handelt es sich um Frau und Tochter von Muslim Alijew. Dieser ist seit dem 11. Februar 2016 in Haft. Ihm wird die Beteiligung an „Hizb ut-Tahrir" vorgeworfen, es drohen bis zu 20 Jahre Gefängnis.

Nadschije Mamutowa – die Ehefrau von Muslim Alijew.

„Vier von ihnen waren maskiert, ganz in Schwarz gekleidet, mit Maschinengewehren bewaffnet. Sie warfen Alijew zu Boden und schrien: ‚Hinlegen! Nicht bewegen!' Die Kinder hatten schreckliche Angst. Unser Sohn ist acht Jahre alt. Er sagt, er hatte Angst aufzuwachen, er lag im Bett und dachte, es sei nur ein Traum. Sechseinhalb Stunden lang blieben sie bei uns. Das Kind hat die ganze Zeit über gefürchtet, dass sie uns umbringen. Mein Sohn fragte: ‚Anajko, wer hat die zur Welt gebracht?' Anajko bedeutet so viel wie Mama. Ich sagte: ‚Eine Mutter hat sie geboren, alle werden von Müttern geboren.' Er blickte von einem Maskierten zum anderen und sagte: ‚Das kann nicht sein, eine Mutter könnte solche wie die nicht zur Welt bringen'", erinnert sich Nadschije.

Muslim Alijew, mit dem Nadschije mehr als 20 Jahre zusammengelebt hat, war in der krimtatarischen Gemeinde in Aluschta aktiv. Auf Einladung der Muslime aus dem Ort organisierte er Bestattungen und führte Hochzeits- sowie Initiationsrituale für Neugeborene durch.

Eine Zusammenkunft wurde der Familie nicht gestattet. Das größte Glück ist, wenn der Inhaftierte in den Gerichtssaal gebracht – und nicht nur telefonisch zugeschaltet – wird. Es fällt schwer zu glauben, dass Nadschijes Tochter fast zwanzig Jahre alt ist: die Frau wirkt wesentlich jünger. Sie ist wunderschön, ebenso ihre Aussprache. Hingebungsvoll lausche ich jedem einzelnen Wort. Ich erfahre, dass Nadschije ausgebildete Filmemacherin ist. Sie hat ihren Abschluss an der Karpenko-Kary-Theater- und Filmuniversität in Kyjiw gemacht. Derzeit arbeitet sie nicht. Stattdessen widmet sie sich der Kindeserziehung. Der Vater war der einzige Versorger der Familie. Ich will mich noch länger mit Nadschije unterhalten, aber sie hat es eilig: zuhause wartet ihr kränkelnder Sohn auf sie. Das alles hinter sich zu lassen, um nach Simferopol zu gehen, gestaltet sich schwierig – es fehlt an Zeit und an Geld. Zu diesem Zeitpunkt existiert die *Krim-Solidarität* noch nicht, die die Familien von politischen Gefangenen unterstützt.

Gemeinsam mit dem Anwalt Abdureschyd Dschepparow breche ich auf nach Molodischne, ein Dorf in der Nähe von Simferopol. Dort rückte die Polizei unmittelbar nach dem Freitagsgebet an, um die Personalien aller Menschen aufzunehmen, die sich in der Moschee aufhielten. Wir kommen nicht an einem Freitag an, der für Muslime ein heiliger Tag ist; weder der Imam noch Gläubige sind vor Ort. Die Tatsache, dass Muslime, die sich zum gemeinsamen Gebet oder in einem Café versammeln, systematisch zur sogenannten Abteilung E – der Hauptabteilung des russischen Innenministeriums zur Bekämpfung von Extremismus – gebracht werden und man den Festgenommenen dort ohne rechtliche Grundlage Fingerabdrücke und Speichelproben nimmt und ihre Stimmen aufzeichnet, stellt ein Novum für die Krim dar. Es ist dies eine übliche Taktik im russischen Teil des Kaukasus, von wo aus Russland seine Sicherheitsbehörden auf die Krim überstellt. Wir stehen in den für Simferopol üblichen Staus – ständig werden hier Straßen ausgebessert, die Verkehrsdichte hat zugenommen, außerdem regnet es. Abdureschyd hat es ebenfalls eilig: die russische Ombudsfrau Moskalowa reist aus Moskau auf die Krim. Menschenrechtsaktivisten hegen diesbezüglich keine großen Erwartungen, doch es gibt auf der Krim keine anderen internationalen Menschenrechtsorganisationen – für Organisationen wie die *UN* ist die Krim juristisch nicht zu greifen. Private Stiftungen benötigen eine Einreisegenehmigung sowohl von russischen als auch ukrainischen Behörden. Doch selbst wenn sie auf der Krim tätig sind, sitzen ihnen die Strafverfolgungsbehörden im Nacken.

Unser Kleinbus kommt nach Mitternacht an der Verwaltungsgrenze an. Draußen gießt es in Strömen. Nach dem russischen Checkpoint folgt eine etwa anderthalb Kilometer lange neutrale Zone. Logistisch ist sie noch unerschlossen. Eine dunkle Straße, entlang derer man die Pappeln nur erahnen kann. Die Passagiere bleiben für sich. Niemand wechselt ein Wort. Erst nachdem wir die ukrainischen Grenzschutzbeamten hinter uns gelassen haben, können wir in einen winzigen Kioskladen einkehren. Durch das Unwetter ist das Licht ausgefallen, stattdessen wurden Kerzen angezündet. Die Leute trocknen sich ein wenig, während sie auf den Fahrer warten. Jedes einzelne Fahrzeug wird einer Kontrolle unterzogen.

Während der Fahrt nach Kyjiw lese ich Nachrichten: der FSB hat Razzien und Festnahmen in Bachtschyssaraj durchgeführt. Vier Männer wurden im Fall „Hizb ut-Tahrir“ festgenommen. Am selben Tag haben Sicherheitsbeamte den Vorsitzenden des Medschlis, Ilmi Umerow, aufgesucht. Man brachte ihn unter dem Vorwand des Terrorismusverdachts nach Simferopol, stellte ihn unter Hausarrest und ordnete eine Durchsuchung seines Hauses an.

Teil IV
ZORN

Februar 2017

Simferopol – Bachtschyssaraj –
Sewastopol – Jalta

Die Krim zu verlassen ist wie eine kranke Mutter zurückzulassen

„Zu welchem Zweck sind Sie nach Amerika gereist?“, wollte der russische Grenzbeamte wissen, als ich beim letzten Mal die Verwaltungsgrenze überquert habe. Daher habe ich beschlossen, diesmal mit einem ukrainischen Pass zu fahren, in dem keinerlei Visa oder Vermerke auf einen Aufenthalt in westlichen Ländern zu finden sind. Auf der ukrainisch kontrollierten Seite fordert mich die Grenzschutzbeamtin auf, meinen Beruf und Wohnort lauter auszusprechen – sodass es alle Personen in der Warteschlange hören. Viele sind es nicht. Es scheint, als reisen nur diejenigen auf die Krim, die es wirklich nötig haben. Etwa die beiden ukrainisch sprechenden Arbeiter aus der Westukraine, die auf Montage nach Sewastopol fahren. Sie versuchen zu beweisen, dass sie eine Arbeitserlaubnis vorweisen können und schon früher in Moskau auf dem Bau gearbeitet haben.

Um auf die andere Seite der Verwaltungsgrenze zu gelangen, muss man aus dem Fahrzeug steigen und samt Gepäck eine Viertelstunde zu Fuß bis zum russischen Checkpoint laufen. Es ist halb drei Uhr in der Nacht, der Weg liegt im Dunkeln, dafür leuchten die Sterne ungewöhnlich hell. In der Stille ist das Rauschen der Wellen zu vernehmen, obwohl das Meer noch weit entfernt ist. Und doch will auf dem Fußmarsch durch die kalte Februarnacht keine romantische Stimmung aufkommen.

„Wieso ist Ihr Pass so lädiert?“, schnauzt mich der der junge russische Grenzbeamte bei der Passkontrolle an: *„Oder haben Sie vor, das Dokument zu behalten, bis Sie heiraten? Sie wollen wohl eine ewige Jungfer bleiben, Natalija Petrowna. Ich würde Ihnen ja einen Antrag machen, aber dann werde ich am nächsten Tag gefeuert, da wir keine Ausländerinnen heiraten dürfen. Und wozu reisen Sie auf die Krim? Weil es dort schön ist? Ist es das wirklich? In Piter (Sank Petersburg), da ist es schön, aber doch nicht hier. Und das Klima ist doch dasselbe. Hier ist es wärmer, sagen Sie? Die Luftfeuchtigkeit ist doch dieselbe.“*

Der „Tag des Verteidigers des Vaterlandes“ am 23. Februar wird auf der Krim mit vier aufeinanderfolgenden Feiertagen begangen. Nichts hat geöffnet, selbst die Wechselstuben in Simferopol haben geschlossen. Ich wusste wohl, dass die Geldautomaten nicht funktionieren, und doch habe ich vor meiner Reise nicht genügend Rubel eingetauscht. Die Krim ist nicht gerade billiger geworden. Bargeld kann man nur an den Schaltern der örtlichen Banken wechseln, an denen kommunale Energie- und Wasserrechnungen sowie Bußgelder bezahlt werden. Der Hrywnja-Kurs wird gar nicht erst angezeigt - nur Euro und Dollar. Die Zahlungsanbieter *Visa* und *Mastercard* wurden unverzüglich nach der Annexion blockiert. Eine Zeitlang kursierte auf der Halbinsel nur Bargeld. Nun ist es genau umgekehrt - überall stehen Bankautomaten der eigens für Transaktionen auf der Krim geschaffenen *Genbank* und *RNKB*. Nur Kontoinhaber können bei diesen Banken Geld abheben. Die großen Banken wollen nicht unter die Sanktion fallen.

Aus den Boxen dröhnt das Lied einer modernen russischen Popgruppe, die Lieder des Zweiten Weltkriegs neu interpretiert. Die Kundgebung in der Nähe des Kinos *Simferopol* wird von Schirinowskis „Liberal-Demokratischer Partei Russlands“ organisiert. Ein Duma-Abgeordneter eröffnet seine Ansprache mit Erinnerungen an die Schlacht auf dem Peipussee im Jahr 1242 und beschließt sie mit Glückwünschen zum dritten Jahrestag des „Aufstandes auf der Krim“. Den 23. Februar haben sie zu ihrem „Geburtstag“ auserkoren. Schüler mit Georgsbändern singen patriotische Lieder.

Auf diesem Platz befindet sich ein von den „Kommunisten der Ukraine errichtetes Denkmal für die Opfer der OUN-UPA“, nur wenige Meter davon entfernt liegen rote Nelken zu Ehren des sowjetischen Dissidenten General Petro Hryhorenko, der für die Rechte der Krimtataren kämpfte.

„Von Rasputin bis Putin – das ist meine Heimat“, schallt es nun über den Leninplatz vor dem derzeitigen Ministerrat der Republik Krim. Auf einer Waffenausstellung lassen sich Kinder mit Gewehr in der Hand auf Schützenpanzern oder Militärlastern ablichten. Mädchen machen Selfies mit den Halbwüchsigen in Uniform.

Nicht weit vom Ratsgebäude entfernt wurde den „höflichen Menschen“ ein Denkmal errichtet. Es stellt ein Mädchen dar, das einem Soldaten Blumen reicht. An genau dieser Stelle fanden am 26. Februar 2014 zwei Kundgebungen statt – eine Kundgebung für die territoriale Integrität der Ukraine und eine Kundgebung der Bewegung „Russische Einheit“.

Auf Archivaufnahmen kann man sehen, wie der stellvertretende Vorsitzende des (2016 in Russland zur extremistischen Organisation erklärten) Medschlis, Achtem Tschyjhos, zwischen den beiden Gruppen vermittelt, um Zusammenstöße zu verhindern. Jetzt sitzt

Tschyjhos bereits seit zwei Jahren hinter Gittern. Ihm wird die „Organisation von Massenunruhen“ vorgeworfen, wofür eine Freiheitsstrafe von bis zu 15 Jahren vorgesehen ist.

In einem der Taxis fällt mir ein krimtatarisches Fähnchen auf, aber das ist eher die Ausnahme. Von der Reise auf die Krim im vergangenen Jahr sind mir die schweigsamen Fahrer im Gedächtnis geblieben, die sich weder beschwert noch geprahlt haben. Man kann nie wissen, wer neben einem sitzt. Und auch ich wollte nicht zu tausendsten Mal erklären, was ich hier tue.

„Sie kommen sicher von weit her? Sie haben so einen Akzent. Wollen Sie zum Busbahnhof West? Oder sind Sie auf dem Weg nach Sewastopol?“, quetscht mich ein anderer Fahrer aus. In dieser Richtung liegt auch Bachtschyssaraj, doch er soll denken, was er will. Schließlich antworte ich, dass ich aus Kyjiw komme.

„Bei euch wird man bestimmt schon für eine russische Flagge festgenommen. Bei uns gibt es – wie Sie ja sehen können – sogar ukrainische Nummernschilder.“ Ausführlich erörtert er die Nummernschild-Politik. Die Fahrzeughalter auf der Krim mussten sich zwischen einer Zulassung auf der Halbinsel oder auf der Festlandukraine entscheiden. Mit auf der Krim ausgestellten russischen Nummernschildern wird man nicht auf das ukrainische Festland gelassen. Meine Bekannten, denen es wichtig ist, ihr Kind in Kyjiw zu besuchen, haben sich entschlossen, ihr Auto auf der anderen Seite der Verwaltungsgrenze zu lassen und in Tschaplinka für einen Dauerparkplatz zu bezahlen. Auf der Krim nutzen sie nur noch öffentliche Verkehrsmittel.

Dennoch erlebt die Krim derzeit einen Auto-Boom. In Simferopol bilden sich auch am Wochenende große Staus. Autos sind günstiger geworden: einen *Lada* kann man für 10.000 Rubel (200 Dollar) kaufen, während ein neuer Mittelklassewagen der Marke *Ford* 9.000 Dollar kostet.

Hinzu kommt, dass zahlreiche Angehörige des Militärs und der Sicherheitsbehörden sowie Beamte aus Russland auf die Halbinsel – zumal in die Hauptstadt der Krim – abkommandiert worden sind. In der Staatsanwaltschaft, den Gerichten, der Polizei und anderen staatlichen Einrichtungen gibt es mittlerweile nicht wenige „Waräger“[31], wie sie hier genannt werden. Mit ihnen kamen auch ihre Familien.

Eine Bekannte, die als Dozentin arbeitet, hat nun einen Kollegen aus dem russischen Ischewsk. Andere vermieten ihre Wohnung an einen Kerl aus Kuban, dem man ein fürstliches Salär – 3.000 Rubel pro Tag (etwas weniger als 50 Euro) – auf dem Bau in Aussicht gestellt hatte. Doch dann erhielt er überhaupt keinen Lohn und bleibt deshalb auch die Miete schuldig.

In Dschankoj ist ein Helikoptergeschwader stationiert. Überall entstehen Neubauten, die Immobilienpreise schießen in die Höhe. Eine Wohnung, die 25.000 US-Dollar gekostet hat, ist nun 35.000 wert. Für eine solche Summe kann man auch eine Wohnung in Jalta kaufen. Die Uferpromenade dort ist gepflastert mit Werbung für Luxuswohnungen. Doch ob die Eigentumsverhältnisse auf der besetzten Krim gesichert sind, darüber schweigt man sich aus.

„Hast du das gigantische Sanatorium gesehen, das nun der Präsidialverwaltung untersteht?“, wendet sich eine Frau einem hörbar vom russischen Festland stammenden Akzent an ihren Mann, während unser Bus durch das Städtchen Simejis fährt: *„‚Mira‘ oder so ähnlich.“*

Es geht um das *Mriya Resort&Spa* – das ukrainische Wort *Mryja* (*Traum*) ist mit lateinischen Buchstaben geschrieben, doch die Passagierin kann es offensichtlich nicht lesen. Vor der Annexion wurde dieses ehemalige sowjetische Pensionat vom russischen Finanzinstitut *Sberbank* saniert. Der Umbau begann im Herbst 2013 nach Plänen des britischen Architekten Norman Forster, bereits im August 2014 nahm das Hotel den Betrieb auf. Der Komplex gehört zur türkischen Hotelkette *Rixos* – dass die Türkei die Annexion der Krim nicht anerkennt: geschenkt.

---

31 Bezeichnung für aus Skandinavien stammende Händler und Krieger, die seit dem 8. Jahrhundert in das heutige Gebiet der Ukraine und Belarus vorgedrungen sind und bald darauf die lokale Fürstenelite stellten (Anm. d. Übers.)

„Tambower Sonnenblumenkerne“, „Smolensker Büchsenfleisch“, „Tula-Zucker“, „Kuban-Sahne“ und eine Klinik, die man auf den Namen „Sibirische Gesundheit“ getauft hat: Diese für ukrainische Ohren fremd klingenden Ortsnamen zeugen davon, wie schnell ein soziogeographischer Kompass durch einen anderen ersetzt werden kann. Laut *Google Maps* heißt eine der Hauptstraßen in Jalta „Kyjiwer Straße“, obwohl sie als „Moskauer Straße“ ausgeschildert ist. Ich bin keinen vollen Tag in Jalta. Einzig von Simferopol oder Bachtschyssaraj aus über die Krim zu erzählen und die Ferienorte dabei links liegenzulassen – das hieße, ein unvollständiges Bild von der Stimmung zu liefern. Wie immer und zu jeder Tageszeit gehen hier Leute auf der Strandpromenade spazieren: Rentner und Eltern mit Kinderwagen. Mir fällt auf, dass die Geschäfte – ganz wie zu Beginn der 90er Jahre – westliche Marken imitieren und sich als *Brand Stores* darstellen, die sie gar nicht sind. Wie in Simferopol auch hat *McDonald's* schon seit drei Jahren geschlossen. In den Nachrichten heißt es, dass in den Gebäuden nun russische *Fast-Food*-Ketten eröffnen sollen. Während ich dem Taxifahrer mein Ziel nenne, ertappe mich bei dem Gedanken, ihn zum *McDonald's* lotsen zu wollen, obwohl es das bekannte gelbrote Firmenlogo hier schon lange nicht mehr gibt. Das amerikanische Unternehmen stellte damals unverzüglich sein Geschäft auf der Krim ein.

„In Russland gibt es acht Millionen Alkoholabhängige“, schnarrt es aus einem öffentlichen Lautsprecher im Rahmen einer „russlandweiten“ Kampagne gegen Alkoholmissbrauch: *„Nüchtern ist die Krim unbesiegbar. Hört her, von der Krim bis nach Tschukotka, von Iwanowo bis Noworossijsk.“*

„Ich bin während der Deportation auf die Welt gekommen, doch man hat uns in dem Wissen erzogen, dass die Krim unsere Heimat ist. Die Eltern haben alles dafür getan, damit wir hierher zurückkehren konnten. Nachdem wir angekommen waren, haben wir nie gesagt: ‚Gebt uns unsere Häuser zurück.‘ Wir sind zu den Behörden gegangen und haben gesagt: ‚Gebt uns Land und wir werden darauf bauen und leben.‘ Wir haben gelernt, miteinander zu reden, uns gebührend zu integrieren, und wir haben gelernt, die schönen Augenblicke miteinander zu teilen“, schildert Elmira

Ялта
АВТОВОКЗАЛ

Abljalimowa, die Ehefrau des zwei Jahre zuvor inhaftierten Achtem Tschyjhos. Ihm wird die Organisation von Massenunruhen am 26. Februar zu Last gelegt, als die Krim noch unter ukrainischer Kontrolle stand. Der entsprechende Paragraf sieht eine Freiheitsstrafe von bis zu 15 Jahren vor, schließlich wurden ihm acht Jahre aufgedrückt.

Wir unterhalten uns in einem von Krimtataren erbauten Viertel von Bachtschyssaraj. Elmira hat ein großes Haus aus Stein mit einem schönen Garten. Ringsum wirkt alles akkurat und gepflegt, lediglich der Hof lässt erkennen, dass der Hausherr fehlt. Nach seiner Freilassung wird Achtem Tschyjhos[32] gezwungen sein, in Kyjiw zu leben – und er wird verraten, dass er aus Heimweh mithilfe von Überwachungskameras ständig seinen Hof betrachtet.

Vor 2014 hätte sich Elmira nicht vorstellen können, eines Tages Menschen auf der anderen Seite der Barrikaden zu erblicken, die sie zu ihren Freunden oder Nachbarn gezählt hatte: *„Das erste Jahr schwebten wir ständig in Gefahr. Dann haben sie Achtem verhaftet. Das war eine Machtdemonstration, um zu verstehen zu geben: ‚Seht her, so kann´s kommen. Wenn wir jemanden wie Tschyjhos verurteilen können, was blüht dann erst euch?' Das war ein Schock für uns alle. An einem bestimmten Punkt habe ich gemerkt, dass ich zu erschöpft bin, um mich weiter zu fürchten. Ich weiß genau, dass wir niemandem etwas gestohlen haben und auf unserem eigenen Boden leben. Genau deshalb ist es umso deprimierender, dass in der Ukraine die Rufe nach einer Lösung der Krim-Frage leiser werden. Es tut weh, sich Kommentare von Ukrainern vor Augen zu führen, die sagen: ‚Wozu brauchen wir die Krim? Sie haben doch selbst dafür gestimmt, sollen sie doch dort leben.' Noch mehr schmerzt es, von Plänen verrückter Politiker zu hören, die die Krim verpachten wollen. Wir sind keine Leibeigenen, die man verleihen kann. Auf unserem Land sind wir unsere eigenen Herren, und diese Fragen müssen mit uns erörtert werden. Uns müsst ihr fragen, was wir wollen."*

---

32 Im Oktober 2017 wird Tschyjhos zusammen mit anderen politischen Gefangenen und sowie Ilmi Umerow der Türkei übergeben, nachdem der türkische Präsident Wladimir Putin darum gebeten hatte. 2019 wird Achtem Tschyjhos Abgeordneter der Werchowna Rada von der Partei „Europäische Solidarität" (Anm. d. Autorin).

Sie ergänzt, dass jeder Krimtatare - gleich ob Markthändler, Journalist, Sänger, Schauspieler oder Kulturschaffender - den Kampf auf seine eigene Weise führe: *„Ich habe mich häufig gefragt, was es mit meinem Volk auf sich hat, dass wir ständig mit Widrigkeiten und Verfolgung zu kämpfen haben. Vielleicht sind wir deshalb wie ein Phönix - wir können zu Asche zerfallen und danach wiederauferstehen."*

In der Woche, in der ich auf die Krim gekommen bin, wurden elf Krimtataren unter dem Vorwand festgenommen, Passanten belästigt zu haben. In Wahrheit wurden sie zur Wache abgeführt, weil sie sich solidarisch mit dem Aktivisten Marlen Mustafajew[33] gezeigt

33 Marlen Mustafajew ist ein Aktivist der *Krim-Solidarität*. Am 21. Februar 2017 wurde sein Haus in Kamjanka nach „extremistischen Symbolen" durchsucht und Computer sowie Bücher konfisziert. Zehn Leute kamen, um ihn zu unterstützen, filmten die Aktion und zeigten sie anschließend in sozialen Netzwerken. Mustafajew wurde für elf Tage inhaftiert, die anderen zehn für fünf Tage. Am 4. März 2017 wurde er entlassen. Im folgenden Jahr musste er für eine Reihe weiterer Ordnungswidrigkeiten in Haft (Anm. d. Autorin).

hatten, den man an diesem Tag wegen angeblicher Verbreitung von „extremistischem Material" festgenommen hatte.

Dem Anwalt Emil Kurbedinow zufolge geht es um die Verbreitung einer mehrere Jahre alten Aufnahme einer Kundgebung. Der einzige Zeuge der Anklage sagte vor Gericht aus, dass er einfach unterschrieben hätte, was ihm von einem Polizeibeamten vorgelegt worden sei. Die Verhaftung erfolgte auf Grundlage einer Ordnungswidrigkeit, vier Männer kamen sofort wieder auf freien Fuß. Sechs weiteren Männern sowie Marlen Mustafajew, den man 11 Tage festhielt, wurde die baldige Freilassung in Aussicht gestellt. Kommt es nun zu einer weiteren Festnahme auf Grundlage dieses Paragrafen, kann man für 30 Tage in Gewahrsam genommen werden – beim dritten Mal erfolgt eine Strafanzeige. Emil Kurbedinow sieht darin eine Warnung der Sicherheitsbehörden: *„Sie wollen unbedingt, dass die Festnahmen unbemerkt vonstattengehen. Die sehen schließlich, dass es aufrechte Unterstützer gibt, die zu den Häusern der Inhaftierten kommen. Die sähen wohl gerne, dass es wie in anderen Regionen Russlands zugeht – dass die Leute das Weite suchen, sobald ein Gefangenentransporter anrückt."*

Die Methoden der Unterdrückung der Krimtataren ähneln zunehmend denen, die in den Republiken Russlands mit einer muslimischen Bevölkerung zur Anwendung kommen – im nördlichen Kaukasus, Tatarstan und Baschkortostan (Baschkirien). Derzeit wird der FSB auf der Krim von Generalleutnant Wiktor Palagin geleitet, der vorher in Ufa, der Hauptstadt Baschkortostans, mit der in Russland verbotenen muslimischen Partei „Hizb ut-Tahrir" betraut war, deren Anhänger des Terrorismus beschuldigt werden. Emil Kurbedinow wurde am Vortag ebenfalls vorübergehend in Gewahrsam genommen, obwohl dies herrschender Rechtspraxis widerspricht.

In einem Zimmer in einer Plattenbausiedlung in Simferopol tummelt sich eine Horde lärmender Kinder. Man kann sich nur schwer vorstellen, dass sie fast alle Kinder politischer Gefangener sind. Im Nebenraum, wo Tee und Naschwerk gereicht werden, sitzen überwiegend Frauen mit Kopftüchern. Es sind die Ehefrauen und Töchter der Verhafteten. Der Ehrenplatz am Tisch gebührt den vier Krimtataren, die gerade aus der Untersuchungshaft entlassen wurden. Dieses Treffen der Initiative *Krim-Solidarität* hat die engsten Verwandten der Opfer zur gegenseitigen Unterstützung zusammengeführt. Nicht nur die Inhaftierten im Fall „Hizb ut-Tahrir" kommen hier zusammen, sondern alle, die von politischer Verfolgung betroffen sind.

„Zunächst trafen wir uns in kleiner Runde in einem Café in Sewastopol, um über die Inhaftierten zu reden, die man dort festgenommen hatte. Mittlerweile hat sich die Tradition eingebürgert, dass wir uns jeden letzten Samstag im Monat treffen. Unsere Gemeinde wächst. Der russische Staat hilft uns dabei, indem er neue Festnahmen durchführt", kommentiert ein anderer Anwalt, Abdureschyd Dschepparow, ironisch. Er erinnert sich, wie aus den überschaubaren Zusammenkünften eine beachtliche Initiative erwachsen ist.

Sein Kollege Kurbedinow ergänzt, dass das schiere Ausmaß der Festnahmen dazu führe, dass die eingeschüchterten Familien der Inhaftierten ihre anfängliche Angst überwinden, da sie nichts mehr zu verlieren hätten: *„Die Masken sind gefallen. Die Leute haben gezeigt, was in ihnen steckt. Das ist nicht länger die atomisierte Masse, als die ich die Menschen hier vor dem Einfall Russlands betrachtet habe."*

Die Freiwilligeninitiative *Unsere Kinder* (*Bizim Balalar*), die im Juni 2016 aus der *Krim-Solidarität* hervorgegangen ist, hat das Fest für die Kleinen organisiert. Sie sammelt Geld für die 66 Kinder[34] der politischen Gefangenen von der Krim, für die Familien von drei spurlos verschwundenen Krimtataren und auch für die Familie von Oleh Senzow. Jedes Kind unter 16 Jahren erhält 5.000 Rubel (rund 80 Euro) pro Monat.

Ich entdecke Nadschije Mamutowa, die Ehefrau von Muslim Alijew. Nach zehn Monaten begrüßen wir uns wie alte Bekannte. In der ganzen Zeit hat sie ihren Mann nicht gesehen. Nadschije wirkt jedoch nicht länger hilflos oder verloren – ganz im Gegenteil, sie hilft jetzt anderen Frauen. Sie möchte diesen Tag zumindest annähernd zu einem Fest für die Kinder werden lassen und den

---

34 Zum Zeitpunkt der Veröffentlichung im Februar 2020 sind es 168 Kinder (Anm. d. Autorin).

Eindruck einer großen, sorglosen Familienfeier erwecken. Die Passanten in dieser Plattenbausiedlung in Simferopol kann sie zumindest überzeugen. Ich bin neugierig zu erfahren, was die beiden Animateure - ein quirliger Junge und ein Mädchen - denken, die als *Minions* verkleidet Spiele für die Kleinen veranstalten. Ist ihnen bewusst, dass diese Kinder ihre Väter, denen Terrorismus zur Last gelegt wird, verloren haben? Doch das Programm ist dichtgepackt und die Animateure machen ihre Sache gut - die Kinder krümmen sich vor Lachen. Es wäre taktlos, mit meinen Fragen die Stimmung zu verderben.

„*Ein solcher Tag bereitet Freude, doch die Kindheit meiner Kinder endete an dem Tag, an dem ihr Vater verhaftet wurde*", raunt Nadschije zurückhaltend: „*Es sind die Kinder, die uns vor dem Zusammenbruch bewahren, sie spenden uns Kraft. Dennoch gehen die Ereignisse nicht spurlos an ihnen vorbei. In diesem Jahr ist mein Jüngster ständig krank*", klagt sie. Um standhaft zu bleiben, führt sie sich immer wieder vor Augen, dass sie im Gegensatz zu ihrem Mann in Freiheit sei. Daher müssten sie und die anderen Familien alles in ihrer Macht stehende tun, um denjenigen zu helfen, die hinter Gittern sind.[35]

Die meisten der Inhaftierten – es sind überwiegend Muslime – haben kinderreiche Familien. Die Frauen arbeiten nicht oder können keine Arbeit finden. Die Organisation ist zwar nicht offiziell registriert, doch sie agiert legal, da diese Form von Wohltätigkeit nach russischem Recht erlaubt ist: *„Sollen sie nur wagen, denen etwas zu anzutun, die Kindern helfen"*, echauffiert sich eine der Freiwilligen.

„Man hat den Familien ihre Versorger genommen. Die laufenden Gerichtsprozesse geben keinen Anlass zur Hoffnung, dass sich auf dem Rechtsweg etwas erreichen ließe. Auf diese Weise können wir zumindest finanziell helfen", sagt Diljawer Memetow. Vor weniger als einem Jahr hatte der junge Bursche mit abgeschlossenem Chemiestudium noch keinerlei Bezug zur Menschenrechtsarbeit – bis am 12. Mai 2016 sein Vater, Remsi Memetow, in Bachtschyssaraj festgenommen wurde, zusammen mit drei weiteren Krimtataren: Sewri Absejitow, Rustem Abiltarow und Enwer Mamutow.[36] Ihnen wird im Zusammenhang mit der Organisation „Hizb ut-Tahrir" Terrorismus vorgeworfen. Remsi Memetow ist gelernter Ingenieur für angewandte Mechanik, kehrte 1995 nach der Deportation seiner Familie auf die Krim zurück und arbeitete fortan als Koch. Später engagierte er sich bei der Ausrichtung muslimischer Feste in Bachtschyssaraj. Der Sohn beteuert, dass die ganze Zeit über keinerlei Ermittlungen geführt würden, während sein Vater weiter inhaftiert bleibe.

Insgesamt sind im Fall „Hizb ut-Tahrir" zu diesem Zeitpunkt 19 Personen inhaftiert. Bei den meisten von ihnen kommt Paragraf 205 Absatz 5 des russischen Strafgesetzbuchs zur Anwendung, für den eine Freiheitsstrafe von drei bis zehn Jahren droht. Nicht zum ersten Mal betont der Anwalt Emil Kurbedinow: selbst wenn es unter den 19 Inhaftierten Mitglieder von „Hizb ut-Tahrir" gäbe, dann

---

35 Nach dreieinhalb Jahren in Gefangenschaft wird Muslim Alijew im November 2019 in Rostow am Don zu 19 Jahren Haft in einer Hochsicherheits-Strafkolonie verurteilt (Anm. d. Autorin).

36 Alle vier befinden sich seit 2016 hinter Gittern. Remsi Memetow, Sewri Absejitow und Rustem Abiltarow wurden 2018 zu neun Jahren Gefängnis verurteilt. Im Sommer 2019 wurde die Strafe nach zahlreichen Berufungen beim Obersten Gerichtshof auf acht Jahre und neun Monate gemildert. Enwer Mamutow wurde als Anführer der Gruppe bezeichnet und 2018 zu 17, später dann zu 16 Jahren und 9 Monaten Haft verurteilt (Anm. d. Autorin).

hätten die Ermittler keine gewichtigen Beweise ihrer terroristischen Tätigkeit vorgelegt: *„Die russische Gesetzgebung hat handwerkliche Mängel und ist sehr vage gehalten, daher kann sie als Instrument im Kampf gegen Andersdenkende genutzt werden."*

„Unsere Möglichkeiten auf der Krim sind sehr begrenzt. Wir erkennen das ‚Referendum' von 2014 ebenso wenig an wie die Gerichtsbarkeit der Russischen Föderation. Das ist unser schweigender und gewaltloser Protest. Die Hauptsache ist, dass wir weiterhin hier leben", so der stellvertretende Vorsitzende des Medschlis, Ilmi Umerow, gegen den ebenfalls ermittelt wird und eine Ausreisesperre besteht. Er ist eine weitere bedeutende krimtatarische Persönlichkeit. Höchstwahrscheinlich wurde ihm der Hausarrest gewährt, weil seine Gesundheit beeinträchtigt ist. Ihn in diesem Zustand festzunehmen würde einen zu skrupellosen Eindruck hinterlassen.

2014 bot man ihm einen Arbeitsplatz in Kyjiw an, doch er fasste den Entschluss, auf der Krim zu bleiben. Am 12. Mai 2016 eröffnete der FSB auf der Krim ein Strafverfahren gegen Ilmi Umerow nach Paragraf 280 Absatz 1 wegen eines angeblichen Aufrufs im Fernsehsender *ATR* zu Handlungen, die „die territoriale Integrität der Russischen Föderation gefährden".

„Die Hauptsache ist, dass wir hierbleiben. Wir sind ihnen wie der sprichwörtliche Dorn im Auge." Von 300.000 Krimtataren haben seit der Annexion fast 20.000 ihre Heimat verlassen.

„Die Krim zu verlassen ist wie eine kranke Mutter zurückzulassen," sagt mir eine weitere bekannte Krimbewohnerin. Im Gegensatz zu einem Teil der Krimtataren lehnt sie eine Blockade der Krim kategorisch ab. Sie findet, dass die Mehrheit der Krimtataren in ihrer Heimat bleiben solle.

„Es fällt schwer, sich einzugestehen, dass man in einem Konzentrationslager lebt", sagen die einen. Andere haben sich angepasst und erzählen ungerührt von den Eigenheiten des Lebens in einem anderen Land: *„Ich fahre immer über Umgehungsstraßen, um die Städte nicht sehen zu müssen. Wir haben uns eine Parallelwelt geschaffen und leben in ihr. Nur so gelingt es, den Verstand nicht zu verlieren."*

„Angst und Emotionen machen die Leute schwächer."

„Zuerst war da Zorn, dann Schmerz, und jetzt Gleichgültigkeit. Das Wichtigste ist, sich kleine Ziele zu setzen, etwa ein Kind großzuziehen… und so Schritt für Schritt voranzukommen", sagen andere.

Eine weitere Parallelwelt, in der es keine Verhaftungen von Krimtataren gibt, existiert für diejenigen, die den *Status Quo* akzeptiert haben. Manche Einwohner der Halbinsel stellen einfach demonstrativ in Abrede, dass es die Verfolgungen gibt. Andere verweisen auf die Zahlen und darauf, dass sich eine „relative Mehrheit" bereits an die Veränderungen gewöhnt habe. Diese „relative Mehrheit" ist seit drei Jahren ein schillernder Begriff, mit dem meist persönliche Meinungen oder Eindrücke untermauert werden – ganz gleich, was Gegenstand der Unterhaltung ist: die maßlose Enttäuschung oder die umfassende Unterstützung des Regimes durch die Bevölkerung, die Unzufriedenheit der einen oder die Einheit der anderen. Kurz darauf sagt ein ukrainischer Rentner, der auf der Krim geblieben ist: *„Wegzuziehen lohnt sich nur dann, wenn dir Gefahr droht oder du vom Festland aus etwas bewegen kannst."*

Die Krimtataren betrachten die Entscheidung zum Verbleib auf der Halbinsel durch das Prisma der Deportation unter Stalin im Jahre 1944. Doch sie sind nicht die einzigen, die die Okkupation ablehnen: *„Mein erster Beitrag wurde 1967 in einer Zeitung abgedruckt. Da können Sie nachrechnen, wie lange ich schon als Journalist tätig bin... (lächelt). Ich war damals in der in der achten oder neunten Klasse. Ich arbeite nun also schon ein halbes Jahrhundert in der Medienbranche. Allein auf der Krim bin ich bereits seit mehr als 30 Jahren Journalist"*, erzählt Mykola Semena. Nun wurde dem Korrespondenten, Fotografen und Publizisten der Zeitung *Den* (*Tag*) und des Senders *Radio Swoboda* jegliche journalistische Tätigkeit verboten. Russische Sicherheitskräfte nahmen Semena am 19. April 2016 fest. Die vom Kreml kontrollierte Staatsanwaltschaft der Krim hat angekündigt, ein Strafverfahren gegen ihn wegen „Gedankenverbrechens" zu eröffnen: *„Mir wurde im Namen der Russischen Föderation die Autorenschaft des auf Krim.Realiji veröffentlichten Artikels ‚Blockade – ein nötiger erster Schritt zur Befreiung der Krim' zum Vorwurf gemacht. Angeblich enthält die Publikation Aufrufe zur Verletzung der territorialen Integrität der Russischen Föderation. Wir weisen den Vorwurf zurück, da wir uns lediglich an der weltweiten Diskussion zum Status der Krim beteiligen. Artikel 29 der russischen Verfassung garantiert jedem Menschen das Recht, jederzeit seine Meinung zu jedem Problem äußern zu dürfen. Der Text war doch in der Rubrik ‚Meinung' gelistet, was eindeutig verfassungskonform ist. Die Anwälte haben bereits vier Anträge auf Einstellung des Verfahrens aufgrund fehlender Tatbestandsmerkmale gestellt, doch bislang lehnen die Ermittler die Anträge ab. Paragraf 280 Absatz 1 des russischen Strafgesetzbuches, der mir vorgeworfen wird, sieht eine Freiheitsstrafe von bis zu fünf Jahren vor. Journalistisch kann ich mich nun nicht mehr betätigen. Außerdem musste ich eine Ausreisesperre und eine Verpflichtung zu ‚gebührendem Verhalten' unterzeichnen. Die Phrase ‚gebührendes Verhalten' läuft darauf hinaus, alles zu unterlassen, was ich früher gemacht habe. Faktisch ist es also ein Berufsverbot. Deshalb beschäftige ich mich gerade mit meinem Gerichtsverfahren. Wir hoffen, meine Unschuld beweisen zu können."*

Mykola Semena wurde von der russischen Finanzaufsichtsbehörde ohne jeden Gerichtsentscheid auf eine Liste von Extremisten gesetzt. Sein Fall begann lange vor der Eröffnung des Strafverfahrens. 2014 wurden er und andere Journalisten auf der Krim von russischen Sicherheitsbeamten zu „Gesprächen" über ihre berufliche Tätigkeit abgeführt. Das Redaktionsbüro von *Krim.Realiji*, für das Mykola Semena tätig war, wurde fortan überwacht. Sein Computer wurde mit einem Virus infiziert, der nicht nur sämtliche Daten an den FSB übermittelte, sondern auch regelmäßig Screenshots machte. Auf diese Weise erhielten die Ermittler hunderte Bildschirmaufnahmen vom Laptop des Journalisten während seiner Arbeit an den Artikeln. Ebendiese auf fragwürdige Art und Weise beschafften „Beweise" bilden die Grundlage des Verfahrens gegen ihn – es sind nach Angaben der Anwälte die einzigen Beweise für ein dermaßen schwerwiegendes Vergehen wie die „Verletzung der territorialen Integrität" Russlands.

„Von 2014 bis 2016 habe ich intensiver als je zuvor in meinem Leben gearbeitet. Ich habe nicht weniger als fünf oder sechs Reportagen von der Krim für die Zeitung ‚Den' verfasst und 15 bis 25 Artikel auf ‚Krim.Realiji' veröffentlicht. Wir haben mitangesehen, was um uns herum geschieht, und uns war bewusst, dass man uns unter Druck setzen würde. Dennoch haben wir gehofft, dass wir von Repressionen verschont bleiben. Wir hatten hier sogar ein Büro. Doch als ich eines Tages in die Redaktion kam, entdeckte ich über der Tür eine Videokamera, die alle Besucher aufzeichnete. Schon damals, im März 2014, erstellten die neuen Machthaber eine Liste unerwünschter Medien und Journalisten, die an alle Unternehmen, Behörden und Ministerien verschickt wurde. Uns wurden keine Informationen oder Pressestatements mehr gegeben. So wollte man uns vom Geschehen ausschließen. Doch wir haben neue Arbeitsmethoden entwickelt. Viele Journalisten sind weggezogen, weil sie ihre Möglichkeiten ausgeschöpft sahen. Ich und die verbliebenen Kollegen haben begriffen, dass unser größter Nutzen darin besteht, die neuesten Informationen direkt von der Krim zu liefern. Die Migration sahen wir als professionelle Fahnenflucht an. Wir konnten uns nicht erlauben, unsere Leser einfach im Stich zu lassen."

Ich treffe Mykola beinahe zufällig, als dieser ins Büro einer weiteren bekannten (nun ehemaligen) Journalistin kommt. Sie hat sich dafür entschieden, nicht mehr über Politik zu schreiben, um auf der Krim bleiben zu können. Im Gespräch wird deutlich, dass die Beweisgrundlage für das Verfahren gegen Semena zum Teil auf Denunziationen seiner einstigen Kollegen basiert. Ich höre den Nachnamen eines mir bekannten Journalisten, dem ich einmal bei Dreharbeiten begegnet bin. Es ist der ehemalige Korrespondent eines ukrainischen Fernsehsenders.

Ich kam 2002, noch als Studentin, zum ukrainischen Fernsehen und kenne viele, die „die Seiten gewechselt haben", da sie eine Familie zu ernähren haben oder Kredite zurückzahlen müssen, oder die einfach nur gerne protzige Autos fahren, und die daher bei den Medienhäusern der Oligarchen geblieben sind, die sich den politischen Parteien andienen. Doch hier geht um mehr als die Missachtung von Berufsprinzipien, hier geht es um bewusste Aussagen gegen eine andere Person, die diese ins Gefängnis bringen können. Andererseits wird Semena von Kollegen aus der Ukraine, aus Russland und Europa unterstützt. Journalistenverbände haben öffentlich seine Freilassung gefordert – oder zumindest die Ausreise nach Kyjiw zum Zwecke der medizinischen Behandlung. Die OSZE-Beauftragte für die Freiheit der Medien, Dunja Mijatović, forderte die Einstellung der Strafverfolgung gegen ihn. Im Dezember 2016 eröffnete im *Haus der Krim* in Kyjiw eine Ausstellung mit elf Fotografien von Mykola Semena. Die Fotografien sind alles, was nach den Hausdurchsuchungen des FSB in seinem Haus geblieben ist.

„Die Menschen in der Ukraine müssen vor allen Dingen von den katastrophalen Rückschritten auf der Krim in sämtlichen Bereichen erfahren. Die Machthaber und die staatstreuen Journalisten vermitteln ein positives Bild von sämtlichen Vorgängen. Die ‚Regierung' tut so, als würde sie unentwegt daran arbeiten, das Leben der Menschen zu verbessern, doch in Wirklichkeit werden sie mit immer höheren Steuern belegt und die Preise steigen. Mit dem Geld, das den Menschen heute auf der Krim zur Verfügung steht, kann man nicht einmal die Hälfte dessen kaufen, was man noch Anfang 2014 für ukrainisches Geld bekommen hat. Den größten Druck bekommt die Zivilgesellschaft zu spüren. Man kann hier keine unabhängige zivilgesellschaftliche Organisation gründen, nicht als freier

Journalist arbeiten oder aktiv am gesellschaftlichen Leben teilnehmen, ohne dass man sofort Besuch von Polizei und Sondereinsatzkräften bekommt. Wehe, du lobst nicht die ‚Erfolge der Regierung'... Die Leute sehen, dass man sie hereingelegt hat. Es wurde sehr viel versprochen, doch verglichen mit 2013 sind keine neuen Fürsorgeleistungen dazugekommen."

Fast drei Jahre nach diesem Gespräch, am 14. Januar 2020, wurde einem Antrag der Anwälte stattgegeben. Ein Gericht in Simferopol beendete die Bewährungsstrafe vorzeitig und kassierte das Urteil gegen Mykola Semena.

Ich treffe ein junges ukrainisches Paar, das sich zwar als *„nicht gerade unpolitisch"* bezeichnet, dabei jedoch eine Position bezieht, die dem ziemlich nahekommt. Treffen dieser Art verabrede ich bei jeder Reise auf die Krim. Solche Menschen, die ein ungerührtes Leben führen und einem Journalisten eigentlich nichts zu sagen haben, sind der schwierigere Teil des Jobs. Dabei besteht im Grunde kein Risiko. Mich interessieren eher Detailfragen wie die Gesundheitsversorgung, das Bildungssystem und die Preisentwicklung: *„Alle haben sich ein Fahrzeug angeschafft, denn für uns ist das Auto immer noch ein Zeichen des Wohlstands. Der Liter Benzin kostet 42-45 Rubel (0,65 Eurocent). Die Leute haben angefangen, mit dem Flugzeug in den Urlaub zu fliegen. Dadurch ist bei den Menschen hier der Eindruck entstanden, dass der Lebensstandard gestiegen ist. So scheint es zumindest."*

Flüge von Simferopol nach Moskau, unter anderem von *Aeroflot*, gehen stündlich. Die Gehälter sind tatsächlich gestiegen. Offiziell beträgt das Durchschnittseinkommen auf der Krim dem Russischen Amt für Statistik zufolge 32.000 Rubel (450 Euro). Auf prorussischen Seiten ist zu lesen, dass es in Wahrheit „mindestens doppelt so hoch" sei.

Die Menschen, mit denen ich über ihr Einkommen rede - und ich frage so gut wie alle meine Gesprächspartner zu diesem Thema aus - nennen Beträge zwischen 19.000 (280) und 25.000 Rubel (400 Euro). Lehrer haben ein Grundeinkommen von 6.000 Rubel (100 Euro), doch samt Zulagen (etwa beim Sieg ihrer Zöglinge bei Schülerolympiaden) kommen sie auf bis zu 20.000 Rubel (330 Euro). Die höchsten Löhne erhalten die Mitarbeiter der Sicherheitsbehörden.

„Warum bekommen diese Abgeordneten überhaupt Diäten, wenn sie doch sowieso nichts entscheiden? Und danach wird ihnen noch eine Pension ausgezahlt" - mit diesen Worten beginnt ein Gespräch in einer *Marschrutka* in Simferopol. Es geht um die lokalen Abgeordneten.

Die Renten sind im Vergleich zu den Preisen immer noch sehr gering. Eine Durchschnittsrente beträgt zwischen 5.000 und 15.000 Rubel (60 bis 180 Euro). Eine solche Rente erhalten alle, die - wie man hier sagt - noch „unter der Ukraine" aus dem Erwerbsleben ausgeschieden sind. Die Renten wurden verdoppelt und nach einen überhöhten Kurs indexiert. Diejenigen, die jetzt in Rente gehen, bekommen schon weniger - die Höhe wurde an den russischen Durchschnitt angepasst.

Das ist ein gewaltiger Unterschied zu den Pensionen von Staatsbediensteten mit bis zu 30.000 Rubel (425 Euro) und – sehr viel seltener – von Veteranen des Zweiten Weltkrieges, die verwundet und für ihre Dienste mit einer Auszeichnung gewürdigt wurden und bis zu 60.000 Rubel (850 Euro) erhalten.

Das alles wird jedoch teilweise durch die Teuerung der Lebensmittel wieder zunichte gemacht. Unterschiedlichen Berechnungen zufolge sind die Preise den Einkommen entsprechend gestiegen. Waren sind teurer als in Russland, auch weil sie per Fähre über die Straße von Kertsch transportiert werden müssen. Die „Krim-Brücke" ist der neue Traum, der die Hoffnung auf „russische Renten und Gehälter" abgelöst hat.

Ob das Gerede über die schlechtere Qualität russischer Produkte gegenüber ihren ukrainischen Pendants tatsächlich der Realität entspricht, sei dahingestellt. Die Preise der Waren immerhin lassen sich überprüfen. Ich besuche einen Supermarkt im Zentrum von Simferopol und schaue mir die Durchschnittspreise an:

Zehn Eier: 60-80 Rubel (1,00-1,30 Euro)
Zucker: 67 Rubel das Kilo (1,10 Euro)
350 Gramm Sahne: 100 Rubel (1,65 Euro)
Fleisch: 150-300 Rubel das Kilo (2,45-4,90 Euro)
Käse: 400-700 Rubel das Kilo (6,50-11,45 Euro)

Auch die Minderwertigkeit von Medikamenten wird beklagt. Russland betreibt Importsubstitution. Wenn es also ein Medikament gibt, das auf dem heimischen Markt hergestellt wird, dann ist der Arzt verpflichtet, dieses zu verschreiben – selbst wenn die Qualität schlechter ist als die eines importierten Medikaments.

Ein weiterer Indikator für die Lebensqualität sind die Straßen. Ein Fahrer holt mich mit seinem betagten *Schiguli* aus dem Viertel der Krimtataren in Bachtschyssaraj ab. Andere Fahrzeuge sind für diese Straßen nicht geeignet.

„Es heißt, in Simferopol seien alle Straßen instandgesetzt worden."

„Schauen Sie doch selbst." Eine kurze Weile später: *„Und das soll das Stadtzentrum sein? Da können unsere Straßen in Bachtschyssaraj locker mithalten. Wie komme ich nun wieder zurück?"*, fragt sich der desillusionierte Taxifahrer besorgt.

Obwohl überall ausgebessert wird, ist die Straße übersät mit Schlaglöchern. Nach Angaben der Nachrichtenagentur *TASS* forderte die ehemalige Staatsanwältin und derzeitige Vorsitzende des Antikorruptionsausschusses der Russischen Föderation, Natalija Poklonska, die strafrechtliche Verfolgung von Beamten für die mangelhafte Instandsetzung der Straßen. Der demonstrative Kampf auf den Fernsehschirmen gegen die Korruption ist eine weitere Besonderheit auf der heutigen Krim. Auch drei Jahre nach der Annexion werden die Okkupationsbehörden nicht müde, die Korruption als Erbe der Ukraine zu geißeln. Dabei sind sich auch die Ankömmlinge aus Russland nicht zu schade, Schmiergelder einzustreichen.

Befürworter wie Gegner der Okkupation verweisen auf die Effizienz des Staatsapparates, das Tempo, mit dem Veränderungen umgesetzt werden, und auf die Bereitstellung staatlicher Mittel, etwa in der Landwirtschaft. So werden etwa für die Rodung einer Weinanbaufläche sowie bestimmte landwirtschaftliche Maschinen rückzahlungsfreie Darlehen gewährt.

Personen, denen man keine Sympathien für die Regierung nachsagen kann, bestätigen, dass es in diesem Winter fast keine Stromausfälle gegeben habe. Im Vorjahr waren für die Wiederherstellung der Stromversorgung vier Monate nötig. Doch alles lief nach Plan und die Generatoren wurden schnell aufgefüllt.

„Die Unterbrechung der Strom- und Wasserversorgung hat die Ukrainer auf der Krim dazu gezwungen, sich von der Ukraine abzuwenden", lautet eine Meinung. Doch das stärkste Argument gegen die Klagen ist der russisch-ukrainische Krieg im Donbas: *„Hier haben viele Verwandte in der Ukraine, deren Kinder einen Einberufungsbefehl in die Armee erhalten haben. Hier gab es dagegen keine Mobilmachung"*, wird mir erklärt.

„Drei Bewohner der Region Simferopol für ihren Einsatz in Syrien ausgezeichnet", berichtet die lokale regierungstreue Nachrichtenagentur *Kriminform*.

„Das Schlimmste, was ich mir vorstellen kann ist, dass in 20 Jahren ein krimtatarischer Junge, der hier aufwächst und das lokale Fernsehen schaut, in der russischen Armee dienen und auf einen anderen krimtatarischen Jungen schießen wird, der die Krim zurückerobern will", sagt

man mir. Dabei gehen auch die Meinungen der Krimtataren, wie man den legalen Status der Krim wiederherstellen kann, auseinander.

„Heute ist der Geburtstag von Lesja Ukrajinka. Ihr Denkmal steht in Balaklawa, wo sie ein halbes Jahr gelebt hat. Genau an dieser Stelle haben wir vor drei Jahren den Maidan organisiert", erklären mir ehemalige ukrainische Soldaten und Aktivisten, während wir zum Nachimow-Platz im Herzen Sewastopols fahren. Am Fahrzeug sind ukrainische Nummernschilder angebracht. Auf der Spur neben uns fährt ein Trolleybus mit der Aufschrift „Von Moskau für Sewastopol". In der Hauptstadt der annektierten Autonomen Republik habe ich bereits einen ähnlichen Trolleybus gesehen; ein Geschenk der Stadt Sankt Petersburg.

Einer meiner Gesprächspartner ereifert sich über diejenigen, die ihre Heimat für Geld verraten haben. Die ganze Diskussion über Preise und Gehälter bezeichnet er als Wortklauberei. Ein anderer erzählt von einem ehemaligen Militärangehörigen, der seinem Sohn, der als Soldat in der ukrainischen Armee dient, seine russische Rente überweise, damit es für die Miete reicht. Der ehemalige Marineoffizier rechtfertigt sich damit, dass er auf diese Weise die *„russische Wirtschaft unterminiere"*.

Militärangehörige der russischen Schwarzmeerflotte, die früher in Sewastopol stationiert waren, erhalten nur noch die Hälfte ihres Solds. Die Urlaubszulagen wurden gestrichen. Doch man versichert mir, dass sie sich darüber nicht beklagen würden. „Durchhalten" ist zum Selbstzweck geworden.

„Du wähnst in jedem Schatten den Feind? Denn ohne Feind gibt es keinen Kampf, und ohne Kampf keinen Sieg. Deine Mission: den Feind aufspüren, ihn jagen, ihn überwältigen, und besser zu werden als er." Auf einem riesigen Bildschirm auf dem Nachimow-Platz wirbt ein Videoclip für den Eintritt in die Berufsarmee in Sewastopol. Das darauf folgende Musikvideo zeigt eine junge Frau, umringt von kleinen Kindern in Matrosenanzügen, die nicht sonderlich kraftvoll ein abgeschmacktes Lied zum Besten gibt:

Diese Stadt voll Ruhm und Ehre,
Diese Stadt braucht keine Schwachen,
Diese Stadt ist immer bei mir,
Heldenstadt, oh du mein Sewastopol!

In der Artilleriebucht werden panzerförmige Heliumluftballons verkauft. Wir kommen an einer Touristengruppe aus Russland vorbei. Die sportliche und braungebrannte ältere Exkursionsleiterin mit knallrotem Lippenstift erzählt den Touristen, dass die Ukraine damals geplant habe, den örtlichen Hafen zum Umschlagplatz für Kohle zu machen. Die Stadt wäre schwarz wie Donezk geworden. Anhand einer Stadtkarte erläutert sie die topografischen Besonderheiten Sewastopols und erklärt, wie diese bei der „Verteidigung der Stadt" geholfen haben – im Zweiten Weltkrieg wie auch 2014, denn *„Donezk liegt in der Steppe und hat weder Berge noch Meer..."*

Ein Ehepaar aus Rostow am Don erkundigt sich nach dem Weg zu einem der Kriegsdenkmäler. Eine ältere Frau erklärt in geschliffenem Russisch, dass sich an jenem Ort früher die vorzügliche Privatsammlung eines ukrainischen Museums befunden habe. Doch sei diese fortgebracht worden, daher fahre auch kein Boot mehr dorthin. Sie beschwert sich, dass der Ekaterina-Platz unter der Ukraine schöner gewesen sei – obwohl schon damals Russland mit der Pflege des Platzes betraut gewesen sei. Ich spreche sie an: *„Was hat sich in den vergangenen drei Jahren verändert?"*

„Das Klima ist sehr rau geworden. Sie haben den Hasford-Berg diesen ‚Nachtwölfen' überlassen. Schrecklich. Und dann dieser auferlegte Patriotismus. Euren Patriotismus kann man ja verstehen, der wird mit der Muttermilch aufgesogen, und es ist auch verständlich, warum. Aber dort in Moskau wird ein Park der Patrioten angelegt, ich habe es im Fernsehen gesehen. Was soll diese Militarisierung der Gesellschaft? Hier hatte dieser Admiral Menjajlo das Sagen. Und nun? Entschuldigen Sie, ich sehe, dass Sie bei der Armee sind." Mein Begleiter hatte zuvor noch erklärt, dass er im Ruhestand und ich ein Gast aus Kyjiw sei. Sie wendet sich an mich: *„Doch verrate mir eins. Was lernst du als erstes in der Armee? Jetzt mal ehrlich. Nun?"*

„Gehorsam."

„Absolut richtig! Gehorchen, nicht denken, sonst gäbe es keine Armee. Und was ist das zweite? Denk nach. Was lernt man dort noch? Was muss ein Soldat können? Sag es mir…“ Sie drängt auf eine Antwort.

„Naja… Töten…?“

„Genau! Das Töten lehrt man sie.“

Die Frau stammt aus Orenburg. Sie hat in Sankt Petersburg studiert und lebt seit 1976 in Sewastopol. Mit ihren Freundinnen, von denen die meisten zum „Referendum“ gegangen sind, hat sie sich zerstritten. Sie versucht zu erklären, dass fehlende Konkurrenz zu nichts Gutem führe. Wenn es etwa im Krankenhaus nur noch „heimische“, russische Gefäßstützen gebe, sei damit niemandem geholfen. Die Betriebe, beispielsweise aus Sankt Petersburg, verspüren nicht den Wunsch, ihre Produkte in den Süden zu verkaufen. Sie rät davon ab, Fernsehen zu schauen: *„Doch was tun die Leute, wenn ihnen langweilig ist …?“*

Gegen Ende der Unterhaltung lasse ich die Bemerkung fallen, dass sie, eine Russin aus Sewastopol, die Ankunft Russlands doch begrüßen müsse: *„Warum sollte ich? Wir sind zu einem Provinznest geworden, genau wie dieses Abchasien."*

Regen zieht auf und wir sind dabei, uns zu verabschieden. Doch die Frau fährt fort: *„Ihr werdet wieder auf die Beine kommen. Das wollte ich noch sagen. Ich glaube daran. Ihr kommt schon wieder hoch"*, sagt sie zum Abschied.

„Nur gute Nachrichten aus der Ukraine sind uns eine Hilfe. Früher habe ich leidenschaftlich das Handeln unserer Regierung verfolgt und den Worten von Politikwissenschaftlern gelauscht. Aber irgendwann ist mir klargeworden, dass sie in einer Parallelwelt leben und weder die Motive ihres Gegners noch sein Handeln verstehen", sagt mir ein ukrainischer Offizier im Ruhestand.

„Wie ergeht es euch in der Ukraine? Was geht dort wirklich vor sich?" Mit dieser Frage endet buchstäblich jede Unterhaltung.

„Was können die Ukrainer denn für die Krim tun?", will ich wissen. *„Die Rückgabe des Territoriums ihres eigenen Landes fordern."* Auch die Antworten gleichen sich auf ein Haar.

Ich bin schon auf dem Rückweg, als ich einen Anruf erhalte. Die Verbindung ist schlecht, doch sie hält, mit einigen Aussetzern: *„Hören Sie, was ich noch sagen wollte. Was die Ukraine für die Krim tun könnte? Wenn du durch Tschonhar fährst und die Grenze zum ukrainisch kontrollierten Territorium überquerst, sind streunende Hunde und Ödland das erste, was du siehst; du wartest drei Stunden und dann ist da dieses heillose Durcheinander… es ist nur eine Kleinigkeit, aber… Sie verstehen, was ich damit sagen will, oder?"*

Am Grenzübergang steige ich auf russischer Seite aus dem Kleinbus. Wir sind acht Personen. Während ich zur Schranke gehe, die die Straße für Autos unpassierbar macht, vernehme ich ein *„Natalija Petrowna*!" Ich erkenne den Grenzbeamten wieder, der meinen Pass schon auf der Hinreise kontrolliert hat. In dieser Schicht kontrolliert er keine Dokumente, sondern steht bei der Einfahrt auf seinem Posten. Meine Alarmglocken schrillen. Wenigstens habe ich nun eine russische SIM-Karte und damit eine Verbindung zur Außenwelt. Was wird er wissen wollen? Ist etwas passiert?

„Guten Abend", antworte ich verhalten.

„Ich habe nach Ihnen gesucht…“

Ich schweige.

„…auf Odnoklassniki. Aber ich habe Sie nicht gefunden“, sagt er.

„Ach, ich bin dort gar nicht angemeldet. Tut mir leid.“ Erleichtert atme ich aus.

„Möglicherweise müssen Sie dieses Mal bei der Passkontrolle etwas länger warten. Auf Wiedersehen.“

Drinnen sitzt ein anderer junger Grenzbeamter, der unentwegt durch meinen Pass blättert und zum Gespräch bittet. Immer wieder beschwert er sich, dass die Datenbank auf dem Computer schlecht arbeite. Er stellt sehr allgemein gehaltene Fragen, auf die ich ebenso allgemein gehaltene Antworten gebe.

„Sie sollten sich besser einen neuen Pass ausstellen lassen. Dieser hier ist schon so abgenutzt, das ist das Problem“ – und reicht mir das Dokument zurück.

Teil V
MUT

Februar 2018

Simferopol – Jalta – Skalyste –
Aluschta – Hursuf

Ukrainisch bleiben auf der Krim

Ohne Rechte, ohne Geld

„Den Sommer über habe ich Früchte auf dem Basar verkauft. Direkt neben dem Stand, wo ich früher für meine Kunden eingekauft habe", erzählt mir die Frau. Sie hat den russischen Pass abgelehnt. Vor der Annexion leitete ihre Familie ein erfolgreiches Unternehmen, das hauptsächlich mit Ausländern, die regelmäßig auf die Krim gereist sind, kooperiert hat. Sie hat sich entschlossen, das Geschäft, dem sie mehr als 25 Jahre ihres Lebens gewidmet hat, aufzugeben. Und obwohl EU-Bürger keine Gesetze brechen, wenn sie mit einem russischen Visum über das ukrainische Festland auf die Krim reisen, ist man in dieser Familie der Ansicht, dass es nicht akzeptabel sei, während der Besatzung auf diese Weise Geschäfte zu machen.

Neben Beweggründen wie dem Alter und der Wohnsituation ist einer der Hauptgründe für den Verbleib die Überzeugung, die Heimat nicht einem fremden Staat überlassen zu wollen: *„Wenn wir gehen, dann bleiben hier noch weniger Menschen übrig, die die Annexion nicht unterstützen."*

Bei meinen Reisen nach Jalta und Simferopol fällt mir jedes Mal auf, mit welcher Geschwindigkeit die Region russifiziert wird und wie viele Menschen aus Russland hierherziehen. Es sind vor allem Mitarbeiter der Sicherheitsbehörden und viele Beamte, aber auch einfache Bürger, die in den Süden ans Meer ziehen.

Mittlerweile sind für diese Familie selbst die gewöhnlichsten Alltagsgegenstände zu einem unerschwinglichen Luxus geworden, ganz zu schweigen von Urlaubsreisen, obwohl sie bis zur Annexion kein schlechtes Auskommen hatten. Heute drehen sie jede Kopeke um. Ein weiteres Familienmitglied, das früher als Dozent nicht schlecht verdiente, sieht sich nun gezwungen, sich für einen Zuverdienst auf dem Bau zu schinden. Hinzu kommt, dass Menschen, die ihren ukrainischen Pass behalten und eine Aufenthaltsgenehmigung für die Russische Föderation erhalten haben, jedes Jahr den Nachweis erbringen müssen, dass sie mindestens 111.000 Rubel (ungefähr 1.550 Euro) pro Jahr verdienen. Kommt ein Kind dazu, verdoppelt sich der Betrag. Für eine vierköpfige Familie ist das nicht wenig. Für den Nachweis muss Geld geliehen werden, welches für einige Tage auf einem Bankkonto hinterlegt wird. Dieses Konto wird durch den Migrationsdienst der Russischen Föderation überprüft. Nach Eingang der Bestätigung durch die Behörden kann die Summe zurückerstattet werden. Manchmal erlaubt der Migrationsdienst, den Betrag für ein halbes Jahr vorzuweisen, sodass nur ein Nachweis über die Hälfte des Geldes erbracht werden muss. Ein Teil des Einkommens darf nur auf dem Territorium der Krim erwirtschaftet werden.

Der sowjetische Begriff „Verweigerer" hat hier eine neue Bedeutung erhalten, denn so nennt man diejenigen, die die russische Staatsbürgerschaft abgelehnt und ihre ukrainische behalten haben. Ihnen bleiben der Staatsdienst und die Tätigkeit in staatlich finanzierten Stellen verwehrt. Und auch wenn es kein offizielles Berufsverbot für Bewohner der Krim mit ukrainischen Dokumenten gibt, so sorgt die Atmosphäre der Angst doch dafür, dass sich Arbeitgeber in Zurückhaltung üben. Dies gilt umso mehr für kommunikationsintensive Arbeitsplätze, etwa im Tourismus- oder Dienstleistungssektor.

Auch Rentner, die die russische Staatsbürgerschaft abgelehnt haben, müssen Nachweise über ihre finanzielle Situation erbringen. Ukrainische Rentenzahlungen können nur auf dem Festland und unter Nachweis eines Status als Binnengeflüchteter abgehoben werden. Überweisungen auf die Krim fallen unter Sanktionen, daher ist es unmöglich, auf der Halbinsel selbst an das Geld zu kommen. Und auch wenn man sich die Mühe machen würde, mit einem Nachweis als Binnengeflüchteter ein privates ukrainisches Bankkonto auf dem Festland zu eröffnen, damit etwa Verwandte darauf Geld einzahlen können, so wäre es noch immer nicht möglich, die Gelder von der Krim aus zu verwalten, da Online Banking ebenfalls blockiert ist. Auch wenn der Weg durch die Grenzkontrollen nicht sehr weit ist, fehlt den Rentnern oft die Kraft dafür. Diejenigen, die ein eigenes Auto besitzen, müssen sich entscheiden, wo sie es nutzen wollen – auf der Krim oder auf dem Festland – und sich ein entsprechendes ukrainisches oder russisches Nummernschild anschaffen. Stellt ein Besitzer sein Auto auf dem Festland ab,

beispielsweise in der Oblast Cherson, wo derlei Dienste angeboten werden, müssen die anfallenden Kosten für einen Parkplatz berücksichtigt werden.

Bewohner der Krim mit ukrainischer Staatsbürgerschaft haben zudem kaum eine Möglichkeit, sich ihren Grundbesitz beglaubigen zu lassen, solange er nicht hinreichend „zu ukrainischen Zeiten" belegt und dokumentiert wurde. Dabei gibt es auf der Halbinsel traditionell viele solcher Grundstücke. Von hier wegziehen und sie zurückzulassen - das hieße im Grunde, sie der Besatzungsmacht zu überlassen.

Zahlungen von medizinischen Leistungen, zusätzliche Steuern, diverse Bußgelder - etwa dafür, dass ein Kind zwei Jahre in Folge ohne Dokumente gelebt hat, da in Russland Pässe ab dem 14. Lebensjahr vorgeschrieben sind, in der Ukraine aber bis 2016 erst ab dem 16. Lebensjahr: das alles sind die neuen Widrigkeiten des

Alltags, an die sich gewöhnen muss, wer auf der Krim ukrainischer Staatsbürger geblieben ist.

Die Möglichkeit zum Verzicht auf die russische Staatsbürgerschaft bestand nur für einen Zeitraum von wenigen Monaten im Frühjahr 2014. Russischen Statistiken zufolge haben ungefähr dreitausend Personen von dieser Möglichkeit Gebrauch gemacht. Nicht alle auf der Krim trauen dieser Zahl. Offiziell haben in Sewastopol - der Stadt, die als prorussische Bastion gilt - eintausend Personen den russischen Pass verweigert. Neben Sewastopol konnte man die Verzichtserklärung noch in Simferopol, Jewpatorija und Jalta einreichen. Wer das nicht geschafft hat, stand vor der Wahl, Staatsbürger der Russischen Föderation zu werden oder als Mensch ohne Papiere zu leben.

Es ist unmöglich zu sagen, wie viele Menschen die russische Staatsbürgerschaft zwar nicht abgelehnt, ihre russischen Pässe aber nicht abgeholt oder erhalten haben und daher *de facto* ohne Papiere leben. Aber es gibt viele von ihnen.

„2014 haben sie uns Aufenthaltsgenehmigungen für fünf Jahre ausgestellt. Ob man uns weiter in Ruhe lässt oder uns als ‚unzuverlässige Personen' einstuft - diesen Terminus verwenden beispielweise Lehrer in Schulen, in denen die Kinder ukrainischer Staatsbürger den Unterricht besuchen - werden wir in einem Jahr sehen", so meine verunsicherten Gesprächspartner.

Nichtsdestotrotz verleiht eine Aufenthaltsgenehmigung zumindest den Anspruch auf medizinische Hilfe. Doch mit ukrainischem Pass besteht das Risiko, nach der zweiten Ordnungswidrigkeit einfach von der Halbinsel abgeschoben zu werden. Selbst ein Schüler mit Aufenthaltsgenehmigung kann als unzuverlässig eingestuft werden. Die Familie, mit der ich mich unterhalte, sah sich gezwungen, ihr Kind aufgrund von Mobbing durch eine Lehrerin von der Schule zu nehmen. Daraufhin nahm der Schüler Fernunterricht via *Skype* bei einer Kyjiwer Dozentin. Mit einem auf diese Weise erworbenen Schulabschluss an einer ukrainischen Hochschule angenommen zu werden gestaltet sich jedoch alles andere als leicht.

Wir wollen uns ein sogenanntes *Zentrum des Ukrainetums* näher anschauen - so wird die Ukrainisch-Orthodoxe Kirche des Kyjiwer Patriarchats auf der Krim genannt.

Drei Jahre nach der Annexion ist den ukrainisch-orthodoxen Gläubigen auf der Halbinsel nur die Kirche der heiligen und apostelgleichen Wolodymyr und Olha in Simferopol geblieben. Im Sommer 2014 kam es zu einem Konflikt zwischen der Kirche des Kyjiwer Patriarchats und der Kirche in Perewalne - und im selben Zuge auch mit der Kirche in Sewastopol. Die Auseinandersetzung gipfelte in einer Brandstiftung gegen Besitztümer der Ukrainisch-Orthodoxen Kirche im Dorf Mramorne.

Dort erwarb die Ukrainisch-Orthodoxe Kirche des Kyjiwer Patriarchats sieben bebaute Grundstücke in einer Kleingartensiedlung, um darauf eine Kirche zu errichten. Man wollte dort auch ein orthodoxes Ferienlager für Kinder ausrichten, aber eines der Gebäude wurde niedergebrannt. Dem hiesigen Würdenträger Kliment schrieb man, dass keine Hinweise auf ein Verbrechen vorlägen, da man keinen Täter gefunden habe. Stattdessen gab man inoffiziell zu verstehen, dass vermutlich *„gerissene Elektrokabel"* oder *„herumliegende Scherben zersplitterter Glasflaschen durch Sonneneinstrahlung den Brand verursacht haben könnten"*.

Wir wollen dem Sonntagsgottesdienst beiwohnen, der die meisten Gläubigen anzieht, und sind daher schon frühmorgens vor Ort. Dieses Mal mussten wir länger als üblich auf die Einreiseerlaubnis an der russischen Grenzkontrolle warten. Der Kleinbus, der uns von Kyjiw nach Simferopol bringen sollte, fuhr daher ohne uns ab. Ohne russische Mobilfunkverbindung konnten wir uns nicht mit dem Fahrer in Verbindung setzen, und so blieben wir in der Kälte auf der einsamen, nächtlichen Straße nach Artemiwsk zurück. Anfang März lag die Temperatur auf der Krim bei zehn Grad unter null. Zu unserem Glück hatte nicht weit von uns entfernt ein vereinzelter Taxifahrer ausgeharrt, der sicher nicht schlecht an Pechvögeln wie uns verdient. Um sechs Uhr in der Frühe tönte die Hymne der Sowjetunion aus dem Autoradio, und bis zu unserer Ankunft in der Stadt hatten wir vermutlich Filipp Kirkorows gesamtes Repertoire durchgehört.

Auf den ersten Blick gleicht die Kirche der heiligen und apostelgleichen Wolodymyr und Olha einem irdischen Gebäude. Den Eingang schmücken vier riesige weiße Säulen und ein dreieckiger Bogen. Früher war dies das Garnisonshaus der Offiziere des Militärbezirks von Tawrija. Erzbischof Kliment, höchster Würdenträger des Bistums Cherson der Ukrainisch-Orthodoxen Kirche des Kyjiwer Patriarchats, bittet uns darum, keine Fotos von den Gesichtern der Gottesdienstbesucher zu machen.

Das Verhalten der Gemeindemitglieder macht auf uns einen verkrampften Eindruck.

„*Woher kommt ihr?*“, fragt uns eine freundlich lächelnde ältere Gläubige. Als sie erfährt, dass wir vom Festland sind, erkundigt sie sich: „*Dort, in Kyjiw, ist es dort nicht schlimm?*“

Viele Gemeindemitglieder sind bereits in fortgeschrittenem Alter und nur zum Beten gekommen, doch selbst sie wähnen sich nicht in Sicherheit. Andere erzählen uns, dass gelegentlich auch

Krimtataren in die Kirche kämen, nur um ihre Unterstützung für die Ukrainer zum Ausdruck zu bringen.

Wie jeden Sonntag wird auf Ukrainisch gebetet und gesungen. Während der Messe wird des Patriarchen des Kyjiwer Patriarchats Filaret gedacht. In diesem Augenblick fährt ein Trolleybus am Fenster vorbei, der mit Werbung für die anstehenden Präsidentschaftswahlen in Russland versehen wurde.

„*Entschuldigen Sie die Eile, aber wir sitzen hier auf einem Pulverfass*", sagt Erzbischof Kliment. Soeben ist der Gottesdienst zu Ende gegangen. Er muss sich beeilen, um noch den Bus nach Cherson zu erwischen, wo er ebenfalls die Messe leitet. Die Mehrheit der Priester des Kyjiwer Patriarchats sowie anderer Kirchen ist bereits im ersten Jahr der Besetzung auf das Festland gezogen. Auf die Krim reisen sie normalerweise einmal im Monat für die großen Feiertage.

„*Ob ich will oder nicht, jeder Gottesdienst fühlt sich an, als könnte er der letzte sein. Es gibt keine offene Verfolgung oder Druck, aber einen Konflikt mit dem staatlichen Eigentumsfond. Die Politik wird uns nicht verbieten, niemand will einen Skandal um die Zerschlagung der Kirche des Kyjiwer Patriarchats riskieren. Aber sie tun alles dafür, damit die Kirche von sich aus ihr Wirken einstellt. Der Eigentumsfond verlangt von mir, dass ich für das Gebäude eine astronomisch hohe Miete zahle.*" So äußerte sich Kliment schon 2017 gegenüber *Hromadske*.

Seitdem hat sich die Lage weiter zugespitzt. Kliment zufolge hat bereits eine andere religiöse Organisation Anspruch auf das Grundstück erhoben, welches damals der Kirche des Kyjiwer Patriarchats zugesprochen wurde. Währenddessen hat das Kulturministerium der Ukraine bislang keine Anstalten gemacht, auf eine Vereinbarung über die Registrierung der Kirche auf dem besetzten Territorium hinzuwirken, und eben diese Ungewissheit und Verzagtheit bei der Zusicherung des Gebäudes an die Kirche könnte deren Schicksal auf der Krim besiegeln.

Kliment erklärt, dass er sich mehrfach an die Abteilung für religiöse Angelegenheiten des Kulturministeriums gewandt und gefordert habe, wenigstens ein Dokument auszuarbeiten, welches den Status der Ukrainisch-Orthodoxen Kirche auf der Krim regelt. Aber nichts dergleichen ist geschehen. Damals kam die Antwort, dass das Bistum der Krim des Kyjiwer Patriarchats im Falle einer Registrierung auf der besetzten Halbinsel seine Registrierung in der Ukraine verlieren würde.

Auf Nachfrage von *Hromadske* reagierte das Ministerium mit folgender Stellungnahme: *„Das Kulturministerium hat alle Dokumente vorbereitet, die erforderlich sind, um die Frage des juristischen Status und der Übertragung des Grundbesitzes in Simferopol, auf der sich das Zentrum des Bistums der Krim befindet, an die erzbischöfliche Leitung durch das Ministerkabinett der Ukraine überprüfen zu lassen."*

„Die Ukrainische Kirche ist das vielleicht einzige ukrainische, das noch auf der Krim verblieben ist." Aus den Worten Kliments klingen Müdigkeit und Enttäuschung darüber, dass er sich seit Jahren gezwungen sieht, das Offenkundige zu wiederholen.[37]

Ohne Sprache

Einen Ort zu finden, an dem man sich auf Ukrainisch mit Journalisten unterhalten kann, ist nicht einfach. Unsere Gesprächspartner sind eingeschüchtert: Hotels sind ungeeignet, sie könnten verwanzt sein, und die Cafés sind voll mit fremden Menschen. Ein auf Ukrainisch geführtes Gespräch in einer *Marschrutka*, einem Taxi oder einem Café könnte unnötige Aufmerksamkeit erregen. Die Sprache ist bereits zum Zeichen der Dissidenten geworden, zum Zeichen

---

37 2017 wird das Besatzungsgericht entscheiden, dass die Gemeinde 110 Quadratmeter im ersten Stockwerk des Gebäudes abzutreten hat. Im Sommer 2017 wird das Gebäude versperrt und versiegelt, das Eigentum der Kirche wird beschlagnahmt. Im Februar 2019 wird das russische Ministerium für Eigentums- und Grundbesitzfragen auf der Krim verlangen, dass die Kirche das Gebäude vollständig räumt – und dies damit begründen, dass der Mietvertrag mit der Ukrainisch-Orthodoxen Kirche des Kyjiwer Patriarchats ausgelaufen sei und die Kirche dem Staat noch Geld schulde. Zu diesem Zeitpunkt wird die Kathedrale bereits ein Teil der Orthodoxen Kirche der Ukraine sein. Erzbischof Kliment wird sich gegen diese Darstellung verwehren und darauf hinweisen, dass er bereits 2014 die Miete (eine Hrywnja pro Jahr) im Voraus bis 2050 an den Immobilienfond der Autonomen Republik gezahlt habe. Im Juli 2019 erzwingt das von Russland kontrollierte Schiedsgericht der Krim die Übergabe des Gebäudes an das Ministerium. Und während Kliment auf einer Konferenz zum Schutz der Religionsfreiheit in den USA sein wird, beginnt im Gotteshaus ohne Vorwarnung eine sogenannte „Innenrenovierung" der Räumlichkeiten (Anm. d. Autorin).

der politischen Haltung. Die Besatzungsmacht und ihre Unterstützer können die Tatsache nicht leugnen, dass die Krimtataren die ursprüngliche Bevölkerung der Halbinsel sind. Ukrainer aber haben gemäß der Idee der „Russischen Welt" die vermeintliche Wahl, Russen zu werden und sich zu assimilieren.

„Dem Fach nach bin ich Russistin. Mittlerweile hat dieses Wort ja eine neue Bedeutung bekommen. Aber in meinem Diplom steht schwarz auf weiß, dass ich Dozentin für russische Sprache und Literatur bin. Und die Literatur ist doch ein Teil unseres Geisteslebens. Ich habe die russische Literatur geliebt, und ich liebe sie auch heute noch. Genauso wie ich die ukrainische Literatur liebe", sagt Olena Popowa, Aktivistin des Ukrainischen Kulturzentrums auf der Krim. Bei unserem Spaziergang durch das eisigkalte Simferopol haben wir Probleme, einen Ort für unsere Unterhaltung zu finden. Das Café, in das wir einkehren wollten, hat geschlossen.

Das Zentrum gibt die einzige ukrainischsprachige Zeitschrift *Krymskij Teren* (*Schlehdorn der Krim*) heraus. Sie erscheint in einer Auflage von 500 Exemplaren und informiert über ukrainische Kultur und interessante Veranstaltungen, wie etwa den Abend zu Ehren von Lesja Ukrajinka: *„Wir sind für die Liebhaber der ukrainischen Sprache da, für diejenigen, die das Bedürfnis nach einer ukrainischen Stimme auf der Krim verspüren. Wenn man mich fragen würde, würde ich nicht sagen, dass wir das Sprachrohr von irgendwem sind. Wie auch? Wir sind eine Gruppe von Amateuren, unter uns sind keine professionellen Journalisten, das Magazin ist nicht registriert, und eine Redaktion haben wir auch nicht. Kyjiwer Kollegen haben uns sogar schon als ‚halbe Zeitung' bezeichnet. Und ich habe nichts dagegen."*

Leicht gereizt betont Olena, dass ihr Schaffen keinesfalls glorifiziert werden sollte. Überhöht man die Motive dieser Menschen, die lediglich an der Bewahrung der Sprache interessiert sind, dann kann das Aufmerksamkeit erregen und eine Politisierung nach sich ziehen, die sich in letzter Konsequenz zu einer Bedrohung auswachsen könnte: *„Bei der Arbeit an früheren Ausgaben sind wir unvorsichtig geworden und haben zu viel mit Journalisten geplaudert. Wir haben herumerzählt, dass man uns in Ruhe lässt, dass die Menschen ein gutes Verhältnis zu uns haben, und dass es bei der Verteilung der Zeitschrift* *auf der Straße keine Probleme gibt. Das ist auf uns zurückgefallen. Irgendwer wird sich gedacht haben, dass man darauf reagieren müsse. Deswegen verspüre ich momentan keinen besonderen Wunsch, auf Details einzgehen.*

Wir wissen selbst nicht, wie der morgige Tag aussehen wird. Wird es die Zeitung oder unsere Veranstaltungen noch geben? Heute besteht die Möglichkeit noch. Das ist unsere geistige Nahrung, wir machen das hauptsächlich für uns selbst. Eine Mission gibt es nicht, daher werde ich hier auch keine großen Reden schwingen. Doch wir halten unser Tun für notwendig, weil es viel positive Rückmeldung gibt."

Olena erklärt, man habe die Veröffentlichung von Inseraten für Kurse in Stickerei eingestellt. Liebhaber würden auch so weitersticken; für sie sei diese Tätigkeit eine ureigene Form der Meditation. Weiterhin auf den Veranstaltungsort hinzuweisen hieße, sich einer vermeidbaren Gefahr auszusetzen.

Das Titelthema der letzten Ausgabe von *Krymskij Teren* war der Brand eines weiteren *Zentrums des Ukrainetums* auf der Krim – dem Lesja-Ukrajinka-Museum in Jalta. Zwei Jahre zuvor, im Frühling 2016, war es nach dem Einsturz des Daches für Renovierungsarbeiten geschlossen worden. Den Großteil der Ausstellungsstücke gab man zur Aufbewahrung fort.

In Jalta sind wir selbst Zeugen der Verwandlung des Museums geworden, welches einst die gesamte zweite Etage des Lischtschinskij-Herrenhauses belegte. Nunmehr ist es nur noch eine dunkle Zimmerecke mit ein paar Fotografien und zwei Tischlein im literaturhistorischen Museum der Stadt.

Wir hatten Kameras dabei und gaben vor, Touristen zu sein. Die Kassiererin fragte, ob wir noch Studenten seien. Wir verneinten nicht, und ich scherzte mit meinem Kameramann, dass man uns hoffentlich auch noch mit 40 für Studenten halten wird.

Lesja Ukrajinka hat mindestens drei Jahre ihres Lebens auf der Krim verbracht.

Wir blieben gedankenverloren vor ihrem Porträt stehen, um in gespielter Naivität zu fragen: „*Und wer ist das*?" Die Mitarbeiterin senkte die Stimme und erklärte beiläufig, das sei so eine bekannte ukrainische Poetin, die mal in Jalta gewesen sei. Dann setzte sie die Exkursion ohne Umschweife fort.

Nach der Annexion der Halbinsel kündigte die alte Museumsleitung. Die neue Belegschaft ist sehr zurückhaltend mit ihren Aussagen. Man erklärte uns, dass in Kürze Gelder eintreffen würden, und fügte hinzu, dass schon „zu ukrainischen Zeiten" das Geld zur Renovierung knapp gewesen sei.

An der Außenseite des Museums ist eine zweisprachige Gedenktafel angebracht, zuerst auf Russisch, dann auf Ukrainisch: „Hier lebte im Jahre 1897 die große ukrainische Schriftstellerin Lesja Ukrajinka". Vor dem Gebäude wurde zu sowjetischen Zeiten eine Statue aufgestellt. Der Schöpfer hat die Poetin am Meeresrufer sitzend dargestellt. Zur Uferpromenade von Jalta sind es 150 Meter den Berg hinunter. Trotz des kalten Windes spielen dort viele Kinder. Geht man einige Schritte weiter nach Osten in Richtung des Lenin-Denkmals, kann man ein riesiges Wandgemälde mit einer Darstellung von Wladimir Putin bewundern.

Um von Simferopol nach Jalta zu gelangen, haben wir es gerade noch in das letzte öffentliche Verkehrsmittel geschafft – einen Trolleybus. Im Vergleich zu einer *Marschrutka* fährt dieser bis spät in die Nacht und kostet mit 184 Rubel nur das Zehntel einer Taxifahrt. Allerdings ist er drei Stunden unterwegs. An den steilen Berghängen spürt man den starken Wind selbst in der Kabine. Wir haben es uns in den hinteren Sitzreihen bequem gemacht und sind die einzigen Passagiere. Von Zeit zu Zeit prasselt Geäst auf den Wagen, und der Fahrer hält an, um es zu entfernen. Ich fühle mich sofort an meine Kindheit erinnert.

Um Mitternacht sind wir in Jalta. Wie immer haben wir den ganzen Tag auf den Beinen verbracht und noch nichts gegessen. Dennoch entschließen wir uns zu einem Spaziergang am Meer, um die frische Brise einzuatmen und anschließend vielleicht sogar noch zu Abend zu essen. Zaghaft blättern wir durch die Speisekarte: Fleischgerichte kosten an die 2.500 Rubel (etwa 35 Euro). Auf der besetzten Krim richten wir uns prinzipiell nach den ukrainischen

Tagegeldern, also 200 Hrywnja pro Tag. Mein Kameramann versucht herauszufinden, welches Gericht besonders sättigend ist. Ich empfehle ihm Kartoffeln, aber er entscheidet sich für eine Brühe zu 700 Rubel (knapp zehn Euro).

Zum ersten Mal seit 2014 reise ich nicht alleine auf die Krim, sondern mit einem Kollegen, der im professionellen Umgang mit der Kamera geschult ist. In all diesen Jahren haben wir kaum ein einziges qualitativ hochwertiges Video von der Halbinsel mitgebracht. Nur kurze, mit der Handykamera gefilmte Interviews und so gut wie keine Landschaftsaufnahmen. Das Thema Krim ist ohnehin nicht sonderlich populär, weshalb man die Aufmerksamkeit eines breiteren Publikums nur mit wirklich gutem Material gewinnen kann. Zu zweit zu reisen ist natürlich etwas kostspieliger. Während es mir früher möglich war, bei Bekannten unterzukommen, wo sich leicht ein freies Bett findet, hat man es zu zweit schon schwerer. Auf diese Weise wird einem bewusst, wie teuer ein Besuch auf der Halbinsel geworden ist. Eine andere Frage betrifft die Sprache.

Wenn man alleine unterwegs ist, schweigt man die meiste Zeit einfach vor sich hin. Im Laufe unserer Zusammenarbeit haben mein Kollege und ich uns daran gewöhnt, nur auf Ukrainisch miteinander zu reden. Hier haben wir uns dazu entschlossen, uns in öffentlichen Transportmitteln oder Taxen auf Russisch zu unterhalten. Und da sich für uns, die wir beide bilingual sind, der Wechsel von einer Sprache in die andere im Laufe eines Gesprächs in Kyjiw vollkommen unterbewusst vollzieht, fühlt sich die Selbsteinschränkung auf der Krim in höchstem Maße unnatürlich an. Wir mögen zwar professionelle Journalisten sein, die im Laufe ihrer Karriere die ein oder andere heikle Situation erlebt haben und häufig in feindseligem oder aggressivem Umfeld unterwegs waren – dennoch bleibt es ein seltsames Gefühl, beim Verwenden der Muttersprache im eigenen Land auf der Hut sein zu müssen.

So in etwa müssen sich ukrainische Dissidenten zu Sowjetzeiten gefühlt haben.

Ohne Wahl

Wo auch immer wir gewesen sind – in der ukrainischen Kirche, im Lesja-Ukrajinka-Museum, bei den Familien der politischen Gefangenen – überall fielen uns die Umschläge, Flyer und Aushänge mit der russischen Flagge und dem Slogan „Wähle die Zukunft" ins Auge.

In drei Wochen sollen die russischen Präsidentschaftswahlen stattfinden. Der Kreml hat sie symbolträchtig auf den vierten Jahrestag der Annexion, den 18. März 2018, gelegt. An jenem Tag im Jahr 2014 fand der formale Anschluss des besetzten Territoriums an die Russische Föderation statt.

Und obwohl die Werbetrommel im Wahlkampf kräftig gerührt wird, entdeckt man nur vereinzelt das Konterfei des wichtigsten Präsidentschaftskandidaten Wladimir Putin. Dieser flog am 14. März zu einer Kundgebung nach Sewastopol, die als Abschlussveranstaltung des Wahlkampfs angekündigt worden war. Sein Auftritt auf dem Nachmow-Platz dauerte etwas mehr als eine Minute. Vor allem sehen wir Wahlplakate der „Liberal-Demokratischen Partei Russlands" und des Kandidaten der kommunistischen Partei – dem Millionär und Agrarunternehmer Pawel Grudinin.

„Stimmen wir für die Zukunft" – so lautet der Ruf an die Wahlurnen und der offizielle Slogan dieser Kampagne. Wie diese Zukunft aussehen soll, darüber besteht kein Zweifel. Es genügt ein Blick auf die Reklametafeln entlang der Straßen und Wege, die einst den „Krim-Frühling" bewarben und heute eine neue Realität verheißen: „Lasst uns Brücken bauen. Lasst uns die Zukunft bauen", „Lasst uns die Krim aufbauen. Lasst uns die Zukunft bauen".

Das wichtigste Anliegen – und gleichzeitig die größte Herausforderung – bei diesen Wahlen besteht in der Demonstration einer hohen Wahlbeteiligung. Sie soll Zeugnis darüber ablegen, dass die Krim ihren Willen zu den Wahlurnen getragen hat und dass ihre Bevölkerung loyal zu den Besatzern steht.

Eine Gesprächspartnerin erzählt mir von einer Unterhaltung mit Freundinnen in der *Banja*: *„Mädels, bald sind ja Wahlen. Für wen stimmen wir?“ „Was gibt es da groß zu diskutieren? Das steht doch ohnehin fest.“*

Eine Opposition kann es auf der Krim nicht geben. Denn eine Opposition, die die Besatzungsmacht nicht anerkennt und ihre Ansichten nicht teilt, wird auch den Wahlvorgang selbst nicht anerkennen. Die Abstimmung auf der annektierten Halbinsel stellt die Legitimität des russischen Präsidenten in Frage, da dieser zu einem Teil mit ungültigen Stimmen zu seinem Amt gekommen ist. Dennoch hat die internationale Gemeinschaft die vorausgegangenen Parlamentswahlen in Russland der Kritik von Menschenrechtsaktivisten zum Trotz anerkannt und die Krim-Frage dabei geflissentlich ignoriert.

Diejenigen, die die Wahlen boykottieren, schweigen meist. Auf den ersten Blick wirkt das wie subversiver ziviler Ungehorsam. Beschwerden über den Einsatz von „administrativen Ressourcen“ – also die Ausübung von Druck auf Staatsbedienstete, damit diese ihre Stimmen bei der Wahl an den richtigen Kandidaten vergeben –, machen in verschlüsselten Chatgruppen die Runde.

Am 1. März 2018 führten Mitarbeiter des Innenministeriums und des FSB in Sewastopol Razzien bei den lokalen Anarchisten Oleksij Prisjaschnjuk, Artem Worobjow, Ihor Panjuta, Oleksij Schostakowitsch und Iwan Markow durch.

Drei Tage zuvor hatte Schostakowitsch in der Gruppe „Anarchisten Sewastopol“ des sozialen Netzwerks *vKontakte* eine Ankündigung veröffentlicht. Darin hieß es, man plane für den 10. März im Zentrum der Stadt eine Kundgebung unter dem Motto: „Das Präsidentenamt bedeutet den Rückfall in die Monarchie“. Ferner erinnerte er an das „von der Verfassung garantierte Recht der Bürger, die Teilnahme an den Wahlen zu verweigern“. Die Sache landete auf dem Schreibtisch des Gouverneurs von Sewastopol Dmytro Owsjannykow.

Die Festnahme von Schostakowitsch und Markow fand unter Anwendung von Gewalt statt. Die Anschuldigung belief sich auf die Verbreitung extremistischen Materials. Gestützt auf die Behauptung, dass „die Gruppe eine provokative Aktion gegen die Durchführung der Präsidentschaftswahlen der Russischen Föderation plane", wurden sie zu zehn und elf Tagen Haft verurteilt. Kurze Zeit später, im Frühling 2018, kehrte Oleksij Schostakowitsch der Halbinsel den Rücken.

Jeder Winkel der Insel wird in rasender Geschwindigkeit physisch und mental umcodiert durch russische Bezeichnungen, die für die Krim untypisch sind: *„Wir fragen uns, was nach dem Ende der Besetzung sein wird. Was wird hier zurückbleiben? Wie machen wir uns davon frei? Haben wir die Möglichkeiten dazu?"*, fragt eine Interviewpartnerin: *„Es wird die ganze Zeit behauptet, dass es keine Ukrainer auf der Krim gibt. Das hören wir sowohl vom Festland als auch vonseiten der lokalen Machthaber. Aber wenn wir einmal weg sind, werden wir nicht mehr darüber schreiben können, was hier vor sich geht, und nicht mehr wissen, wie es wirklich ist."* Olenas Worte klingen in meiner Erinnerung nach: *„Die letzte ukrainische Zeitung."*

„Die ukrainische Kirche ist das einzige ukrainische, das noch auf der Krim verlieben ist."

„Eine kleine Zimmerecke für Lesja Ukrajinka anstelle eines Museums."

Dazu die innere Migration und das Zwischenmenschliche, das sich auf die eigene Familie reduziert.

Diejenigen, mit denen wir uns auf der Krim unterhalten haben und die sich ihre ukrainische Staatsbürgerschaft, ihre Kultur, Sprache und ihren Glauben bewahren, deren bloße Anwesenheit daran gemahnt, dass die Halbinsel besetzt ist – sie alle eint das Gefühl, dass jeder von ihnen der letzte ist. Sie tauschen sich mit großer Vorsicht aus, und sie meiden einander. Aus Sicherheitsgründen.

Krimnasch versus *Artek*

Wir treffen Ihor Baryschnikow, den stellvertretenden Vorsitzenden der Bürgerbewegung *Krimnasch*, auf dem Platz vor dem Gebäude des Amtsgerichts von Aluschta. Noch ist der graubärtige Mann in dunkler Sportjacke allein. Baryschnikow ist gekommen, um die verhafteten Aktivisten Pawel Stepantschenko, Mitglied der Stadtverordnetenversammlung von Aluschta, und Oleksij Nasimow, Chefredakteur des Stadtmagazins *Twoja Gaseta* (*Deine Zeitung*) zu unterstützen. Ihnen drohen bis zu sieben Jahre Haft. Im Jahr 2014 haben Stepantschenko und Nasimow die Annexion der Krim zwar unterstützt, im Anschluss daran jedoch die örtlichen Machthaber in aller Öffentlichkeit der Korruption bezichtigt – dabei handelte es sich um Mitglieder der ehemaligen „Partei der Regionen", die nach der Okkupation der Partei „Einiges Russland" beigetreten sind. Aus diesem Grund erfand man eine Anklage gegen die beiden. Angeblich sollen sie Schweigegeld verlangt haben, andernfalls drohten sie mit der Veröffentlichung von rufschädigenden Informationen. So stellen es Baryschnikow und der Anwalt Oleksij Ladin, der die Angeklagten vertritt, dar. Ladin zählt eine Reihe von Argumenten auf, die die Rechtswidrigkeit des Prozesses belegen sollen. Er ist soeben aus Moskau eingeflogen – jedoch völlig umsonst, denn wie sich herausstellt, wird die Sitzung zum wiederholten Male verschoben. Ladin ist Jurist bei der namhaften russischen Menschenrechtsorganisation *Agora*, die sich auf den Rechtsbeistand für politische Gefangene von der Krim ungeachtet ihrer Überzeugung spezialisiert hat. Ladin kümmert sich unter anderem um die Angelegenheiten der inhaftierten Krimtataren, die im Fall „Hizb-ut-Tahrir" unter Anklage stehen, und schildert die vollständige Abwesenheit von Rechtstaatlichkeit auf der annektierten Krim.

Einen solchen Anwalt – unparteiisch und bereit, gegen diejenigen vor Gericht zu ziehen, die von den Machthabern auf der Krim gedeckt werden – sucht auch Baryschnikow für seine Gemeinde im benachbarten Hursuf, die er ebenfalls vertritt. In Hursuf befindet sich das legendäre Jugendlager *Artek*, mit dem die Anwohner unter Baryschnikows Führung einen ungleichen Kampf führen – bislang ohne Erfolg. Zu diesem Zeitpunkt widersetzen sie sich bereits seit zweieinhalb Jahren der Bebauung des größten örtlichen Strandes. Nun sinnt Baryschnikow über eine Möglichkeit nach, den Giganten von der Krim vor ein internationales Gericht zu zerren: *„Das Territorium von Artek erstreckt sich zum Teil auch auf den städtischen Grund und Boden von Hursuf. Vor Gericht haben wir versucht, zu beweisen, dass sich der Boden im Besitz der Gemeinde befindet. Wir – das sind die Antragsteller, hinter denen die Mehrheit der Einwohner von Hursuf stehen. Sie können den Strand nicht länger nutzen."*

Zweimal hat die Bürgervereinigung von Hursuf versucht, vor Gericht das Recht auf den Strand zu erwirken, beide Male entschied das Gericht zu ihren Ungunsten. Im Gegensatz zu den Kritikern der Bebauung haben lokale Medien Beiträge von Bloggern verbreitet, in denen der Strand von Hursuf als schmutzig und ungepflegt beschrieben wird. Weiter hieß es, dass *Artek* zumindest wieder Ordnung schaffen würde und in Zukunft selbst Kinder wieder den Strand nutzen können. Die Bauarbeiten haben 2015 begonnen. Seitdem ist das Territorium von einem drei Meter hohen Zaun umgeben. Wer wollte, konnte noch ein Jahr lang neben der Baustelle baden gehen. Seit 2016 haben die Anwohner überhaupt keinen Zutritt mehr zum Strand.

Die beste Sicht auf die Baustelle am Meer hat man vom Berg Bolhatur. Wir steigen gemeinsam mit Baryschnikow hinauf. Er kennt hier jeden Stein: *„Dort drüben bauen sie das Lager Sonjatschnij. Die Arbeiter sehen sich mit einer Unmenge an Schwierigkeiten konfrontiert, da der Untergrund aus dichtem Treibsand besteht"*, erklärt der Mann, während er auf die Baustelle zeigt, die man von hier oben sehr gut überblicken kann: *„Außerdem befanden sich dort archäologische Ausgrabungsstätten und eine mittelalterliche Basilika. Der muslimische Friedhof hinter den Gebäuden ist von hier aus nicht zu sehen. Als ich ein Kind war, konnte man noch Grabsteine mit Gravuren in arabischer Schönschrift finden."* Gelegentlich schweift er in nostalgische Erinnerungen an seine Kindheit und Jugend in Hursuf ab.

Baryschnikow zufolge setzt sich die Bürgervereinigung schon seit langer Zeit dafür ein, an dieser Stelle ein Naturschutzgebiet anzulegen. Er deutet auf die berühmten krimtatarischen Denkmäler – die Adalar-Felsen und die Genueser Festung in Hursuf, die sich

hinauf auf den Berg Ayudar erstreckt. Die Baustelle verdirbt den Blick auf die Küstenlandschaft davor: *„Sehen Sie, wie schlimm das aussieht? Ein Teil der Baugenehmigungen wurde noch zu ukrainischen Zeiten vergeben, die Mehrheit aber schon unter Russland. Ich finde das falsch. Dieses Stück Land hätte man nicht verschandeln dürfen. Es ist das Herzstück von Artek. Man kann nicht einfach die Einwohnerzahl erhöhen, ohne die dafür nötige Infrastruktur bereitzustellen. Unsere Abwasserleitungen sind in katastrophalem Zustand"*, sagt er.

„Geboren in der Sowjetunion" – so Baryschnikow über sich selbst. Er erzählt, dass er in der russischen Kultur aufgewachsen sei und in Russland studiert habe. Der stellvertretende Vorsitzende von *Krimnasch* ist überzeugt, dass die Beziehungen zur Ukraine früher oder später wieder aufgenommen werden. Ebenso glaubt er an „Gesandte" des „Rechten Sektors", die im Februar 2014 angeblich auf die Krim gekommen seien. Die Annexion bezeichnet er als *„Übertritt der Krim aus der ukrainischen in die russische Gerichtsbarkeit"* und ist sich sicher, dass ein wesentlicher Teil der Ukrainer bereits

akzeptiere, wie die Mehrheit der Krimbevölkerung beim Pseudoreferendum gestimmt habe.

„Dass nicht alles, was versprochen wurde, auch in die Tat umgesetzt wird, steht auf einem anderen Zweig. Wenn wir uns etwa den Gesundheitssektor oder staatliche Dienstleistungen anschauen, dann hat es definitiv eine Verbesserung gegeben. Alles funktioniert ganz ohne Warteschlange. Gleichzeitig haben sie in Hursuf die Überbleibsel der kommunalen Selbstverwaltung abgeschafft. Die Straßen werden nicht anständig asphaltiert, die Ordnung nicht eingehalten, aber das sind Nebensächlichkeiten", erzählt Baryschnikow.

Mit den örtlichen Machthabern hat man sich nicht einigen können. Nach der Annexion hat Russland eine Verwaltungsreform durchgeführt, der die örtliche Selbstverwaltung zum Opfer fiel, sodass Hursuf nun von Jalta aus verwaltet wird. Die Anwohner haben sich an den selbsternannten „Anführer" der besetzten Halbinsel, Aksjonow, ja sogar an den russischen Präsidenten Putin gewandt. Ohne Erfolg.

„Haben Sie keine Angst, eine so engagierte Haltung zu beziehen und so offen und zudem auf Ukrainisch mit den Medien zu reden?"

„Nun, wie Sie sehen, verberge ich meine Gedanken nicht vor Ihnen. Angst sollte man nur vor der Angst selbst haben. Machen Sie mich nur nicht zum Helden des ukrainischen Widerstands, denn dann stecken sie mich gleich zu Nasimow in die Zelle", antwortet Baryschnikow und steigt in die *Marschrutka* nach Jalta.

Sie wird mindestens eine Viertelstunde an der hohen Mauer von *Artek* entlangfahren.

***

„Also habt ihr ja doch einen Helden aus mir gemacht?", tönt es aus dem Hörer. Genau ein Jahr später bin ich auf die Krim zurückgekehrt und telefoniere mit Ihor Baryschnikow. Vor dem Gespräch überzeuge ich mich davon, dass wir auch wirklich alles so wiedergegeben haben, wie er es gesagt hat. Die Beziehungen des ukrainischen Fernsehens zu Aktivisten von *Krimnasch* stehen nicht zum Besten. Wer weiß, wie es dieses Mal um Baryschnikows Stimmung bestellt ist: *„Wie sieht es bei euch aus? Hat sich etwas verändert?"*

„Nee, alles beim Alten. Wir kämpfen immer noch gegen Artek. Mittlerweile haben wir einen Anwalt“, erklärt er.

Zu diesem Zeitpunkt ist das Verfahren gegen Nasimow und Stepantschenko im Grunde abgeschlossen. Nicht gerade zu ihren Gunsten, aber auch nicht mit drakonischen Strafurteilen. Im Herbst 2018 wurde Oleksij Nasimow zu vier Jahren und sieben Monaten Haft in einer Strafkolonie verurteilt, Stepantschenko zu drei Jahren und neun Monaten. Ihr Kollege Andrij Obljesow, mit dem sich unsere Wege im Gericht von Aluschta gekreuzt haben, hat drei Jahre auf Bewährung erhalten. Zudem hat man ihnen die halbe Dauer ihrer Untersuchungshaft seit Herbst 2016 angerechnet. Keiner der beiden hat sich schuldig bekannt. Baryschnikow spricht mit leiser Stimme über die Angelegenheit.

Stepantschenko wird am 3. Oktober 2019 freigelassen. Er besteht darauf, dass ihn Vertreter des FSB gefoltert haben, verlässt Aluschta und versucht, die Sicherheitsbeamten zur Verantwortung zu ziehen. Nach der Anzeige ließen ihm Unbekannte eine Warnung zukommen. Oleksij Nasimow ist am 1. November 2019 freigekommen und hat die Krim verlassen.

Was den Streit mit *Artek* anbelangt, so hat man die Sache an den Europäischen Gerichtshof für Menschenrechte weitergereicht. Ich schlage Baryschnikow ein Treffen vor, um über Hursuf und den Strand zu sprechen, aber auch, um sein Fazit zum fünften Jahrestag der Annexion zu erfahren. Zur Antwort bekomme ich zu hören: *„Das ist sinnlos. Ich habe euch nichts Neues zu sagen. Meiner Meinung nach gibt es sowohl in Russland als auch in der Ukraine gute Leute. In diesen fünf Jahren ist manches besser, anderes schlechter geworden. Ihr kennt meinen Standpunkt. Meine Heimat ist die Sowjetunion. Und daran wird sich nichts ändern.“*

Einmal um die halbe Welt: Der Fall Senzow-Koltschenko

Bis heute ist er mein einziger Freund auf *vKontakte*: „Wlad Beetle“ – fast wie die *Beatles*, aber nach dem englischen Wort für „Käfer“. Wlad Shuk ist der Hauptdarsteller in Oleh Senzows Film *Gamer*. Der Streifen handelt von einem Jungen aus einer Kleinstadt auf der Krim, der sich für Computerspiele begeistert und bei der entsprechenden Weltmeisterschaft den zweiten Platz belegt. Der Laiendarsteller lernte Oleh drei Jahre vor Beginn der Dreharbeiten kennen. Senzow betrieb einen Computer-Klub in Simferopol und setzte sich für die Popularisierung von *E-Sports* ein. Er scharrte *Gamer* um sich, die die Krim auf der ukrainischen und auf der globalen Arena vertreten sollten. Wlad spielte in seinem Team. Und als Oleh einen Hauptdarsteller für seinen ersten Spielfilm suchte, war er zur Stelle. Nach dem Erscheinen von *Gamer* setzten sie ihre gemeinsame Arbeit im Rahmen des Filmprojekts *Nosorih* (*Nashorn*) fort, in dem es um mafiöse Strukturen der 90er Jahre geht.

In der Ukraine ist das soziale Netzwerk *vKontakte* nur per *VPN-Client* zugänglich. Die Bedienung ist einfach, aber ich vergesse andauernd, mein Postfach auf neue Nachrichten zu überprüfen, die ich nur von einer einzigen Person erhalte. Und so bemerke ich die Einwilligung zu einem Treffen erst in letzter Minute.

Wlad teilt Senzows Ansichten zum Maidan nicht. Ich weiß das – und ich weiß auch, dass er *„einen großen Bogen um Politik mache“* und nicht bereit ist, *„über Politik zu diskutieren“*. Gleich in seiner allerersten Nachricht erinnert er mich daran. Im Gegensatz zu anderen Bekannten Olehs, die auf der annektierten Krim geblieben sind und sich hüten, über politische Gefangene des Kremls zu reden, ist Wlad bereit, über die Person Oleh zu sprechen. Unter anderem soll es um die Zusammenarbeit mit ihm als Regisseur gehen – sofern es dazu beiträgt, die Erinnerung an ihn, der in der Arktis inhaftiert ist, wachzuhalten.

Senzow wurde im Mai 2014 auf der Krim verhaftet und im August 2015 in Rostow am Don für eine frei erfundene Geschichte verurteilt. Man beschuldigte ihn, eine terroristische Vereinigung gebildet und angeführt zu haben; Saschko Koltschenko, Hennadij Afanasjew und Oleksij Tschirnij wurde die Beteiligung an dieser Vereinigung zur Last gelegt. Seinen Anwälten zufolge zählten neben denen, die unter Folter gegen ihn ausgesagt haben, auch verurteilte Kriminelle, informelle und gar offizielle Mitarbeiter des FSB zu den Zeugen der Anklage.

Auch wenn die Namen Senzow und Koltschenko jedem geläufig sein sollten, der sich auch nur am Rande für die Krim und den Krieg interessiert, so sind die Details des Falls nur einem kleinen Kreis bekannt. Im Kern geht es um Folgendes: Oleksij Tschirnij, ein Liebhaber historischer *Reenactments*, der aufgrund psychischer Probleme vom Militärdienst befreit wurde, hatte im Winter 2013/2014 auf einer proukrainischen Demonstration die Bekanntschaft des jungen Fotografen Afanasjew gemacht. Es folgten mehrere Treffen, bei denen auch Oleh Senzow anwesend war.

Tschirnij kannte auch Saschko Koltschenko. Die beiden waren sich bei archäologischen Ausgrabungen über den Weg gelaufen. Nach der Annexion fasst Tschirnij den Plan, eine Lenin-Statue in die Luft zu sprengen, und weiht einen Bekannten ein, der ihn daraufhin beim FSB denunziert. Dem Denunzianten gibt man eine versteckte Kamera und weist ihn an, sämtliche Treffen mit Tschirnij aufzuzeichnen. Zwei weitere Bekannte mit den Spitznamen Deuce und Kirjuscha, die Tschirnij für die Sprengung des Denkmals gewinnen wollte, entpuppen sich als Mitglieder der sogenannten Bürgerwehr der Krim und sagen ebenfalls vor Gericht gegen ihn aus. Auf den Aufnahmen der versteckten Kamera wird Senzow mit keinem Wort erwähnt, doch vor Gericht wird Tschirnij den Regisseur beschuldigen. Im Gegenzug erhält er eine mildere Strafe – sieben Jahre Freiheitsentzug. Afanasjew unterschreibt eine Zeugenaussage, widerruft sie jedoch ein Jahr später im Gerichtssaal und erklärt, diese sei unter Folter erzwungen worden.

Im April 2014 führen Tschirnij, Afanasjew, Koltschenko sowie zwei Burschen namens Suikow und Borkin, die einer Festnahme entgehen konnten, zwei Brandstiftungen in Simferopol durch.

Diese Taten haben sie gestanden. Am 14. April 2014 hatte das Büro der Partei „Russische Einheit", das während der Annexion als Zentrale der „Bürgerwehr" diente, gebrannt. Auf den Aufnahmen der Überwachungskamera, die vor Gericht gezeigt werden, ist zu sehen, wie sich gegen vier Uhr morgens zwei Vermummte dem Büro nähern. Der erste kippt zunächst eine Flüssigkeit gegen die Tür, der zweite schnipst einen Zigarettenstummel dagegen. Dann rennen beide davon, doch zunächst entstehen keine Flammen. Einen Augenblick später kehrt einer der beiden zurück, hält ein Feuerzeug gegen die Tür und verschwindet erneut in die Dunkelheit. Sofort geht die Tür in Flammen auf. Wenige Minuten später löschen Wachleute das Feuer. Der Gesamtschaden wird auf 30.000 Rubel (rund 420 Euro) geschätzt. Die Anklage stuft die Tat als „Terroranschlag" ein, obwohl nur eine Tür in Brand gesetzt wurde. Nur handelt es sich bei keiner der beiden Personen auf dem Video um Saschko Koltschenko. Er wird sich erst an der zweiten Brandstiftung beteiligen. In der Nacht zum 18. April brennt es in den Räumlichkeiten der „Partei der Regionen", die bereits von der Partei „Einiges Russland" in Beschlag genommen wurden. Durch das Feuer werden die Büroküche und ein Fenster in Mitleidenschaft gezogen. Der Schaden wird auf 200.000 Rubel (rund 2.800 Euro) beziffert. Auch diese Brandstiftung wird vonseiten der Anklage als „Terroranschlag" eingestuft. Afanasjew und Tschirnij bestehen darauf, dass Senzow der geistige Brandstifter hinter den eigentlichen Taten war. Koltschenko gibt als Motiv an, dass er der Partei, die *„Putin erlaubt hat, Streitkräfte in die Ukraine zu überführen"*, materiellen Schaden zufügen wollte. Er gibt mehrfach zu Protokoll, dass er niemals auch nur eine einzige Anweisung von Senzow erhalten hat. Dennoch werden die Männer am Ende nicht der Brandstiftung angeklagt, sondern der Beteiligung an einer Terrororganisation, die zudem Senzow angeführt haben soll.

Der Version der Anklage zufolge soll Senzow, *„überzeugt von der unbedingten Notwendigkeit des Machtwechsels in der Ukraine im Jahr 2014"*, nach Kyjiw gereist sein, wo er als Mitglied des „Automaidan" und gemeinsam mit dem „Rechten Sektor" an den Protesten teilgenommen habe. Sodann habe er die Ideologie des „Rechten Sektors" angenommen, Kontakt zu dessen Anführern geknüpft und später von ihnen den Befehl erhalten, einen Ableger des „Rechten Sektors" auf der Krim zu gründen und terroristische Aktionen durchzuführen mit dem Ziel, den Regierungsapparat der Krim zu destabilisieren und darauf hinzuwirken, dass die Regierung der Russischen Föderation den Entschluss zur Aufgabe der Krim fasst. Senzow stand in Kontakt mit dem „Automaidan", unterhielt jedoch keine Kontakte zum „Rechten Sektor".

Während der Annexion beharrte Senzow in Gesprächen mit Bekannten darauf, dass es auf der Krim keine radikalen Aktionen geben dürfe, da „*hier auf der Halbinsel Militär anwesend und die Situation eine völlig andere als auf dem Maidan*" sei. Es dürfe nur „*ausschließlich friedliche Aktionen*" geben.

Koltschenko, den man ebenfalls der Kooperation mit dem „Rechten Sektor" bezichtigte, ist Anarchist mit politisch linken Ansichten: „*Meine politische Einstellung betreffend bin ich Antifaschist und Anarchist*", betonte er mehrfach im Laufe des Prozesses. Der Student der geografischen Fakultät der Nationalen Taurischen Wernadskij-Universität nahm an zahlreichen Solidaritätsaktionen für Studenten und für die Arbeiter von *Krimtrolejbus* teil und war in der ökologischen Bewegung aktiv.

Seit den ersten Verhaftungen hatten die Ermittler unter den Inhaftierten hartnäckig nach dem „Kopf der Bande" gefahndet. Auch die Namen der „Auftraggeber" und „Drahtzieher" versuchten sie Senzow zu entlocken. Freunde des Regisseurs stellen klar, dass sich jede beliebige Person an der Stelle des Regisseurs hätte wiederfinden können. Er selbst hat sich ebenfalls so geäußert.

„*Oleh war sehr präsent. Er half unseren Soldaten auf der Krim ohne jede Geheimnistuerei und brachte ihre Familien von hier fort*", sagt der „Automaidan"-Aktivist Oleksij Hrytsenko: „*Er war auf dem Maidan. Ich erinnere mich, dass er mir als Regisseur von der Krim vorgestellt wurde. Senzow hat sofort mit angepackt. Er übernahm hauptsächlich Büroarbeiten, hat zum Beispiel die Schichtpläne ausgearbeitet. Bei uns herrschte immer Ordnung.*"

Der Fall Senzow-Koltschenko ist auch deswegen von so großer Bedeutung, weil zum ersten Mal Ukrainer von der Krim in Gefängnisse auf dem russischen Festland gebracht worden sind. Dies dient als eine Warnung für jene, die es wagen, Widerstand zu leisten.

2015 fällt das Gericht das Urteil – zwanzig Jahre Haft in einer Hochsicherheits-Strafkolonie für Oleh, zehn Jahre für Saschko. Im Gericht in Rostow am Don ist damals meine Kollegin von *Hromadske* anwesend, wo sie Olehs Schwester und Saschkos Mutter kennenlernt. Wir werden zwar weiterhin über die Angelegenheit berichten, doch 2015 rückt das Verfahren gegen die ukrainische Kriegsgefangene Nadija Sawtschenko in den Fokus. Immer seltener fällt der Name Senzow in den Medien. Nachdem *Pussy Riot* in Jakutsk eine Solidaritätsaktion für den Regisseur veranstaltet hatten, wird er in die Stadt Labytnangi verlegt. Dort befindet sich die Strafkolonie *Eisbär*. Labytnangi ist eine Stadt im hohen Norden Russlands, so fernab von der Zivilisation, dass im Grunde nur Anwälte dorthin gelangen, und selbst das nur selten. Im Winter kommt man nur über die Stadt Salechard nach Labytnangi, indem man über die „Eisstraße" fährt – über das Eis des zugefrorenen Flusses Ob. Im Sommer ist man auf eine Fähre angewiesen.

Anfang 2018 beschließen wir, einen Film über die Haftanstalten von Senzow und Koltschenko zu drehen. Saschko sitzt seine zehnjährige Haftstrafe in der Strafkolonie Kopeisk bei Tscheljabinsk im Südural ab. Wir wissen, dass Interviews mit Häftlingen nicht möglich sind. Doch bislang hat noch niemand zur Darstellung gebracht, wie weit die Ukrainer tatsächlich von ihrer Heimat entfernt festgehalten werden. Wir wollen die fernen Städte zeigen, in denen sie inhaftiert sind. Seit frühester Kindheit kennen wir den Ausdruck „jemanden nach Sibirien schicken", der wahlweise auf das 19. Jahrhundert oder die stalinistischen Lager rekurriert. Es ist geradezu unvorstellbar, dass im 21. Jahrhundert Menschen aus meiner Generation nach Sibirien geschickt werden. Meine Kollegen haben ausgerechnet, dass die Entfernung, die Senzow und Koltschenko etappenweise per Gefangenentransport zurückgelegt haben, fast 20.000 Kilometer beträgt – fast die Hälfte des Äquators.

Wir müssen uns mit den Aufnahmen beeilen. Wenn die Eisstraße während unseres Aufenthaltes schmilzt, müssen wir einen Monat warten, bis die Fähre in Betrieb geht.

Eine Kollegin reist gemeinsam mit Natalka Kaplan, Olehs Cousine und zu diesem Zeitpunkt Journalistin bei *Hromadske*, von Labytnangi nach Moskau. Die zweite fährt weiter nach Tscheljabinsk zu Koltschenko. Ich mache mich auf den Weg auf die Krim, zu den Eltern und Bekannten, und um die Orte zu filmen, zu denen die Männer einen emotionalen Bezug haben. Vor allem geht es darum, zum Ausdruck zu bringen, wie unheimlich weit die Krim von der Arktis entfernt ist.

Ich treffe Wlad Shuk in einem Park im Zentrum von Simferopol. Er erinnert sich, wie Oleh nach einem Wettbewerb zu ihm kam und von ihm wissen wollte, ob er sich nicht einmal im Kino ausprobieren wolle. Wlad dachte sich: „*Warum auch nicht*?" Ohne große Ambitionen nahm er am Casting teil, Schauspieler wollte er ohnehin nicht werden. Er tat das alles nur aus Interesse. Die Dreharbeiten zogen sich über anderthalb Jahre hin.

„Er ist ein Mensch mit Prinzipien. Er weiß genau, was er will, und ist bereit, Verantwortung für seine Worte zu übernehmen. Das ist jedenfalls mein Eindruck. Oleh hat zu allem eine eigene Meinung, und die hielt

er immer für die wichtigste. Wenn er auch die Meinungen anderer angehört hat, so hat er alles immer so gemacht, wie er selbst es für richtig hielt. Wenn er sagte ‚so soll es sein', dann wurde es auch so gemacht. Und er hat alles dafür getan."

Der Computerclub, den Oleh einst leitete, lag nicht weit von dem Ort entfernt, an dem unsere Unterhaltung stattfindet. Es ist eine der Hauptstraßen Simferopols. Heute befindet sich an derselben Stelle ein *Secondhand*-Shop. Wlad erklärt, dass Senzow schon lange von der Filmemacherei geträumt hat, aber sich erst ernsthaft damit zu beschäftigen begann, nachdem er finanziell halbwegs abgesichert war und das Interesse am *E-Sport* verloren hatte.

Er war Autodidakt und produzierte zwei Kurzfilme, die zu zeigen er sich jedoch schämte. *Gamer* ist sein erster Spielfilm. Auch Wlad hatte den *E-Sport* noch vor Beginn der Dreharbeiten aufgegeben. In seinem ersten Studienjahr wägte er ab und begriff schließlich, dass es für ihn eher ein Hobby war. Seiner Meinung nach ist der *Cybersport* vor allem Hochleistungstechnik, und Simferopol, die Stadt, in der er lebt und die er als Provinz bezeichnet, sei Moskau oder Kyjiw in dieser Hinsicht hoffnungslos unterlegen.

Ich frage ihn schließlich, ob er Olehs Fall verfolgt: *„Ja, ich habe ein paar Kumpels, Journalisten aus der Ukraine, die mir Informationen zugeschickt haben, Olehs Briefe beispielsweise. Das meiste habe ich aus den Nachrichten erfahren, andere Quellen habe ich nicht."*

„Was denkst du eigentlich über den Anlass seiner Verhaftung?"

„Das sind politische Fragen. Wir haben uns doch darauf geeinigt, nicht darüber zu diskutieren", antwortet er. Und doch fährt er fort: *„Das ist seine Entscheidung. Mir hat sich diese Frage nie gestellt. Als der Maidan begann, war Oleh überzeugt, dass man etwas unternehmen müsse. Das alles hat ihn sehr beschäftigt und an ihm gezehrt. Dann mischte er überall mit. Mich hat das gewundert, immerhin standen wir kurz vor den Dreharbeiten zu seinem neuen Film, und plötzlich hatte er ganz andere Interessen. Der Film war jetzt zweitrangig. Mir war nicht klar warum. Wenn du ein Künstler bist, dann musst du mit künstlerischen Mitteln die Verhältnisse verändern. Aber er wollte unmittelbar dabei sein, und wir sehen ja, wie das geendet hat. Es ist seine Entscheidung, ich verurteile ihn nicht, aber ich bestärke ihn auch nicht darin. So hat es*

sich nun mal ergeben. Ich will mich nicht zum Moralapostel aufschwingen. Es ist, wie es ist. Als ich in Kyjiw war, habe ich mich mit Bekannten getroffen, die auf dem Maidan waren, und mich ganz normal mit ihnen unterhalten. Trotzdem haben diese Ereignisse die Menschen in verschiedene Lager gespalten. So mancher hat sich durch die Sache radikalisiert. Ich habe für mich entschieden, dass mich das Ganze nichts angeht. Ich bin nicht hingefahren; ich habe nicht mal eine Sekunde darüber nachgedacht."

Den Film, in dem Wlad mitgespielt hat, hält er für nicht Massentauglich. Für eine *Low-Budget*-Produktion sei *Gamer* jedoch *„gar nicht übel geworden"*, urteilt er. Es sei bloß schade, dass der Streifen nicht sofort bekannt wurde. Als der Maidan anfing, schlug er vor, den Film ins Internet zu stellen, da man ihn schon nicht mehr verkaufen konnte: *„Ich fand es schade, dass den Film nicht so viele Menschen wie möglich sehen konnten. Auf dem Höhepunkt der Aufmerksamkeit war der Streifen nirgendwo zu finden. Sie wollten ihn verkaufen, im Fernsehen zeigen, aber diese Pläne sind reine Absichtsbekundungen geblieben. Letztendlich ist er in ukrainischer Synchronisation im Netz gelandet. Keine Ahnung, wer dafür verantwortlich ist."*

Senzows zweiter Film *Nosorih* sollte von einer Person handeln, die in den 90er Jahren am organisierten Verbrechen beteiligt war. Wlad half Oleh bei der Auswahl der Schauspieler. Im Frühling 2014 stand der Cast ebenso fest wie die Drehorte, über ein halbes Jahr lang waren sie damit beschäftigt, dann *„endete alles damit, dass Oleh seine bürgerrechtliche Seite entdeckte."*

Um Olehs „bürgerrechtliche Seite" zu begreifen, brauchte seine Mutter, Ljudmyla Heorhijiwna Senzowa, eine ganze Weile. In einem der ersten seltenen Gespräche mit ihrem Sohn bat sie um Verzeihung dafür, dass sie ihn *„falsch erzogen"* habe. Danach vergaß sie diesen Satz. Für eine Weile hörten sie nichts voneinander, da seine Mutter nicht wusste, wohin sie ihre Briefe adressieren sollte. Schließlich schrieb Oleh ihr aus dem Moskauer Lefortowo-Gefängnis: *„Mama, warum hast du mir gesagt, dass du mich falsch erzogen hast?"* Also erklärte sie ihm, dass sie keinen konkreten Aspekt der Erziehung im Sinne hatte: *„Es ging nicht um Patriotismus oder etwas in der Art. Ich kann nicht begreifen, dass man bei der ganzen Sache nicht* *an seine eigenen Kinder denkt. Deswegen habe ich ihm das damals so gesagt. Aber wahrscheinlich konnte er einfach nicht anders.“*

Die Frau rekapituliert Olehs Festnahme. Es geschah am 10. Mai 2014. Die Mutter des Regisseurs lebt in der Ortschaft Skalyste bei Bachtschyssaraj. Oleh wohnte in Simferopol. Am Vortag, dem Tag des Sieges, unternahm er gemeinsam mit seinen Kindern, der elfjährigen Alina und dem sechsjährigen Wlad, dem Autismus diagnostiziert wurde, einen Ausflug nach Bachtschyssaraj. Anschließend blieb der Junge bei seiner Großmutter, und Oleh kehrte mit seiner Tochter nach Simferopol zurück. Um zwei Uhr nachts brachte man das Mädchen zu ihrer Großmutter nach Skalyste. Oleh war verhaftet worden. Morgens brachte Ljudmyla Heorhijiwna ihre Enkel nach Simferopol in die Schule und erblickte ein gewaltiges Chaos in der Wohnung ihres Sohnes. Später wird Senzow seine Verhaftung in allen Einzelheiten vor Gericht schildern: Mit einem Sack über dem Kopf wurde er in einem Minibus zum Gebäude des SBU in Simferopol gebracht. Dort schlugen, würgten und drohten sie ihm mit Vergewaltigung und rammten ihm eine Pistole in den Mund. Er wurde aufgefordert, die Namen von Krim-Aktivisten zu verraten, insbesondere von denen, die die Sprengung des Lenin-Denkmals geplant hätten: *„Nachdem ich abgelehnt hatte, schlugen sie mir vor, die Anführer des Maidan zu belasten: ‚Wenn die das in Auftrag gegeben haben, bekommst du sieben Jahre – wenn nicht, dann machen wir dich zum Anführer, und du bekommst zwanzig‘“*, berichtete der Regisseur. Anschließend wurde Oleh zur Hausdurchsuchung in seine Wohnung gebracht: *„Aber sie haben nichts gefunden, außer dem Wichtigsten in meinem Leben – meine Tochter, die all das mit ansehen musste.“* Den Schilderungen von Senzow über seine Folterung schenkte das Gericht keine weitere Beachtung. Die Blessuren und Hämatome wurden als Folgen seiner vermeintlichen sadomasochistischen Neigungen abgetan.

Während der Vater in Haft sitzt, wachsen die Kinder bei ihrer Großmutter, die ausgebildete Erzieherin ist, und bei Olehs älterer Schwester Halyna auf. Bei ihr lebt Alina. Wlad verbringt einige Tage in der Woche bei seiner Mutter Alla, Olehs Exfrau, die das Sorgerecht für die Kinder hat und aufgrund von Wlads Krankheit staatliche Transferleistungen bezieht. Unter der Woche besuchen die Kinder die Schule in Simferopol, an den Wochenenden fahren sie zu ihrer Großmutter aufs Dorf.

Ljudmyla Heorhijiwna haben wir zwei Monate bevor Oleh in den Hungerstreik tritt besucht. Er fordert die Freilassung aller ukrainischen politischen Gefangenen in Russland. Zu diesem Zeitpunkt sind es über 70. Am 145. Tag wird Senzow gezwungen sein, den Hungerstreik abzubrechen. Aber er lenkt die Aufmerksamkeit der ganzen Welt auf sich.

Aus seiner Zelle heraus rät Oleh seiner Mutter wiederholt dazu, nicht mit Journalisten zu sprechen. Er fürchtet, dass diese ihre Offenherzigkeit und Direktheit ausnutzen könnten. Ich erkläre, dass wir einen Film über Oleh drehen, für den es außerordentlich wichtig sei, sie zu treffen; darüber hinaus arbeite ihre Nichte Natalka Kaplan bei *Hromadske.*

Ljudmyla Heorhijiwna ist ausgesprochen leutselig und hat die Ausstrahlung einer sehr starken Persönlichkeit. Sie ist 75 Jahre alt und hat Probleme mit den Augen. Sie ist fast blind. Nichtsdestotrotz nimmt sie all ihre Kraft zusammen, um für ihre Enkelkinder zu sorgen. Die größte Sorge bereitet ihr die Vorstellung, dass die Kinder ohne ihren Vater aufwachsen, der für sie Freund und Ratgeber zugleich war. Sie befürchtet, dass sie als Rentnerin der Erzieherrolle nicht gewachsen ist: *„Wlad ist krank. Was wird aus ihm, wenn er bei mir bleibt? Ich habe Angst davor, dass die Jahre vergehen, während Oleh von allen vergessen wird und die 20 Jahre absitzen muss."*

Auch aus dem Gefängnis übermittelt Senzow seinen Kindern Ratschläge, empfiehlt ihnen zum Beispiel Bücher. Wlad liest *Tom Sawyer* und *Robinson Crusoe.* In Alinas kleinem Zimmer liegen auf dem Schreibtisch Ausgaben von Salingers *Der Fänger im Roggen,* Bradburys *Löwenzahnwein,* Beljajews *Der Kopf des Prof. Dowell* und Remarques *Drei Kameraden.*

Ljudmyla Heorhijiwna erinnert sich, wie sehr Oleh in seiner Vaterrolle aufgegangen ist: *„Sie waren überall zusammen. Was er ihnen nicht alles gezeigt hat: die Berge, das Meer. Für Wladik war das alles andere als leicht, er hat ihn ja auch fast nie Papa, sondern meistens Oleh*

СЕН
ЦОВ

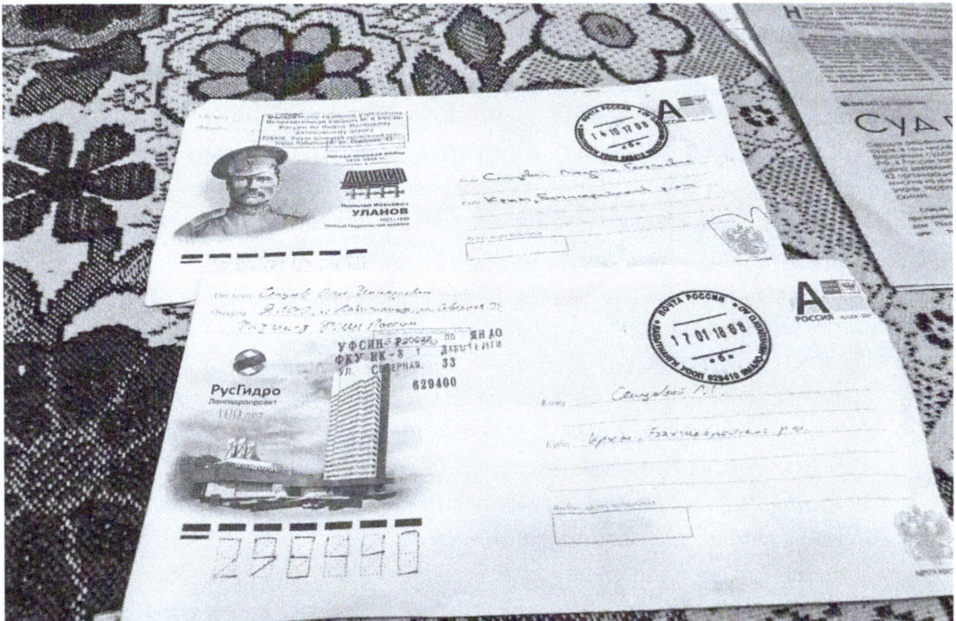
УЛАНОВ
РусГидро
Ленгидропроект
УЛ. СЕВЕРНАЯ, 33
629400
РОССИЯ

genannt. Oleh war alles für ihn, und plötzlich war er nicht mehr da. Wlad hat so große Augen, und mit diesen riesigen Äuglein schaut er dich an: ‚Wo ist Oleh? Wo ist er hingegangen? Bin ich schuld daran, dass er fortgegangen ist?' Am 9. Mai fuhr Oleh mit ihm auf einen Bauernhof in Bachtschyssaraj, um dort mit ihm auf Pferden zu reiten. Anschließend haben sie Blumen am Ewigen Feuer niedergelegt und sind dann noch in die Banja gefahren, wo Oleh ihm ganz schön eingeheizt hat, so heiß wurde ihm. So haben sie sich dort ein bisschen in die Haare bekommen. Wladik kam hier an und sagte sowas wie: ‚Mir reichts, hau ab!' Oleh wäre ohnehin wieder gefahren. Aber Wladik betonte es so, als wolle er sagen: ‚Komm bloß nicht wieder'. An den genauen Wortlaut kann ich mich nicht mehr erinnern. Jedenfalls hat sich in das Gedächtnis dieses Kindes eingebrannt, dass er ‚Hau ab!' zu seinem Vater gesagt hat – und er daraufhin tatsächlich weggefahren ist. ‚Bin ich schuld, dass Papa weg ist? Bin ich schuld, dass er nicht wiederkommt?' Es war einfach schrecklich. ‚Haben sie ihn in Kyjiw umgebracht? Ist er jetzt im Himmel?' Das musste ich erst einmal verkraften. Alina hat alles sofort verstanden. Ihr konnte man die Sache erklären. Wlad war dafür noch zu jung."

Wlad ist Mitglied einer Theatergruppe für Kinder mit geistigen oder körperlichen Behinderungen. Sowohl Kinder im Rollstuhl als auch Kinder mit Auffälligkeiten in ihrer geistigen Entwicklung spielen dort mit.

Als man Oleh abholte, stand das gesamte Dorf unter Schock, so Ljudmyla Heorhijiwna: *„Wir hatten keine Ahnung, dass er etwas Gefährliches im Schilde führt. In der Schule hat er nie Dummheiten angestellt, so etwas ist nie vorgekommen. Aber er hatte seinen eigenen Kopf. Er ist ja damals sehr schwer an Polyarthritis erkrankt. Heute hat er ein paar verkrüppelte Zehen. Auch sein Herz war krank. Bis zur achten Klasse war er in einer schlechten Verfassung – hochgewachsen, aber kränklich, die Brust eingefallen. In der neunten Klasse hat er sich dann gefangen. Haben Sie gesehen, wie er heute aussieht? Er ist aus eigener Kraft zu der Person geworden, die er heute ist. Er war nie grob, vulgär oder aufsässig. Niemals. Er schweigt lieber, aber er weicht niemals von seiner Meinung ab. Schließlich wurde er dann von allen Seiten, in allen Zeitungen, mit Dreck beworfen. Die Zeitungen wurden auf dem Markt gelesen: ‚Oleh Senzow, Terrorist, hat er unsere Brunnen vergiftet, will er uns vernichten?' Eine gute Bekannte von mir arbeitete in einem Kindergarten, und* *sie fragte mich allen Ernstes: ‚Warum tut er das, warum will er die Krim kaputtmachen?' Und ich wusste ja nicht, was mein Sohn überhaupt vorhatte. Er hat ja nie etwas dergleichen gesagt. Heute, fünf Jahre später, ist eine Menge erzählt worden. Ich denke, dass er nichts getan hat, wofür sie ihn hätten ins Gefängnis stecken müssen."*

Ljudmyla Heorhijiwna ist überzeugt, dass ihre Enkel die Unbeugsamkeit des Vaters geerbt haben: *„Sie sind großartig. Für Alinka waren die ersten beiden Jahre sehr schwierig. Sie hatte Auseinandersetzungen mit den Lehrern, aber mittlerweile ist sie reifer geworden. Sie hat sich zum Ziel gesetzt, ihren Abschluss zu machen, dafür lernt sie. Sie kommt ganz nach ihrem Vater. Ständig wurde sie über ihren Vater ausgefragt, und irgendwann sagte ihre Klassenlehrerin: ‚Alina, du hast es nicht leicht. Vielleicht wäre es besser, du würdest die Schule wechseln?' Anschließend erzählte mir Alina von dem Vorfall: ‚Weißt du, Oma, ich habe mir das alles angehört und wollte zuerst einfach abhauen. Aber als die Lehrerin dann mit dem Schulwechsel anfing, habe ich auf dem Absatz kehrtgemacht und zu ihr gesagt: Ich habe an diesem Gymnasium gelernt, ich lerne hier, und ich werde auch weiterhin hier lernen. Wenn Ihnen das nicht passt, dann gehen Sie doch selber.' Dann drehte sie sich um und ging weg. Das war in der fünften Klasse."*

Die Mutter hält einen Packen Briefe aus der Strafkolonie in den Händen. Sie selbst versucht, vier Briefe im Monat zu schreiben. Telefonate erweisen sich oft als schwierig: *„Ich habe so sehr geweint, als mein Sohn zum ersten Mal anrief. In der Untersuchungshaft gab es weder Briefe noch Anrufe. Wo er ist, wie es ihm geht – wir wussten nichts. Und plötzlich ruft er an! Glauben Sie mir, ich habe bestimmt eine Woche lang geweint, denn seine Stimme klang wie die eines Halbtoten. Schrecklich, einfach nur schrecklich. Auf das Gespräch folgte ein Brief, darin wollte mein Sohn mir weismachen, dass es ihm gut geht. Bei unserem zweiten Gespräch war er gutgelaunt – er hatte gerade Fotos seiner Kinder erhalten. Er hatte sie natürlich lange nicht mehr gesehen. Man hatte ihm zwar auch schon früher Fotos zugeschickt, aber zu diesem Zeitpunkt hatte er Alina und Wlad anderthalb Jahre nicht mehr gesehen und sofort den Unterschied bemerkt. Sie waren gewachsen. Oleh war sehr glücklich über die Fotos. Seine Stimme wurde ganz kräftig… Ich war so glücklich. Das Wichtigste ist, dass er nicht krank ist."*

Wie in fast jedem Haushalt auf der annektierten Krim finden sich auch in diesem Hausflur Aufrufe zu den russischen Präsidentschaftswahlen unter den Briefen. Die Briefumschläge des Sohnes sind mit einer Adresse in Labytnangi beschriftet. Während wir hier in Skalyste sitzen, sollte Natalka Kaplan gerade in einem Flugzeug gen Norden, auf dem Weg dorthin, sitzen. Wir wissen, dass es kein Treffen mit der Cousine geben wird. Oleh verwahrt sich gegen familiären Besuch - weder Tochter noch Mutter sollen ihn besuchen. Ljudmyla Heorhijiwna ist sich darüber im Klaren, dass eine Reise über 5.000 Kilometer - aus ihrem Dorf im Bezirk von Bachtschyssaraj bis nach Jamal - in ihrem Alter unmöglich zu bewerkstelligen ist.

„Oleh sagt, dass damit niemandem geholfen ist – weder ihm noch mir. Es würde dadurch nur schwerer. Als wir damals mit den Kindern nach Rostow fahren wollten, das ist schließlich nicht so weit, da sagte er: ‚Lasst es bleiben. Ich habe die Menschen gesehen, die von ihren Kindern besucht wurden. Ich habe gesehen, wie es ihnen danach ergeht.‘ Er hat ausdrücklich betont, dass es für niemanden leichter werden würde, wenn wir uns sähen. Ich würde es natürlich trotzdem wollen. Wenn ich ihn nur lebendig vor mir hätte, ich würde ihn auch gar nichts fragen. Ich würde ihn einfach nur anschauen. Alina sagt dazu nur: ‚Ich kann es nicht. Versteh‘ doch, Oma. Wie kann ich Papa gegenüberstehen und dann einfach wieder fahren und ohne ihn weiterleben? Dazu fehlt mir die Kraft.‘ Sie sagte das mit Tränen in den Augen.“

Eine App auf dem Smartphone hat errechnet, dass es vom Haus der Senzows, in dem wir uns gerade aufhalten, bis zum Straflager 5.165 Kilometer sind. Das Thermometer zeigt 40 Grad unter null. Als Kontrast zur arktischen Kälte wollten wir den Frühling auf der Krim zeigen, doch Anfang März fällt auf der Halbinsel Schnee.

„Ich kann mir die Stadt Labytnangi nicht im Geringsten vorstellen. In meiner Vorstellung ist das eine öde Steppenlandschaft, umschlungen vom Schnee, einige Baracken stehen vereinzelt in der Gegend herum. Mir wird ganz schwer ums Herz, wenn ich darüber nachdenke. Ich habe regelrecht darüber gebrütet. Aber für mich ist ja schon der Ural weit weg. Und was Labytnangi angeht, so weiß ich nicht einmal, wie man dort überhaupt hingelangen soll. Alina und ich haben einen Blick auf die Karte geworfen,

aber das hilft auch nicht weiter. Ich kann mir kaum vorstellen, wie lange er dorthin unterwegs gewesen ist, und wie es gewesen sein musste, dort anzukommen. Für mich ist die Reise dorthin zu beschwerlich. Vor allem wegen meiner schwindenden Sehkraft. Hier komme ich noch irgendwie zurecht, aber selbst das fällt mir manchmal nicht leicht. Natürlich will ich ihn sehen. Es ist furchtbar, dass das nicht möglich ist.“

In den fünf Jahren seit der Inhaftierung ihres Sohnes hat sich Ljudmyla Heorhijiwna kein einziges Mal mit der Mutter von Saschko Koltschenko getroffen, obwohl diese in Simferopol lebt. Sie hält Oleh für den verantwortungsvolleren der beiden, da er der ältere ist: *„Wenn ich mir Koltschenko vorstelle, dann muss ich die Tränen unterdrücken. Ich glaube, wenn ich seine Mutter sehe, dann breche ich einfach zusammen. Ich weiß, wie schwer es ist. Das geht mir sehr nahe. Ich würde Oleh niemals Vorwürfe machen, dass es so gekommen ist. Es ist sein Leben, er war ja schon vierzig Jahre alt. Es ist seine Wahl. Koltschenko ist noch so jung. Für ihn tut es mir stärker leid, denn er ist noch ein so junger Kerl.“* Nachdem Senzow in den Hungerstreik getreten ist, wird Larissa Koltschenko Ljudmyla Heorhijiwna einen Besuch abstatten. Von diesem Moment an wird sich die jüngere Larissa um die ältere Ljudmyla kümmern.

Viele tun sich schwer mit der Vorstellung, dass die Männer, deren Namen und Schicksale so eng miteinander verwoben sind, vor dem Schauprozess einander so gut wie unbekannt waren, obwohl man sie vor Gericht wie Komplizen behandelte. Gelegentlich sind sie sich auf dem Euromaidan begegnet. Im Februar 2014 sind sie zusammen mit gemeinsamen Freunden nach Kyjiw gefahren, wo Saschko anderthalb Tage verbrachte. Vor Gericht erklärte er – wie im übrigen auch Senzow –, dass der Maidan eine der einschneidendsten Erfahrungen seines Lebens war: *„Das war ein unglaubliches Musterbeispiel an Solidarität und Unterstützung. Ich selbst habe meinen Beitrag dazu geleistet und Lebensmittel verteilt und Schnee geschippt.“* Nach der Verhaftung kamen die Männer während ihres Haftwechsels nach Rostow am Don im Sommer 2015 miteinander in Kontakt; auch auf der Anklagebank tauschten sie sich aus. Zudem haben sie nach ihrer Verurteilung einen Teil der Strecke gemeinsam im Gefangenentransport nach Tscheljabinsk verbracht. Koltschenko blieb dort zurück, um seine Haftstrafe abzusitzen, Senzow wurde über Irkutsk nach Jamal gebracht.

So erzählt es Saschkos Mutter, Larissa Koltschenko. Wir treffen uns in ihrer Heimatstadt Simferopol, wo sie ihre kranke Mutter pflegt. Im Gegensatz zu Oleh ist Saschko mit Besuchen bei seiner Mutter einverstanden, auch wenn die Einwilligung hierzu nicht im ersten Anlauf zustande kam. Bis zu unserem Treffen hat Larissa Koltschenko ihren Sohn bereits dreimal im Straflager besuchen können, zuletzt sah sie ihren Sohn im Oktober 2017. Sie plant einen weiteren Besuch, aber ihr Sohn bittet sie um etwas Geduld.

Koltschenko wurde am 16. Mai 2014 von Mitarbeitern des FSB auf einer Straße im Zentrum von Simferopol festgenommen, wo er gerade mit Freunden unterwegs war. Am selben Tag führte man eine Hausdurchsuchung bei ihm durch. Zunächst beschuldigte man ihn der „Organisation von Massenunruhen", später dann wurde ihm „Terrorismus" zur Last gelegt. Sie nahmen ihn mit auf das Revier, ordneten sofort eine Hausdurchsuchung an und fuhren gemeinsam mit Saschko zu ihm nach Hause. Sie stellten die gesamte Wohnung auf den Kopf, konnten jedoch nichts finden. Sie beschlagnahmten Bürotechnik und Telefone, Saschko nahmen sie wieder mit: *„Ich hätte mit ihm reden können, stattdessen hängte ich mich an die Fersen der Sicherheitskräfte, die die Durchsuchung durchführten. Ich wusste, dass nichts Verbotenes in der Wohnung herumliegt, dass sie nichts finden werden, aber ich war in großer Sorge, dass sie uns etwas unterjubeln. Saschko hat sich ruhig verhalten. Er hatte sowas nicht erwartet, nicht gedacht, dass sie ihn festnehmen und nach Moskau bringen würden, dass so ein Urteil gefällt wird."* Danach sah Larissa ihren Sohn erst anderthalb Jahre später vor Gericht. Während seiner Inhaftierung im Moskauer Lefortowo-Gefängnis waren Besuche nicht gestattet.

Die Warterei auf das erste Treffen war sehr nervenaufreibend. Sie konnte ihren Sohn nicht einmal berühren, sie unterhielten sich per Telefon, getrennt durch eine Scheibe. Sie hatte große Angst, dass er vom Gefängnis gezeichnet sein würde. Aber bei dem Treffen erkannte sie ihren Sohn sofort wieder. Sie sagt, das Gefängnis habe ihn keineswegs ruiniert, er habe sich sein heiteres Gemüt bewahrt. Vom Straflager erzählt er nur sehr unwillig, meist sagt er einfach, dass alles in Ordnung sei. Er interessiert sich mehr dafür, was auf der Krim passiert, in der Ukraine, auf der Welt, fragt nach seinen Freundinnen und Freunden. Er will alles wissen, denn um ihn herum gibt es nur russische Fernsehsender und es mangelt an Informationen.

Um die Erlaubnis für einen mehrtägigen Besuch zu erhalten, muss man nach folgendem Prozedere vorgehen: Zunächst ist zu Monatsbeginn ein Antrag zu stellen. Dieser Antrag wird bis Monatsende geprüft, anschließend wird ein Besuchstermin festgelegt. Das letzte Mal ist es Larissa erst beim dritten Anlauf gelungen. Nachdem Saschko einen Antrag gestellt hatte, wurde dieser mit der Begründung abgelehnt, im Gefängnis gebe es zu viele Interessenten mit demselben Anliegen. Der zweite Antrag ging verloren. Nachdem er sich an die Lagerverwaltung gewandt und versucht hatte, den Grund für das Verschwinden zu klären, kündigte er an, mithilfe eines Anwalts gegen das Verwaltungshandeln vorzugehen. Daraufhin tauchte das Dokument auf „magische" Weise wieder auf. Ein dreitägiger Besuch wird alle drei Monate gestattet, also vier Mal im Jahr; Larissa ist es bisher zweimal gelungen.

Für solche Anlässe verfügt die Strafkolonie über geschlossene, hotelähnliche Räumlichkeiten. Es gibt eine Gemeinschaftsküche, eine Gemeinschaftstoilette und verschiedene Zimmer. Dort darf man sich drei Tage lang aufhalten. Man kann viel mitbringen, aber nicht mehr als zwanzig Kilogramm vor Ort zurücklassen. Was das Essen betrifft, ist Saschko nicht wählerisch, dennoch packte seine Mutter Lebensmittel - etwa Früchte - von der Krim ein. Sie wollte ihm etwas Heimisches mitbringen: *„Hinter dem Stacheldraht wird es grau und düster. Nackte, graue Korridore. Es ist wirklich nicht leicht, dort zu sein. Man muss diese demütigenden Durchsuchungen, die Kontrollen vor dem Besuch, über sich ergehen lassen. Bestimmte Dinge müssen abgegeben werden. Zuerst nehmen sie dir die Lebensmittel weg, um zu überprüfen, ob du auch ja nichts Verbotenes mitgebracht hast, und dann musst du selbst durch die Kontrolle"*, berichtet Larissa.

Briefe sind nicht unbedingt Saschkos größte Leidenschaft, also erhält seine Mutter nur etwa einen Brief im Monat. Manchmal ergibt sich die Möglichkeit zu einem Telefonat. Reisen sind sehr teuer. Abgesehen von den Reisekosten wollen die ganzen Mitbringsel gekauft und warme Anziehsachen für den Winter mitgenommen werden. Während sie über diese Dinge spricht, drückt Larissa aus ganzem Herzen all jenen ihre Dankbarkeit aus, die ihren Sohn unterstützen. Sie tröstet sich mit dem Gedanken daran, dass ihr Sohn von Natur aus Konflikten aus dem Weg gehe, was ihm einigen Ärger ersparen dürfte. Die Zeit hinter Gittern nutze er, um Englisch zu lernen. Manchmal besuche er den Fitnessraum. Er wollte sich zudem eine Arbeit suchen und einen Beruf erlernen, damit die Zeit schneller vergehe. Aber man lehnte ab. Sie sagten: *„Jemanden mit deinem Strafregister können wir hier nicht gebrauchen."* Er begeistere sich für Pädagogik und Psychologie, lese Werke von Makarenko und Suchomlynkskij und zudem soziologische und psychologische Literatur. Ausgiebig nutze er die Lagerbibliothek. Zuvor habe er um die Werke Iwan Frankos gebeten. Schon in Simferopol hatten sie sich eine dreibändige Werkausgabe besorgt, die er seitdem überall mit sich herumgeschleppt hat. Er nahm sie sogar mit nach Rostow. Doch in Tscheljabinsk konfiszierten sie die Bücher, da ukrainischsprachige Literatur dort verboten ist.

„Ich weiß gar nicht, wohin ihn sein Schicksal geführt hätte. Er hätte vermutlich etwas auf der Krim gemacht, vielleicht etwas im Tourismus-Sektor", überlegt Larissa. Auf der Krim unternahm Saschko gerne kleine und größere Ausflüge. Er hat die gesamte Halbinsel erkundet. An der geografischen Fakultät wählte er den Schwerpunkt Tourismus: *„Jetzt ist alles anders gekommen, aber wir hoffen weiter, dass er seine Ausbildung fortsetzen kann. Auf die Krim wird mein Sohn nicht zurückkehren können, wir werden aufs Festland umsiedeln müssen. Bei einem Besuch habe ich ihn gefragt, wohin er gerne ziehen würde. Aber er sagt, dass er zuerst einmal hier herauskommen muss und erst dann entscheidet, wie es weitergeht. Wohin sein Schicksal ihn führen wird, kann ich momentan noch nicht sagen."*

Larissa bedauert es sehr, kann es jedoch nachvollziehen, dass sie die Krim - und damit auch Simferopol, wo sie geboren und aufgewachsen ist - wird verlassen müssen.

Während Oleh Senzow zu zwanzig Jahren Haft verurteilt wurde, erhielt Saschko zehn Jahre. Zum Zeitpunkt unseres Gesprächs richteten sich die Hoffnungen der Mütter auf einen Gefangenenaustausch. Auf die Rückkehr ihrer Söhne in die Ukraine werden die Familien noch anderthalb Jahre warten müssen – bis zum Herbst 2019. Larissa wird bereits im Sommer 2018 mit ihrer Enkeltochter nach Kyjiw ziehen. Ein Jahr später wird auch Olehs älteste Tochter Alina in die Hauptstadt umsiedeln. Nach seiner Freilassung wird Senzow seine Mutter und seinen Sohn dorthin nachholen. Für sie alle beginnt damit ein neues Leben. Doch der Kampf geht weiter.

Teil VI
SCHMERZ

September 2018

Kyjiw

Getrennt: wie es ist, Mutter, Frau, Vater eines politischen Gefangenen auf der Krim zu sein

Sie sind von der besetzten Krim nach Kyjiw gereist, um über ihre Notlage zu sprechen. Fünf Mütter, zwei Ehefrauen, ein Vater und eine Schwester. Insgesamt neun enge Angehörige von Krimtataren, die auf der Halbinsel festgenommen wurden. Sie sitzen in Simferopol oder in Rostow am Don, wohin einige Fälle überführt werden, hinter Gittern. Allen Inhaftierten wird Terrorismus oder Beteiligung an der in Russland verbotenen Organisation „Hizb ut-Tahrir" zur Last gelegt. Die Fälle sind jedoch dermaßen dilettantisch zusammengeschustert, dass selbst einige Richter von den Staatsanwälten wenigstens einen einzigen belastbaren Beweis fordern. Das einzige Vergehen der Angeklagten besteht in ihrem Bekenntnis zum Islam, ihrem aktiven gesellschaftlichen Engagement und neuerdings auch in ihrer Mitwirkung an der *Krim-Solidarität*, einer Organisation, die die Familien von politischen Gefangenen unterstützt. Im September 2018 wurden rund 50 Personen aus politischen Gründen auf der besetzten Krim festgenommen - darunter 38 Krimtataren.[38] Das Leben ihrer Verwandten ist ein täglicher Kampf: um die Möglichkeit des Wiedersehens, und sei es durch eine Glasscheibe im Gerichtssaal, und um die Fähigkeit, die Familie zu versorgen. Auf unsere Bitte hin haben die Verwandten Gegenstände mitgebracht, die sie - und nun auch uns - an diejenigen erinnern, die man ihnen genommen hat.

Sie sind für anderthalb Tage in die Hauptstadt gekommen, und nun steht ihnen eine Reihe von Treffen mit Anwälten, Aktivisten und Beamten bevor - vor allem jedoch wollen sie für ihre Verwandten die Anerkennung als politische Gefangene erwirken.

Die meisten von ihnen sind ältere Menschen. Sie sind mit dem Bus angereist, den ganzen Tag werden sie von einem Treffen zum nächsten Hetzen, und am nächsten Abend fahren sie wieder zurück. Es bleibt kaum Zeit, ein Interview zu führen. Und diesmal -

[38] Zum Zeitpunkt der Veröffentlichung dieses Buches im Februar 2020 sitzen 67 Krimtataren in russischen Gefängnissen ein (Anm. d. Autorin).

wenn schon alle in Kyjiw sind, wollen wir es gründlich machen – sind neben Video- auch Portraitaufnahmen geplant. Leider haben wir nur wenige Stunden Zeit. Jede Geschichte ist zutiefst tragisch. Die ganze Zeit über entschuldige ich mich, da ich weiß, dass die Leute ohnehin am Ende ihrer Kräfte sind. Wir haben uns aufgeteilt: in einem Raum unterhalte ich mich mit den Verwandten, und sobald unser Gespräch beendet ist, wartet im nächsten Raum schon die Fotografin auf sie, während im dritten Raum ein Kollege mit den Wartenden plaudert. Die Arbeit wirkt wie ein schauderhaftes Förderband zur Dokumentation menschlicher Trauer, und unablässig spürt man den Drang, sich entschuldigen zu müssen …

Mumine Salijewa

Ehefrau des politischen Gefangenen Sejran Salijew aus Bachtschyssaraj. Ihr Mann wurde am 11. Oktober 2017 festgenommen. Sie haben vier Kinder.

Mumine hat keine Angst. In den ersten Jahren nach der Annexion ließ man die Frauen in Ruhe. Nun jedoch schweben die Ehefrauen politischer Gefangener in Gefahr. Auch ihr Mann Sejran Salijew ging von Anfang an ein gewisses Risiko ein. Der Touristenführer aus Bachtschyssaraj wurde zum politischen Aktivisten und half den Krimtataren, die man zu verfolgen begann. Die Familie hat beschlossen, dass ihre Aufgabe darin besteht, ihrem Volk, das *„als Ganzes auf der Anklagebank sitzt"*, wie Mumine sagt, zur Seite zu stehen. Der FSB wirft Sejran die Beteiligung an einer Terrororganisation vor. Erst Ende 2019 begann das Gericht in Rostow im Fall Sejran Salijew mit der Sachprüfung. Am 16. September 2020 wurde er zu einer 16-jährigen Haftstrafe in einer Hochsicherheits-Strafkolonie mit anschließender Freiheitsbeschränkung von einem Jahr verurteilt.[39] Mumine ist Wirtschaftswissenschaftlerin. Seit der Inhaftierung ihres Mannes im Oktober 2017 zieht sie ihre vier Kinder alleine groß. Zwölf Jahre lang haben sie und ihr Mann zusammengelebt. Kurz vor der Verhaftung schloss die Familie den Bau des eigenen Hauses ab. Noch immer traut sich Mumine nicht, die Schwelle zu überschreiten und ohne Ehemann in das neue Heim einzuziehen.

„Die Verfolgung unserer Familie begann 2016 nach den ersten Festnahmen in Bachtschyssaraj. Mein Mann leistete damals Aufklärungsarbeit und informierte die Menschen über die stattfindenden Verhaftungen. Ihm wurde eine Ordnungswidrigkeit auferlegt und er musste eine Geldstrafe bezahlen. Ein halbes Jahr später – im Januar 2017 – brachen bewaffnete Männer samt Hund frühmorgens in unser Haus ein. Sie versetzten die Mutter und die Kinder in Angst und Schrecken. Sie suchten zwischen den

---

39 Üblicherweise läuft die Freiheitsbeschränkung auf einen Hausarrest und/oder ein Ausreiseverbot hinaus (Anm. d. Autorin).

Seiten der Kinderbücher, in den Geldbörsen und unter meinen Fachartikeln nach einem ‚Tatgegenstand'. Obwohl sie nichts gefunden haben, hielten sie meinen Mann zwölf Tage in Gewahrsam. Bis zu seiner Verhaftung widmete sich Sejran schlicht und ergreifend unseren vier Kindern, arbeitete als Touristenführer und richtete muslimische Feiertage aus. Nach 2014 ergriffen wir Partei – wir klapperten die Gerichte ab und besuchten die hilfsbedürftigen Familien. Uns war klar, dass Menschen, die eine bürgerrechtliche Haltung zeigen, verfolgt werden können. Ich habe häufig mit meinem Mann darüber gesprochen, dass sie eines Tages zu uns kommen und ihn möglicherweise für lange Zeit hinter Gittern bringen. Aber wir sahen keine Alternative zum Verbleib auf der Krim; sahen keine Möglichkeit, ein ruhiges Leben in einer sicheren Gegend zu führen. Wir haben beschlossen, unserem Volk der Krimtataren bis zum Ende zur Seite zu stehen in diesem Kampf, den sie aus religiösen und nationalistischen Gründen gegen uns führen. Bis zu einem gewissen Grad war mein Mann für das Schlimmste gewappnet. Natürlich hat er mich und die Kinder darauf vorbereitet."

„Am 11. Oktober 2017 drangen erneut maskierte Männer bei uns ein. Sie hüteten sich, ihre Gesichter zu zeigen. Erneut stellten sie das ganze Haus auf den Kopf. Gegenüber meinem Mann verwiesen sie auf den Paragrafen zur Beteiligung an der terroristischen Vereinigung ‚Hizb ut-Tahrir', der eine bis zu 20-jährige Freiheitsstrafe vorsieht."

„Wir standen kurz davor, unseren zwölften Hochzeitstag zu begehen; ich habe nicht eine schlechte Erinnerung an die Ehejahre. Wir haben uns an der Universität kennengelernt. Ich studierte im dritten Jahr Wirtschaftswissenschaften, er Englisch und Krimtatarisch an der Philologischen Fakultät. Es hieß, er habe schlechte Noten, schwänze häufig die Seminare und sei ein schwacher Student. Ich dagegen war eine ausgezeichnete Studentin. Es sah nicht danach aus, als wäre ihm jene glänzende Zukunft beschieden, die sich Eltern für ihre Kinder wünschen. Aber ich sagte mir, dass ich ein solches Potenzial in diesem Menschen spüre, eine solche Stärke, dass ich stolz auf ihn sein werde. Und ich habe mich nicht getäuscht. Wir haben nicht nur eine Familie gegründet, sondern auch unser Traumhaus gebaut. Wir planten bereits den Umzug, aber die Türen dieses Hauses sind vorerst verschlossen. In schwachen Momenten nehme ich die

Schlüssel und… ich wage es nicht, ein neues Kapitel in meinem Leben aufzuschlagen und das Haus ohne meinen Mann zu betreten.

Wir haben vier Kinder: Salich, Samija, Surije, Sofija. Sejran hat vor kurzem jedem Kind einen Brief geschrieben, und wenn es um Sofija geht – unsere Kleinste – kann ich seinen Schmerz spüren. Als sie meinen Mann abführten, war sie erst sechs Monate alt. Nun bittet er seine Tochter um Vergebung dafür, dass er sie nicht in seinen Armen wiegen kann. Bis dahin hat er mich immer unterstützt, etwa wenn ich während der Prüfungsphase meine Examen ablegte. Mir war es peinlich, dass mein Mann das tat. Obwohl sich die Schönheit eines Mannes darin äußert, dass er seiner Frau hilft. Leider ist er für die jüngste Tochter – auch wenn es grausam klingt – ein vollkommen Fremder.

Für den Rest unserer Kinder bietet sich die einzige Gelegenheit, ihren Vater zu sehen, während den Gerichtsverhandlungen. Und von denen finden nur wenige öffentlich statt. Aber die Kinder setzen alles daran, entweder auf den Fluren dieser Scheinjustiz oder von der Straße aus einen kurzen Blick auf ihren Vater zu erhaschen. Das Vergehen, dessen Sejran

Mumine hat ein Hochzeitshemd mitgebracht. Nach krimtatarischer Tradition muss es die Braut selbst auswählen und dem Angetrauten zum Geschenk machen. Vor zwölf Jahren hat sie dafür 90 Hrywnja bezahlt; Mumine erhielt ein Stipendium in Höhe von 35 Hrywnja und sparte drei Monate lang auf das Hemd.

beschuldigt wird, hat nicht das Geringste mit der Ordnungswidrigkeit zu tun, die im Zusammenhang mit seiner Aufklärungsarbeit steht. Die Vorwürfe sind reine Kopfgeburten. Doch es spielt keine Rolle, ob eine Person etwas mit ‚Hizb ut-Tahrir' zu schaffen hatte oder Mitglied dieser Partei war. Das einzige, was die Person sich hat zuschulden kommen lassen, ist, dass sie Überzeugungen hat, die den Bestrebungen der Machthaber zuwiderlaufen. Im Grunde genommen sitzt das gesamte Volk der Krimtataren auf der Anklagebank. Selbst die Frauen werden nun schon verfolgt. Aber ich habe keine Angst. Du kämpfst schließlich für das, was du für richtig hältst, und hast nicht den geringsten Zweifel, dass du im Recht bist. Sollen doch diejenigen Angst haben, die heute die wahren Kriminellen sind; diejenigen, die Menschen eines Vergehens beschuldigen, das sie nicht getan haben; die Existenzen zerstören und Familienschicksale ruinieren. Mehr als einhundert Kinder stehen ohne ihre Versorger da."

Lilija Sekirjajewa

Mutter des politischen Gefangenen Serwer Sekirjajew aus Bachtschyssaraj. Ihr Sohn wurde am 11. Oktober 2017 festgenommen. Serwer Serkirjajew hat 13 Kinder.

Wiederholt bat Lilija die maskierten Männer um die Erlaubnis, sich während der Razzia und der Verhaftung von ihrem Sohn verabschieden zu dürfen. Seither hat sie ihn nur hinter Glas im Gerichtssaal gesehen. Eine Unterredung wurde ihnen nicht gestattet. Serwer wurde am 11. Oktober 2017 festgenommen, als er gerade seinen Hochzeitstag und den ersten Geburtstag seines jüngsten Kindes feierte. Ein halbes Jahr später kam eine Tochter zur Welt – seine Frau war zu diesem Zeitpunkt schwanger gewesen. Sekirjajew war ein aktives Mitglied der krimtatarischen Gemeinde und besuchte regelmäßig die Moschee. Die Besatzungsbehörden werfen Serwer Sekirjajew Terrorismus vor. Über den Fall wurde bis September 2020 verhandelt, dann wurde Sekirjajew zu einer 13-jährigen Haftstrafe in einer Hochsicherheits-Strafkolonie verurteilt.

„Serwer ist Sportlehrer, er hat an einer Schule gearbeitet und Blumen im Gewächshaus gezüchtet. Und er hat eine Familie ernährt – er hat 13 Kinder. Der älteste Sohn ist 20 Jahre, die jüngste Tochter sechs Monate alt. Seit sie ihn eingesperrt haben, hat er seine Jüngste nicht mehr gesehen. An jenem Tag, dem 11. Oktober, rief mich meine Enkelin an: ‚Oma, sie sind in Masken zu uns gekommen.' Ich eilte herüber und wollte das Haus betreten, aber im Hof standen jede Menge Fahrzeuge und 20 bis 25 Personen.

‚Darf ich hineinkommen?', frage ich. ‚Das ist mein Sohn, mein Haus.'

‚Nein, das ist nicht möglich.'

Ich begann zu weinen.

Die Razzia dauerte vier Stunden. Als sie ihn in Handschellen hinausführten, fragte ich erneut: ‚Kann ich mich von meinem Sohn verabschieden?'

‚Nein, das ist nicht möglich.'

So standen wir da. Sie in Sturmhauben, mit Maschinengewehren und Schlagstöcken und ihrem ‚Nein, das ist nicht möglich' auf den Lippen.

An jenem Tag nahmen sie in Bachtschyssaraj sechs Personen fest. Das Haus war nicht mehr wiederzuerkennen – überall lagen Bücher und Hefte verstreut. Jeder Zentimeter wurde durchsucht. Sämtliche Brieftaschen waren verschwunden. Sie beschlagnahmten den Computer, das Telefon und die Pässe. Die Kinder schrien ‚Papa, Papa!' Und die nur zu ihnen: ‚Was heult ihr hier herum? Was soll das Theater?'

Wir fuhren nach Simferopol, aber wir konnten unseren Sohn weder bei der Miliz noch bei der Staatsanwaltschaft finden. Erst später erfuhren wir, dass man die Verhafteten nach Jewpatorija gebracht hatte. Drei der Kerle, die sie festgenommen hatten, sahen wir erst im Gerichtssaal wieder. Uns blieb nur genug Zeit, um zu fragen, wie es ihm geht. Mein Sohn winkte ab: ‚Mama, mach dir keine Sorgen, alles wird gut.'“

„Ihnen wird Terrorismus vorgeworfen. Sie haben aber doch nichts bei uns Zuhause gefunden! Unsere Jungs haben niemandem Schaden zugefügt:

Sie haben die Moschee besucht, gebetet und an Gott geglaubt. Und nun glauben sie, dass einzig Gott ihnen helfen wird.

Es ist sicherlich kein Zufall, dass man ausgerechnet diese Männer festgenommen hat. Sie sprachen über den Islam und lehrten die Kinder, was man nicht tun dürfe. Das war ihre Bestimmung. Über ‚Hizb ut-Tahrir' wusste ich nichts. Und die Richter selbst halten den Mund. Entweder sie schweigen oder sie verweisen wie Handpuppen auf diesen oder jenen Paragrafen. Und das seit Jahren. Alle Kerle waren berufstätig. Mein Junge hat Blumen gezüchtet: Nelken, Rosen, Enzian…

Im Augenblick kümmern sich die Leute um uns. Ich selbst war Apothekerin von Beruf. Nach dreißig Jahren Arbeit bin ich in Rente gegangen. Ich habe drei Kinder und 19 Enkelkinder. 1989 siedelte ich aus Usbekistan auf die Krim über. Doch seit 2014 leben wir wie auf einem Pulverfass. Meine Mutter wurde dreimal deportiert. Sie ist jetzt 92 Jahre alt. Das erste Mal deportierte man sie 1929 während der Entkulakisierung. Sie kehrte zurück – nur um 1937 erneut deportiert zu werden, nach Workuta, weil sie, die Frau eines Kulaken, zurückgekommen war. Ich werde bald 69. Wir machen uns große Sorgen, jeden Tag hoffen wir, dass sie bloß nicht zu uns kommen. Auch die Frauen stehen nun unter Verdacht. Und weshalb? Für irgendeinen Post auf Facebook aus dem Jahr 2012! Die Kinder begreifen alles, sie haben alle Durchsuchungen miterlebt, sie schauen fern und lesen Beiträge in den sozialen Netzwerken.

Zwei Jahre lang waren die Männer in Simferopol in Untersuchungshaft – dann wurden sie nach Rostow am Don gebracht. Die Berufungsgerichte tagen nicht öffentlich. Mein Sohn hat im Gefängnis ein Buch geschrieben und brachte es über seinen Anwalt nach draußen. Er hat es dort drinnen zwar nicht leicht, aber er schreibt nichts Schlechtes. Ich weiß wohl, dass sich 20 bis 26 Personen eine Gefängniszelle teilen. Sie schlafen etappenweise. Sagen wir, es gibt 16 Betten und 26 Personen, dann schlafen die einen morgens, die anderen abends. Aber das ist jetzt anders. Sieben Personen teilen sich ein Zimmer und jeder hat sein eigenes Bett. Ich weiß, dass man sie nicht gefoltert hat, auch wenn Serwer einen Monat in einer psychiatrischen Klinik verbracht hat. Wir hoffen alle, dass es nicht schlimmer wird, dass sie unsere anderen Jungs nicht fortschaffen. Wir achten aufeinander und unterstützen die Familien. Ich selbst spende von jeder Rentenzahlung ein- bis zweitausend Rubel, um Kindern von politischen Gefangenen zu helfen. Sie ermorden uns und besetzen unser Land seit 1783, doch wir geben nicht auf.[40]

Wir wollen, dass unsere Leute freigelassen werden und die Ukraine uns dabei hilft, indem sie sie offiziell als politische Gefangene anerkennt. Bislang ist das nicht der Fall. Wir wollen, dass sich der Staat für sie einsetzt – denn wir sind Bürger der Ukraine, sie haben uns weder die Staatsbürgerschaft entzogen, noch haben wir darauf verzichtet und stattdessen die russische Staatsbürgerschaft angenommen."

40 1783 wurde das Territorium des Khanats der Krim – eines Reiches, das sich auf die Krim, die nördliche Schwarzmeerregion sowie die angrenzenden Gebiete erstreckte – durch das Russische Imperium während des Feldzugs von Potemkin zur „Befriedung der Krim" annektiert. Auf dem annektierten Gebiet wurde 1784 die Provinz Tauridien gegründet. Das Khanat der Krim entstand nach dem Zusammenbruch der Goldenen Horde auf dem Gebiet der Krimer Ulus und hatte von 1441 bis 1783 Bestand (Anm. d. Autorin).

Emine Ljumanowa

Mutter des politischen Gefangenen Refat Alimow aus der Nähe von Jalta. Ihr Sohn wurde am 18. April 2016 festgenommen.

Refat Alimow ist einer der jüngsten politischen Gefangenen und wird zur Jalta-Gruppe gezählt. Russische Sicherheitskräfte nahmen ihn am 18. April 2016 fest. Der FSB wirft Alimow die Beteiligung an der islamischen Partei „Hizb ut-Tahrir" vor. Die einzigen „Beweisstücke", die man seiner Mutter später zurückgegeben hat, sind ein Notizbuch mit den Gebeten des Sohnes und zwei CDs mit Anleitungen zur richtigen Ausführung von Gebeten sowie Aufzeichnungen über das Leben des Propheten Mohammed. Der 27-jährige Refat hat ein Nierenleiden. Eine angemessene medizinische Behandlung wird ihm verwehrt. Ein Jahr nach unserem Gespräch wird Refat Alimow zu acht Jahren Haft in einer Hochsicherheits-Strafkolonie verurteilt.

„Ich war bei drei Gerichtsprozessen in Rostow am Don anwesend. Dort habe ich meinen Sohn und die anderen Jungs gesehen. Sie halten sich tapfer. Sobald sie uns sehen, lächeln sie. Einmal gab es ein Wiedersehen mit Refat. Die Sache ist: wenn wir, die Angehörigen der Gefangenen, gemeinsam anreisen, dann genehmigen sie nicht allen, sondern nur Einzelpersonen ein Treffen. Sie begründen es damit, dass sich die ‚Komplizen' nicht am selben Tag mit ihren Verwandten treffen dürfen. Dabei ließen sie beim ersten Mal, als drei Besuchskabinen frei waren, drei von uns gleichzeitig hinein.

Zusammen mit Refat wurden insgesamt sechs Personen festgenommen. Die ersten vier ergriffen sie nach den Razzien am 11. Februar 2016, zwei weitere Männer – meinen Sohn und einen Nachbarn – zwei Monate darauf. Das war in Krasnokamjanka. Man warf ihnen Beteiligung an der Organisation ‚Hizb ut-Tahrir' vor. Zuerst war ich nicht einmal imstande, dieses Wort auszusprechen. Ich hatte nicht die leiseste Ahnung, was das ist. Ich möchte klarstellen, dass die Jungs sich nichts haben zuschulden kommen lassen. Mein Sohn arbeitet – beziehungsweise arbeitete – als Handelsvertreter. Er hatte nur einen einzigen freien Tag in der Woche, den er

ganz dem Fußball widmete. Selbst in seinen Träumen drehte sich alles um Fußball. Daheim habe ich diese Torwarthandschuhe, die ich immer wieder an einen anderen Platz räume, um meinem Sohn nahe zu sein. Sowohl die Zuckerdose als auch sein Rasierwasser haben die Form einer Kugel. Er hat den Fußball so sehr geliebt, dass alles um ihn herum rund wie ein Ball sein musste.

Ich bin Rentnerin und habe drei Kinder: einen Sohn und zwei Töchter. Die älteste Tochter ist 30 Jahre alt, die jüngste 24. Ich habe fünf Enkelkinder. Refat, der mittlere Sohn, hat es nicht mehr geschafft, zu heiraten. Wann immer wir uns vor Gericht sehen, beruhigt er mich: Mama, mach dir keine Sorgen, man wird beweisen, dass wir unschuldig sind, dann ist bald alles vorbei.

Ich achte nicht sonderlich auf das, was der Untersuchungsrichter verliest, doch während einer der Gerichtsverhandlungen hieß es, zu Hause seien Tatgegenstände gefunden worden. Das stimmt einfach nicht. Sie haben Datenträger und ein Notizheft konfisziert, in welches mein Sohn Gebete schrieb und mit dem er die Gebetsrituale erlernte. Ein Notizheft und zwei CDs – ‚Die Ausführung des Gebetes' und ‚Das Leben des Propheten' – haben sie mir zurückgegeben. Daraufhin fragte ich sie: ‚Wenn Sie mir die Beweisstücke zurückgeben, dann können Sie mir auch mein Kind wiedergeben – schließlich trifft ihn keine Schuld.' Seit wann sind Notizhefte und CDs Waffen?

Refat hat gesundheitliche Probleme. Schon 2014 litt er unter Anfällen, ausgelöst durch Nierensteine. Auch in Untersuchungshaft hatte er so einen Anfall. Das war schrecklich. Der Anwalt behauptet, dass der Schmerz vergeht, er wird für eine kurze Zeit betäubt – und eine halbe Stunde später wiederholt sich alles. Als mein Sohn um Medikamente bat, nannten sie ihn einen Simulanten. Ich kann die Haltung der Gefängniswärter gegenüber rechtswidrig Inhaftierten nicht nachvollziehen.

In der Untersuchungshaftanstalt in Simferopol waren die Bedingungen weitaus schlimmer: Bettwanzen, Mäuse, Schimmel. Damals musste ich viele Medikamente kaufen. In Rostow ist es etwas besser. Zumindest gibt es dort keine Bettwanzen. Ich war vor Gericht und konnte mithilfe von Gesten mit meinem Sohn kommunizieren. Ich frage ihn gestikulierend, ob sie beißen. Er verneint. Allein das erfreut mich. Denn als ich Refat im Gerichtssaal in Sewastopol begegnet bin, war er von Kopf bis Fuß mit Bissen übersäht."

„Wenn ich an die Angehörigen anderer Häftlinge denke, kann ich die Tränen nicht zurückhalten. Es fühlt sich an, als wären wir eine einzige große Familie. Zuerst lernte ich unsere Jalta-Gruppe kennen – es waren ihre Jungs, die sie als erstes wegbrachten. Enwer Bekirow kannte ich bereits. Damit habe ich neben meiner eigenen noch vier weitere Familien … heute sind wir mehr. Im Mai 2016 kam dann noch die Bachtschyssaraj-Gruppe dazu. Wir tauschen uns aus, wir sind nicht allein. Ohne Unterstützung wäre es sehr schwierig, da die materiellen Aspekte des Lebens nicht einfach zu bewältigen sind. Ich bin Rentnerin, meine Rente ist bescheiden. Mein Sohn benötigt zwei bis drei Pakete mit Zigaretten, Zucker und Süßigkeiten im Monat. Nach Medikamenten fragt er bisher nicht.

Es gibt noch Hoffnung. Den Umständen zum Trotz beten die Inhaftierten fünfmal täglich. Ihre ganze Hoffnung ruht auf dem Allmächtigen. Höchstwahrscheinlich werden sie aus religiösen Gründen verfolgt. Ich lebe seit 26 Jahren auf der Krim, und in diesem Zeitraum hatten wir keinen einzigen Terroristen. Kaum haben die Machthaber gewechselt, fingen sie an, unter den Muslimen nach Terroristen zu fahnden."

Refat Alimow begeistert sich seit seiner Kindheit für Fußball und war Torhüter. Emine hat eine Zuckerdose in Form eines Fußballs und seine Handschuhe mitgebracht und bewahrt beide Gegenstände im Wohnzimmer auf.

Diljara Abdullajewa

Mutter der politischen Gefangenen Usejir und Tejmur Abdullajew aus der Nähe von Simferopol. Die Söhne wurden am 12. Oktober 2016 festgenommen. Usejir hat vier Kinder, Tejmur fünf.

Diljara Abdullajewa hat ihre Söhne alleine in Baku großgezogen. Als ihr Mann starb, waren Usejir und Tejmur noch klein. Sie war als Ärztin tätig, es gab reichlich zu tun. Sie machte sich Sorgen, dass ihre Söhne vom rechten Weg abkommen und hat sie daher auf ein Suworow-Militärinternat geschickt. Anschließend schrieben die beiden sich an der juristischen Fakultät ein. Nachdem sie in den 90ern von Aserbaidschan auf die Krim übergesiedelt waren, erhielten sie die ukrainische Staatsangehörigkeit nicht sofort und konnten daher nicht als Anwälte tätig werden. Die jungen Männer widmeten sich der Kampfkunst und wurden professionelle Trainer – zwei der besten Trainer auf der Krim. Die beiden wurden am 12. Oktober 2016 festgenommen. Der FSB wirft Usejir die Beteiligung an einer Terrororganisation vor, seinem Bruder Tejmur wird die Vorbereitung einer terroristischen Handlung zur Last gelegt; darauf steht lebenslänglich. 2019 verurteilte ein russisches Gericht Usejir zu einer 14-jährigen Haftstrafe, Tejmur dagegen zu einer 17-jährigen Haftstrafe in einer Hochsicherheits-Strafkolonie.

„Ich habe meine Söhne alleine in Baku großgezogen. Dort sind sie zur Schule gegangen und haben Geige gespielt. Aber den Sport haben die Jungs noch mehr geliebt. Ihr Vater ist früh aus dem Leben geschieden: der Jüngste war fünf Monate alt, der älteste ein Jahr und fünf Monate. Als meine Söhne in der vierten Klasse waren, beschloss ich, sie auf ein Suworow-Militärinternat zu schicken. Baku ist eine gefährliche Stadt, und man musste aufpassen, dass die Jungs nicht rauchen oder Drogen nehmen. Ich war von morgens bis abends auf der Arbeit. Ich wollte sie zu ehrbaren Männern erziehen.

Der ältere, Usejir, ist jetzt 44 Jahre alt, der jüngere, Tejmur, ist 43. Eines Tages – am 12. Oktober 2016 – führten maskierte Männer mit kugelsicheren Westen und Maschinengewehren eine Razzia bei ihnen durch. Sie warnten uns: keine Bewegung, sonst eröffnen sie das Feuer. Ich habe neun kleine Enkelkinder, das jüngste ist zwei Monate alt. Einer meiner Söhne hat fünf Kinder, der andere vier. Sie leben in zwei Häusern mit einem gemeinsamen Hof. Sie brachen das Hoftor auf. Als mein Sohn sich dem Tor näherte, warfen sie ihn zu Boden und schlugen ihm auf Kopf und Beine und in den Bauch. Sie legten ihm Handschellen an und weckten die Kleinkinder. Als Usejir das alles hörte, sagte er sofort: ‚lasst die Kinder und die Frau in Ruhe. Wenn ihr mich wollt, komme ich mit euch.'

Ich bin in der Sowjetunion aufgewachsen. So etwas kenne ich nur aus Filmen. Und nun haben meine Enkel ein solches Trauma durchlebt! So etwas verheilt nicht, das bleibt ein Leben lang. Ständig muss ich daran denken. Eines der Mädchen, das zu diesem Zeitpunkt acht Jahre alt war, ist aufgewacht und schrie: ‚Mama, sie sind gekommen, um uns zu töten.' Seitdem hat sie den Glauben an diesen Staat verloren. Sie hat mit angesehen, wie ihr Vater in Handschellen auf dem Boden lag; wie ihre Mutter unter Androhung von Waffengewalt in die Ecke gedrängt wurde. Massen von Spezialeinheiten der Nationalgarde kamen zu uns, nur weil hier zwei Familien gemeinsam lebten! Wie werden diese Kinder aufwachsen? Welche Heimat sollen sie lieben lernen? Was sind das für Menschen, die mit Maschinengewehren zu uns kommen? Wie soll man das den Kindern erklären? Wer sind zum Beispiel die Amerikaner, und was ist Russland? Wenn wir Bürger Russlands sind, wie sollen wir ihnen weismachen, dass die Amerikaner unsere Feinde sind und Russland unser eigenes Land, wenn die Russen doch ihren Vater verschleppt haben? Sieben Stunden hat die Razzia vor den Augen der Kinder gedauert. Mein Sohn wurde mit einem Sack über dem Kopf fortgebracht. Die Nachbarn haben das gefilmt.

Ob sie uns erklären würden, wofür sie sie verschleppt haben? Ich glaube, dass sie alle fortschaffen, die mit diesem Regime nicht einverstanden sind und ihren eigenen Kopf haben. Meine Söhne sind Sporttrainer und haben zudem die juristische Fakultät absolviert. Als wir aus Baku hierherkamen, waren wir keine ukrainischen Staatsbürger. Die Erlangung der Staatsbürgerschaft ist ein langwieriger Prozess. Russische Pässe haben sie uns innerhalb von zwei Monaten ausgehändigt. Wir sind abhängig von medizinischer Versorgung, staatlichen Leistungen, Rente; alle haben kleine Kinder. Um den ukrainischen Pass musste ich mich mehrere Jahre lang bemühen. Ohne Staatsbürgerschaft wäre es nicht möglich gewesen, bei Gericht zu arbeiten, dabei sind meine Söhne Anwälte.

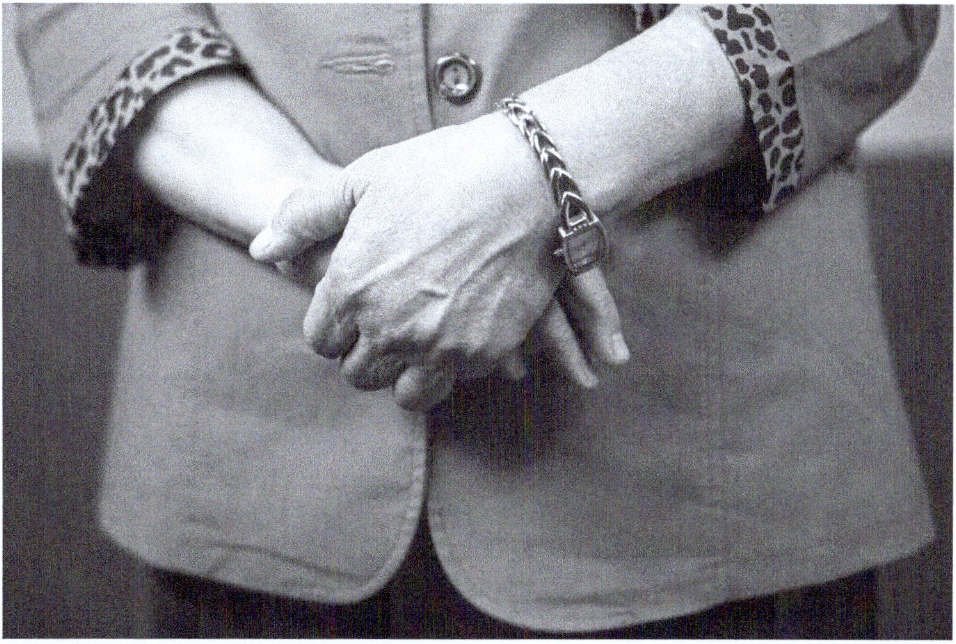

Seit ihrer Kindheit haben sie sich mit Kampfsport beschäftigt – Karate, Judo, Taekwondo. Sie haben in Baku damit angefangen, als es noch verboten war. Aber es war ihre wahre Leidenschaft! Selbst die Miliz auf der Krim hat ihre jährlichen Prüfungen bei ihnen abgelegt: Kampftechniken zum Entwaffnen. Der ältere Sohn war der Cheftrainer der Ukraine, gemeinsam mit seinem Bruder haben sie beim Sportverein Dynamo gearbeitet. Sie haben Kinder und Erwachsene trainiert und viele talentierte Athleten gefördert.

Meine Söhne sind gläubig. Auf der Krim wird man dafür jetzt strafrechtlich verfolgt. Seit die Antiterrorkampagne begonnen hat, kann potenziell jeder Muslim in Verdacht geraten.

Die Anklagen werden auf Grundlage von Falschaussagen, Verleumdungen und Denunziationen frei erfunden. So lässt sich die Region bequem von missliebigen Elementen befreien! Meine Schwiegertochter wurde ebenfalls abgeurteilt, weil sie sich beleidigend gegenüber einem Gerichtsvollzieher geäußert haben soll. Aber das ist gelogen. Sie ist Lehrerin, sie vergreift sich nicht im Ton.

Meinen jüngeren Sohn haben sie zwei Jahre lang in einer Einzelzelle ohne Fenster und mit spärlicher Beleuchtung festgehalten. Ich habe das auf einer Videoaufnahme des Gefängnisdirektors gesehen. Als ich weinte und nicht glauben wollte, dass mein Sohn am Leben ist, hat er mir dieses Video von einer Überwachungskamera gezeigt. Man sieht dort einen Sondertrakt, den zwei Offiziere mit dem Direktor betreten. Der Wärter kann sich nirgendwo hinsetzen und muss die ganze Zeit in Bewegung bleiben, das fördert seinen Missmut.

Die Gerichtsverhandlungen fanden hinter verschlossenen Türen statt. Meine Söhne wurden zum Militärgericht in Rostow gebracht. Sie haben zwei Jahre in Untersuchungshaft verbracht, obwohl die Unschuldsvermutung gilt. Doch für Russland sind das nur leere Worte.

Weshalb stehen meine Söhne nicht unter Hausarrest? Weshalb schickt man ihnen nicht einfach eine Vorladung? Sie haben neun kleine Kinder. Uns gegenüber behaupten sie: ‚Das sind Bürger der Ukraine, sie könnten fliehen.'

Meine Söhne wollten zu keinem Zeitpunkt fliehen, selbst als Russland über uns kam, sagten sie: ‚Wir leben in unserer Heimat, und Russland ist ein Aggressor-Staat. Uns trifft keine Schuld. Wir sind Juristen und wissen, dass wir gegen keine Gesetze verstoßen haben.' Aber die Richter behandeln sie wie Terroristen. Meine Söhne sitzen bei Hitze und Kälte in diesen Aquariumskäfigen im Gerichtssaal. Ich habe den Eindruck, dass der Richter kurz davor ist, den Standpunkt des Staatsanwaltes zu übernehmen. Andererseits gab der Richter in Rostow den Fall zur weiteren Ausarbeitung an die Staatsanwaltschaft zurück. Dem FSB sagte er: ‚Soll ich die Beweise etwa selbst erfinden?'"

„Das Volk weiß bereits, dass es bei den Repressionen um die Verfolgung derjenigen Krimtataren, Ukrainer und Russen geht, die sie von der Krim vertreiben wollen. Eine freiwillige Vertreibung unter Zwang. Wer bleibt, landet im Gefängnis. Die eine Hälfte haben sie hinter Gittern gesteckt, die andere hat Angst und geht aus freien Stücken. Du hast entweder loyal zu sein oder zu schweigen. Ich erwarte nichts von Russland. Ich hoffe, dass die Welt, die Ukraine uns helfen werden. Vielleicht lässt sich irgendein Angebot machen, das Russland nicht ablehnen kann. Ein Gefangenenaustausch oder die Kapitulation. Ich weiß nicht. Denn meine Kinder trifft keine Schuld."

Nijara Ibrahimowa

Mutter des politischen Gefangenen Tymur Ibrahimow aus Bachtschyssaraj. Ihr Sohn wurde am 11. Oktober 2017 festgenommen. Tymur Ibrahimow hat vier Kinder.

Mit jedem Wort scheint Nijara sagen zu wollen, dass ihr Sohn der Größte ist. Er ist unschuldig, ein Held. Tymur Ibrahimow hat sich mit Computern beschäftigt und war politisch aktiv. Er half den Familien politischer Gefangener und führte während der Festnahmen auf der Krim Live-Übertragungen durch. Am 11. Oktober 2017 wurde auch er verhaftet, als Figurant im sogenannten „Fall Hizb ut-Tahrir" von Bachtschyssaraj. Nun wachsen seine vier minderjährigen Kinder ohne Vater auf. Der jüngsten Tochter erzählt Nijara, dass ihr Vater auf einer langen Geschäftsreise sei. Tymur Ibrahimow stand in Rostow am Don vor Gericht und wurde im September 2020 zu einer 17-jährigen Haftstrafe in einer Hochsicherheits-Strafkolonie mit anschließender Freiheitsbeschränkung von anderthalb Jahren verurteilt. Seit seiner Inhaftierung hat sich sein Gesundheitszustand erheblich verschlechtert.

„Ich werde diesen Tag nie vergessen. Sie können mir glauben, dass ich die ganze Zeit über bei ihm bin. Mein Sohn ist mein Ein und Alles. Er hat vier Kinder, das Jüngste ist am Tag der Hausdurchsuchung zehn Jahre alt geworden. Sie haben Tymur festgenommen, weil er die Durchführung der Razzien gefilmt hat. Mein Sohn ist kein Terrorist und ist es nie gewesen. Er ist ein Held. Für mich und für alle Menschen. Wäre er nicht der, der er ist, würden sie ihn nicht unterstützen und für ihn vor Gericht ziehen. Selbst die russischen Kerle haben ihn im Gefängnis besucht, um ihm einige Sachen zu bringen. Sie bewilligen uns keine Zusammenkünfte. Nur vor Gericht ist es mir gelungen, die Hand meines Sohnes zu ergreifen und sie zu halten.

Von ‚Hizb ut-Tahrir' hörte ich bei der Hausdurchsuchung zum ersten Mal. Ich wusste nicht, was das ist. Mein Sohn betet fünfmal täglich. In Bachtschyssaraj gibt es viele von seiner Sorte. Unser Städtchen ist klein. Jeder kennt jeden. Alle sind sich einig, dass die Jungs, die man in dem Fall inhaftiert hat, die Größten sind. Sie sind losgezogen, um den Familien zu helfen, bei denen man die Männer bereits festgenommen hatte. Sie erkundigten sich, wer Brennholz benötigt, und richteten die Feiertage aus.

Wir kamen 1993 auf die Krim. Die Zeiten damals waren nicht einfach, jeder wurde entlassen, die Renten gekürzt oder einbehalten. Aber wir sind trotzdem auf die Krim übergesiedelt. Wir haben ein Haus gebaut und ein normales Leben angefangen.

Ich möchte meinem Sohn sagen, dass er der Größte auf der Welt ist, dass ich ihn sehr liebe und jeden Tag auf ihn warte. Ich möchte sagen, dass er bald zurückkehrt und wieder bei seiner Frau und seinen Kindern sein wird. Seine Frau hält sich wacker. Ihr bleibt nichts anderes übrig – der älteste Sohn Ali ist neun Jahre alt, das Mädchen Ajsche acht, Jasmin ist sechs, und Amirtschyk wird am 30. September ein Jahr alt. Die Kinder wollen wissen, wo ihr Vater ist. Wir sagen ihnen, er sei weit weggefahren und kann nicht herkommen.

Mein Sohn hat mir ein altes Tablet geschenkt, und jeden Tag höre ich darauf das Lied ‚Mein liebster Sohn' von Anschelika. Darin singt sie die Zeilen: ‚Du bist immer in meiner Nähe, und ich werde dich nie vergessen, und nie gegen jemand anderen eintauschen.'"

Ajsche Abiltarowa

Mutter des politischen Gefangenen Rustem Abiltarow aus Bachtschyssaraj. Ihr Sohn wurde am 12. Mai 2016 festgenommen. Rustem Abiltarow hat vier Kinder.

Während ihr Sohn im Gefängnis saß, trug Ajsche Abiltarowa ihren Mann zu Grabe. Dem Sohn blieb der letzte Abschied von seinem Vater verwehrt. Rustem war Profisportler und hat auf dem Bau gearbeitet. Am 12. Mai 2016 wurde er nach einer Hausdurchsuchung in Bachtschyssaraj verhaftet und der Beteiligung an der Organisation „Hizb ut-Tahrir" bezichtigt. Seine Mutter sagt, dass ihr Sohn schlicht und ergreifend ein eifriger Gläubiger sei – er hielt die Gebetsvorschriften ein und besuchte regelmäßig die Moschee. In den vergangenen zweieinhalb Jahren hat Ajsche ihren Sohn nur ein einziges Mal zu Gesicht bekommen. Jene Zeit verbrachte er unter entsetzlichen Bedingungen in Untersuchungshaft: in einer Zelle für 18 Personen gab es nur zwölf Betten. Schlafen konnte man nur etappenweise. Im Sommer 2018 wurde Rustem nach Rostow am Don überführt. Nach der Urteilsverkündung des russischen Gerichts und nach gescheiterter Berufung wurde Rustem Abiltarow zu acht Jahren und neun Monaten Haft in einer Hochsicherheits-Strafkolonie verurteilt. 2020 äußerten die Anwälte von Rustem Abiltarow Besorgnis über den schlechten Gesundheitszustand des Gefangenen.

„Meine Söhne sind Zwillinge. Der eine war daheim. Beim anderen hämmerten sie am 13. Mai 2016 um sechs Uhr morgens gegen die Tür. Er öffnete, und da standen bewaffnete Sicherheitsbeamte. Solche Razzien fanden an diesem Tag in vier Häusern in Bachtschyssaraj statt. Sie haben bei ihm nach Waffen gesucht und alles auf den Kopf gestellt. Die Kinder – der Älteste war zu diesem Zeitpunkt zehn, der jüngste drei – durften ihre Zimmer nicht einmal verlassen, um auf Toilette zu gehen. Daheim haben sie nichts gefunden. Rustem ist strenggläubiger Muslim, er betet fünfmal täglich und besucht regelmäßig die Moschee. Sie haben ihm die Beteiligung an der Organisation ‚Hizb ut-Tahrir' angehängt. Das war die erste

Bachtschyssaraj-Gruppe. Rustem ist Athlet. In seiner Jugend hat er Taekwondo praktiziert und zahlreiche Preise gewonnen. Er hat Bauwirtschaft in Bachtschyssaraj gelernt. Das Gehalt war bescheiden, also begann er mit dem Bau von Privathäusern.

Ich weinte und fragte, wo sie ihn hinbringen, aber sie haben es mir nicht gesagt. Zwei Jahre hat er unter schrecklichen Bedingungen im Untersuchungsgefängnis verbracht. Sie hielten die Gefangenen im Keller. Man schlief der Reihe nach. Lange Zeit gab es keine Anklage – bis plötzlich der Vorwurf vom versuchten Staatsstreich im Raum stand. Der Ermittler bestellt mich zur Befragung ein und verliest das alles. Ich frage: ‚Was reden Sie da?! Sie beschuldigen ihn, einen Staatsstreich geplant zu haben. Sie waren doch bei ihm Zuhause. Haben Sie dort etwa Panzer gefunden? Maschinengewehre? Wie soll man mit leeren Händen einen Umsturz durchführen?'"

„Sie haben meinen Sohn nach Rostow gebracht. Meine Schwiegertochter fuhr dorthin. Es ist gut, dass die krimtatarische Gemeinschaft uns hilft. Sie bringen Mehl, Butter und Zucker. Diesmal haben sie dabei geholfen, einen Wagen aufzutreiben, damit die Frauen der politischen Gefangenen nach Rostow fahren konnten. Und sie haben ihnen dort eine Wohnung angemietet. Ich habe gesagt, dass ich alleine fahre. Sie hielten mich an und sagten: ‚Mütterchen, du hältst keine 16 Stunden im Fahrzeug durch.' Da widersprach ich: ‚Und ob ich fahre, denn ich muss meinen Sohn sehen.' Bei den letzten Anhörungen saß er im Käfig. Wir unterhielten uns an den Soldaten, die dort standen, vorbei. Als er mich sah, fragte er: ‚Mama, was ist mit dir geschehen?' Ich hatte in jener Zeit meinen Mann bestattet. Mein Sohn war bei der Beerdigung nicht dabei, sie ließen ihn nicht. Ich sage ihm: ‚Nichts, Balam,[41] alles in Ordnung.' Und er: ‚Mama, du bist so dünn geworden.' Und ich: ‚Nein, Balam, alles gut.'

Aus der Glasscheibe, hinter der Rustem saß, war ein Stück herausgebrochen. So konnten wir uns an den Händen halten. Und die Stimmung war gut. Wir bemühen uns nach Kräften, einander zu unterstützen.

Ich kam im Exil in Usbekistan, wohin sie meine Eltern vertrieben hatten, zur Welt. Dort sind sie auch gestorben. Bis zu ihrem letzten Atemzug haben sie von der Krim gesprochen. Wir kamen voller Hoffnung, dass wir in unserer historischen Heimat leben würden. Ich hoffe, dass wir hier bleiben werden – Inschallah."

---

41 Krimtatarisch für „Kindchen" (Anm. d. Autorin).

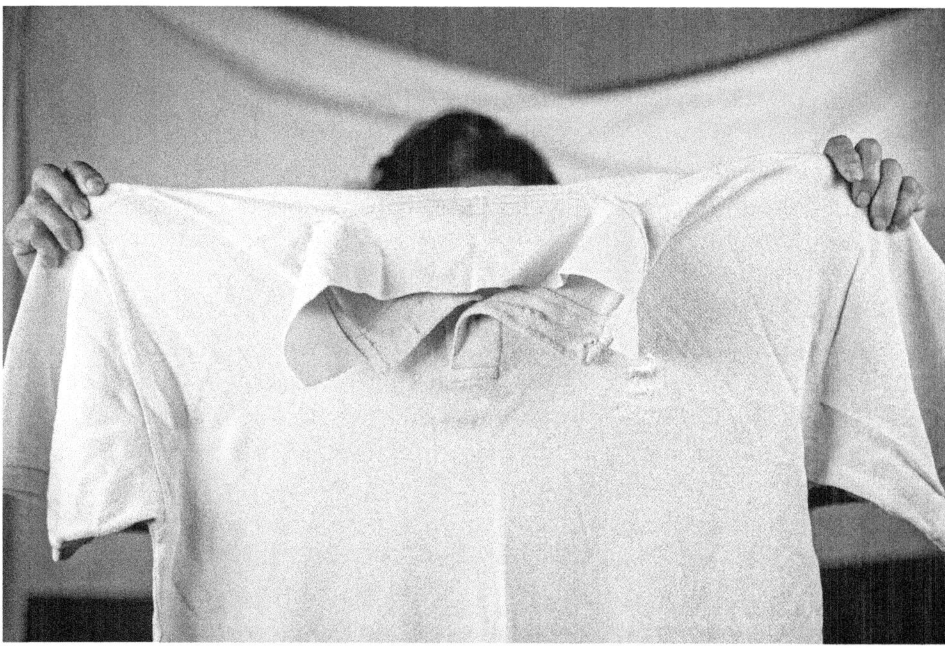

Rustem Abiltarow hat vier Kinder. Ajsche hat ein T-Shirt mitgebracht, das sie einem ihrer Enkelkinder geschenkt hat. Es erwies sich als einige Nummern zu groß, außerdem gefiel es dem Kind nicht, und so trug es ihr Sohn, um Ajsche eine Freude zu machen.

Rustem Mustafajew

Vater des Menschenrechtsaktivisten und politischen Gefangenen Serwer Mustafajew aus Bachtschyssaraj. Sein Sohn wurde am 21. Mai 2018 festgenommen. Serwer Mustafajew hat vier Kinder.

Die russischen Sicherheitsbehörden nahmen Serwer am 21. Mai 2018 in Bachtschyssaraj fest. Serwer ist einer der Mitbegründer und Koordinatoren der Bürgerbewegung *Krim-Solidarität*. Er hat nicht nur tatkräftig die Familien politischer Gefangener unterstützt, sondern sich auch auf internationaler Ebene für ihre Freilassung eingesetzt – nun führt er diesen Kampf sogar hinter Gittern fort. Der FSB legt ihm die „Beteiligung an einer Terrororganisation" zur Last. Nach zwei Jahren hinter Gittern wurde Serwer Mustafajew 2020 schließlich zu einer 14-jährigen Haftstrafe in einer Hochsicherheits-Strafkolonie mit anschließender Freiheitsbeschränkung von einem Jahr verurteilt.

„Nach der Schule schrieb sich mein Sohn an der technischen Berufsschule in Bachtschyssaraj ein, anschließend machte er seinen Abschluss an der Fakultät für Energie- und Wärmetechnik an der Nationalen Universität für Luftfahrt in Kyjiw. Er hat für ein Mobilfunkunternehmen gearbeitet, anschließend für einen Schmuckproduzenten und danach in einer Bäckerei. Und er ist nach Simferopol zurückgekehrt, wo er Geschäftsführer eines Backunternehmens geworden ist. Er hat sieben Verkaufsstellen in der Stadt geleitet und war also Geschäftsmann.

Nach der Annexion setzte bei uns jedoch die Verfolgung von Aktivisten und bekennenden Anhängern des Islam ein. Durchsuchungen, Razzien, Untersuchungshaft. Erst in Jalta, dann in Simferopol, anschließend die erste Bachtschyssaraj-Gruppe, kurz darauf die zweite. Die Mitglieder der zweiten Bachtschyssaraj-Gruppe – darunter auch Edem Smajilow – wurden am 21. Mai festgenommen.

Als die Repressionen anfingen, beschlossen sie die Gründung der Organisation ‚Krim-Solidarität'. Sie verteilen Hilfsgüter, die von unserem gesamten Volk gesammelt werden. Dieser Tätigkeit ging mein Sohn nach. Es verging fast ein Jahr, dann kündigte er seinen Job und widmete sich ausschließlich dieser Tätigkeit. Dann kam er an die Reihe. Sie legen ihm

Beteiligung an terroristischen Aktivitäten nach Paragraf 205 Absatz 5 des russischen Strafgesetzbuches zur Last.

Mein Sohn hat bei mir gelebt. Insgesamt habe ich sieben Enkelkinder, da meine Tochter noch drei weitere Kinder hat. Natürlich fragen Serwers Kinder nach ihrem Vater. Sie haben alles mit angesehen. Der Älteste ist ein pfiffiger Junge. Serwer war häufig in bürgerrechtlichen Angelegenheiten außer Haus. Sein Sohn glaubt, dass der Vater noch immer in solchen Angelegenheiten unterwegs ist. Er ahnt nicht, dass er einsitzt. Die anderen Kinder sind noch klein.

Wir kommunizieren über den Anwalt. Serwer hat einen starken Willen, er wird auch jetzt nicht zerbrechen. Alle Kerle dort sind so, sie werden nicht nachgeben. So sagen es die Anwälte.

Wir, die Krimtataren, sind seit der ersten Deportation im Jahre 1870 an Verfolgung gewöhnt. Als sie beispielsweise meine Mutter vertrieben haben, war sie neuneinhalb Jahre alt. Wir konnten Usbekistan nicht verlassen. Erstens war es zu teuer, zweitens war es verboten. Ab 1987 befand sich unsere Bewegung im Aufwind. Die Krim bedeutet mir alles. Sie ist ein Ort der Sehnsucht, die Liebe zur Heimat und die Heimat selbst.

Das alles sind historische Stadien. Die Muslime haben eine bestimmte Auffassung von Geduld. Sie durchdringt auch uns. Alles liegt in den Händen des Allmächtigen, und unsere Hoffnungen ruhen auf ihm. Noch während die Razzia durchgeführt wurde, sagte ich zum Ermittler: ‚Sieh mal, ihr habt nun Pass, Laptop und Handys mitgenommen, mein Sohn befindet sich in eurer Gewalt. Stellt ihn unter Hausarrest.' Er entgegnete: ‚Nein, Ihr seid ein Sonderfall. Ihr Krimtataren seid von der speziellen Sorte.' Wir werden uns unermüdlich mit rechtlichen Mitteln zur Wehr setzen. Noch aus sowjetischen Zeiten haben wir unsere gewaltfreien Taktiken zur Verteidigung unserer Rechte, gewaltfrei und waffenlos.

Ich bin stolz auf meinen Sohn, als Vater und als Krimtatare. Seit sie Serwer mitgenommen haben, vergeht kein Tag ohne Besuch. Ständig kommen Gäste. Sie fragen, ob sie uns mit irgendwas behilflich sein können, und wollen wissen, wie es Serwer geht. Ihnen fehlt er auch – von uns, den Eltern und der Familie, ganz zu schweigen. Er fehlt allen, die mit ihm zu tun hatten."

Serwers Armbanduhr ist für seinen Vater etwas ganz Besonderes.
Er erklärt, dass Serwer an einem einzigen Tag mehr erreicht hat als es ein gewöhnlicher Mensch vermochte.

Lilja Smajilowa

Ehefrau des politischen Gefangenen Edem Smajilow aus der Nähe von Bachtschyssaraj. Ihr Mann wurde am 21. Mai 2018 festgenommen. Edem Smajilow hat drei Kinder.

Edem Smajilow ist Aktivist und Menschenrechtsanwalt. Seit den Anfängen der Repressionen auf dem Territorium der besetzten Krim war er bei den Durchsuchungen, Festnahmen und Gerichtsprozessen zugegen und half den Familien politischer Gefangener. Er war Oberhaupt einer Religionsgemeinschaft in seinem Heimatdorf Dolynne im Kreis Bachtschyssaraj. Russische Sicherheitskräfte nahmen Edem am 21. Mai 2018 fest. Der FSB wirft ihm die „Beteiligung an der Organisation ‚Hizb ut-Tahrir'" vor. Sie nahmen Edem einen Monat vor der Hochzeit seiner ältesten Tochter fest. Die Familie beschloss die Ausrichtung einer ungewöhnlich schlichten Hochzeitsfeier, um dem Vater zumindest auf diese Weise eine Freude zu machen. Lilja und Edem sind seit 20 Jahren verheiratet. Gemeinsam haben sie drei Töchter großgezogen. Im Herbst 2020 wurde Edem Smajilow zu einer 13-jährigen Haftstrafe in einer Hochsicherheits-Strafkolonie mit anschließender Freiheitsbeschränkung von einem Jahr verurteilt.

„Wir sind seit 20 Jahren verheiratet und leben im Dorf Dolynne im Landkreis Bachtschyssaraj. Edem ist Physikingenieur. Er hat seinen Abschluss an der Staatlichen Moskauer Universität für Bergbau gemacht, siedelte jedoch nach dem Studium auf die Krim über. Das müsste 1993 gewesen sein. Er fing an, als Facharbeiter auf dem Bau zu arbeiten. Wir wurden einander vorgestellt, als mein Onkel Edem mit nach Hause brachte. Da erkannte ich, wie mein künftiger Ehemann sein sollte. Ich bekenne mich zum Islam und wusste, dass mein Partner meine Ansichten teilen sollte. Wir haben 1998 geheiratet und haben drei Töchter. Im Dorf wurde Edem zum Oberhaupt einer Religionsgemeinschaft gewählt, und er widmete den Problemen seiner Landsleute sehr viel Zeit. Er richtete Hochzeitszeremonien und Beerdigungen aus und führte gemeinsame Gebete durch. Als die Krim zu russischem Territorium wurde, ging mein Mann zu den Razzien

und Gerichten. Und er half auch einer älteren Frau, deren Sohn nach Kyjiw umgezogen war – er zahlte die Lebenshaltungskosten und besorgte Lebensmittel.

Auch nach Edems Festnahme halfen wir der älteren Frau. Wir kümmern uns auch seit drei Jahren um die bettlägerige Tante meines Schwiegervaters. So sieht unser Leben aus.

Unsere älteste Tochter ist 18 Jahre alt, die mittlere 16, und die jüngste ist zwölf. Vor der Verhaftung waren wir vollauf mit den Hochzeitsvorbereitungen der Ältesten beschäftigt. Aber einen Monat vor der Hochzeit nahmen sie meinen Mann fest.

Fünf Tage vor der Festnahme starb eines der Großmütterchen, die wir betreut haben. Sie sehen, die Umstände sind nicht gerade einfach.

Wir denken oft an Edem, wenn wir zu Tisch sitzen. Ich bin es gewohnt, für eine bestimmte Anzahl an Personen zu kochen, und so koche ich immer noch. Deshalb bleibt immer eine Portion für meinen Mann auf dem Tisch übrig. Ich stelle mir vor, wie er hinter Gittern sitzt und sich nach hausgemachtem Essen verzehrt."

„Sämtliche Anschuldigungen gegen Edem sind frei erfunden. Angeblich soll er Terrorabsichten gehegt haben. Einen Umsturz, einen Staatsstreich! Als ich bei Gericht war, wurden keine Argumente oder Beweise für die Vorwürfe vorgelegt, es war der reinste Zirkus. Vor Gericht miteinander zu reden haben sie uns nicht gestattet – wir konnten uns nur anschauen.

Wir begreifen diese unsere Wirklichkeit nur zu gut. Wir Krimtataren sind Muslime, und die Religion verpflichtet uns dazu, einem anderen Muslim zu helfen, wenn dieser in Schwierigkeiten gerät, oder wenigstens seine Familie zu unterstützen.

Die Leute sind überrascht, dass eine Person wie mein Mann festgenommen wurde. Uns ist bewusst, in welchem rechtlichen Umfeld wir leben und dass unsere Möglichkeiten begrenzt sind. Aber wir tun, was wir können. Wir finden bei der ‚Krim-Solidarität' zueinander, wir haben die Organisation ‚Unsere Kinder' aufgebaut. Alle unsere Kinder haben nervenaufreibende Zeiten durchgemacht, überall gab es Durchsuchungen, deshalb organisieren wir häufig Veranstaltungen für sie. Die Zahl der Familien von politischen Gefangenen wächst. Die Umstände haben uns vereint. Ich habe das Gefühl, dass jede krimtatarische Familie auf die ein oder andere Weise von den Problemen betroffen ist, die uns die Russische Föderation eingebrockt hat."

Viele Menschen, mit denen Edem zusammengearbeitet hat – er war Facharbeiter auf dem Bau – hinterlegten ständig Gegenstände und Schlüssel bei ihm, weil sie ihm so großes Vertrauen schenkten.

Susanna Dschepparowa

Schwester des politischen Gefangenen Arsen Dschepparow aus Krasnokamjanka im Bezirk Jalta. Ihr Bruder wurde am 18. April 2016 festgenommen. Arsen Dschepparow hat eine Tochter.

„Dreimal haben die FSB-Mitarbeiter versucht, Arsen Dschepparow anzuwerben, und jedes Mal hat er sich geweigert", sagt seine ältere Schwester Susanna. Am 18. April 2016 wurde Arsen nach einer Razzia seines Hauses im Dorf Krasnokamjanka im Bezirk Jalta festgenommen und der Beteiligung an einer Terrororganisation bezichtigt. Arsen hat gesundheitliche Probleme. In der Untersuchungshaft in Rostow am Don, wo man ihn hingebracht hatte, verlor er sein Gefühl im rechten Arm und einer Gesichtshälfte. 2019 wurde Arsen Dscheppalow zu sieben Jahren Haft in einer Hochsicherheits-Strafkolonie verurteilt. Zuhause warten neben seiner Schwester und seiner Mutter auch seine Frau und seine kleine Tochter auf ihn.

„Am 18. April 2016 führten sie eine Razzia bei uns durch. Arsen war Feuerwehrmann und auf dem Bau tätig. Vor seiner Verhaftung haben sie ihn etwa zwei Monate lang beschattet. Es kamen Mitarbeiter des FSB und boten ihm eine Zusammenarbeit an, doch er lehnte ab. Das geschah dreimal. Während einem dieser Gespräche sagten sie, dass dies die letzte Warnung sei: ‚Wart's ab, wir sehen uns wieder.'

Ich habe keine Erklärung dafür, wieso sie ausgerechnet ihn ausgesucht haben. Später hat sich herausgestellt, dass es daran lag, dass Arsen stark und kommunikativ ist. Vielleicht haben sie gedacht, dass er schnell einwilligen würde. Die Ermittler haben behauptet, dass er bereits seit 2011 irgendwelche Leute um sich schart – dabei diente er zu diesem Zeitpunkt in der Armee und ließ sich 2012 freistellen.

Arsen gehört der ‚Jalta-Gruppe' an. Bereits in der Untersuchungshaft in Simferopol hatte er gesundheitliche Beschwerden und wurde operiert. Jetzt hat er Probleme mit dem Blutdruck, eine Hand und eine Gesichtshälfte sind taub. Möglicherweise hat er einen Schlaganfall erlitten. Ich bin wie eine Mutter für Arsen, da ich neuneinhalb Jahre älter bin als er und ihn von Kindesbeinen an großgezogen habe. Ich habe ihn immer mit Kinderspielen auf Trab gehalten.

Zuletzt haben wir uns vor Gericht gesehen. Er sagte, ich solle durchhalten. Er und seine Frau sind Experten auf dem Gebiet der Lebensmittelindustrie – sie haben die technische Berufsschule abgeschlossen. Gemeinsam wollten wir ein eigenes Geschäft auf die Beine stellen. Wir haben die Hoffnung nicht aufgegeben.

Meine Großeltern stammen gebürtig aus Hursuf. Dort ist unsere Heimat, doch mit der Deportation wurde meine Familie nach Tadschikistan vertrieben. Wir sind 1987 zurückgekehrt. Arsen wurde bereits auf der Krim geboren. Das Haus meiner Mutter steht in der Nähe des Roten Felsens. Es ist ein sehr schöner Ort, direkt hinter dem Haus beginnt der Wald. Man hat freie Sicht auf das Meer und kann sämtliche Feierlichkeiten des Kinderferienlagers ‚Artek' wie das Feuerwerk mitverfolgen. Du sitzt in der Küche, trinkst Kaffee und erfreust dich an dieser Schönheit.

Man hat uns gesagt, dass wir über Arsen reden sollen. Wenn wir schweigen, würde das zu nichts führen. Deshalb müssen wir uns mit Menschen treffen und erzählen, wie sich alles ereignet hat."

Wir befinden uns im *Haus der Krim* in Kyjiw, an der Wand entdecken wir ein Foto mit der gleichen Aussicht auf die Adalaren, über die auch Susanna gesprochen hat. Wir umarmen alle Verwandten zum Abschied, jeder lädt uns zu sich nach Hause auf die Krim ein und versichert, dass er warten werde. Ich verspreche zu kommen. Sie haben es eilig – der Fahrer, der noch vor Anbruch der Dunkelheit aus der Stadt gelangen will, ist bereits da. Auf sie wartet eine lange Nacht in einem Kleinbus nach Simferopol, nach Bachtschyssaraj, nach Jalta. Sie hoffen inständig, dass sich die Reise gelohnt hat; dass sie sich Gehör verschaffen konnten.

Teil VII
EINSAMKEIT

Oktober 2018

Kertsch

Die Stadt der Friedhofsstille

Wir befinden uns auf dem Weg nach Kertsch. Am Tag zuvor, dem 18. Oktober 2018, tötete Wlad Rosljakow, Schüler an der Berufsschule in Kertsch, 20 Menschen und verwundete 70. Anschließend beging er Selbstmord. Es ist der größte jemals in Europa verübte Amoklauf an einer Schule – und der erste in der Geschichte der Ukraine. Von Kyjiw aus kommt man am schnellsten mit dem Fahrzeug nach Kertsch. Unser Kleinbus rast, dabei sind die Straßen hinter Uman sehr schlecht. Ab Juschnoukrajinsk und Wosnessensk werden sie noch schlechter, und als wir Mykolajiw und Cherson hinter uns lassen, sind sie in einem schlichtweg erbärmlichen Zustand. Wir sind um sieben Uhr morgens aufgebrochen, und als wir die Verwaltungsgrenze zur Krim erreichen, ist es bereits dunkel. Umsichtig umfährt der Fahrer die willkürlich auf der Zufahrt zum Grenzübergang aufgestellten Betonsperren, die im Nebel überhaupt nicht zu erkennen sind. Dank der russischen Grenzschutzbeamten dauert es gute zwei Stunden, den Grenzübergang zu Fuß zu überqueren, anschließend noch zwei Fahrstunden bis in die Nähe von Simferopol. Von dort sind es noch fast vier Stunden bis nach Kertsch – faktisch ist die Stadt der entlegenste Punkt auf der Halbinsel. Buchstäblich jeder Meter entlang der 215 Kilometer langen Route Simferopol – Kertsch ist mit Schildern gepflastert, die auf Straßenarbeiten hinweisen. Unsere Unterkunft erreichen wir nach 21 Stunden Fahrt um vier Uhr morgens. Es ist Samstag, und wir sollen in aller Herrgottsfrühe auf dem Friedhof sein. Die Hinterbliebenen werden der Beisetzung ihrer Kinder beiwohnen. Die ersten Opfer bereits wurden bestattet, als wir noch unterwegs waren. Dem schwachen Netzsignal zum Trotz versuche ich beharrlich, die neuesten Meldungen aus Kertsch zu verfolgen. Viele russische Journalisten sind auf die annektierte Krim gereist – ein Direktflug von Moskau dauert zweieinhalb Stunden. Jeden Tag starten alleine aus der russischen Hauptstadt mehr als 30 Flüge in Richtung Krim. Natürlich können wir uns unter keinen Umständen auf die russischen Medien – zumal die staatspropagandistischen – verlassen. Die Journalisten einiger lokaler Medien aus Kertsch hingegen müssen sich zunächst einmal selbst von dem Schock erholen – viele von ihnen kennen die Eltern der Opfer oder haben die Opfer selbst gekannt und müssen bei ihren Unterredungen mit ukrainischen Medien Vorsicht walten lassen. Und auch wenn sie nicht willens sind, vor laufender Kamera zu sprechen, so helfen sie doch beim Faktencheck – etwa was die Anzahl der Todesopfer und der Verwundeten und ihren gegenwärtigen gesundheitlichen Zustand anbelangt.

Abgesehen von den Eindrücken der schrecklichen Ereignisse und der Frage, wie die Menschen damit weiterleben können, kommt mir unterwegs der Gedanke, dass Medienvertreter vom Festland am Tag der größten Tragödie in der Geschichte der Stadt einfach nicht abwesend sein dürfen.

Ich durchforste die Gruppen in den sozialen Netzwerken nach Meldungen über die Panik in der Stadt und über alle möglichen Verschwörungstheorien – von einer ukrainischen Fährte bis hin zur Mittäterschaft von Krimtataren. Im ukrainisch- und russischsprachigen Internet wird die These kolportiert, dass der Todesschütze, der die Schüler erschossen hat, kein Einzeltäter war, und dass der 18-jährige Wladislaw Rosljakow die Explosion nicht im Alleingang habe ausführen können.

Auf den Friedhöfen – die Toten werden an verschiedenen Begräbnisstätten in der Stadt selbst wie auch in den umliegenden Dörfern bestattet – sind keine Gerüchte, Gespräche oder Gossip zu hören. Es herrscht Friedhofsstille. Es ist so leise, dass man noch aus zehn Metern Entfernung das schaurige Knirschen der Schaufeln hören kann, mit denen die frischen Gräber ausgehoben werden. Die Menschen schweigen, weil die Frage, warum sich das schlimmste Schulmassaker in der Geschichte der Ukraine und Europas ausgerechnet in ihrer Gemeinde ereignet hat, sich mit bloßem Verstand nicht greifen lässt.

Diejenigen, die ihre Kinder bereits beigesetzt haben, wohnen am Folgetag dem Trauermahl bei, anschließend geht es zur Beisetzung der Freunde ihrer Kinder. Auf dem alten Zentralfriedhof wurden neun frische Gräber ausgehoben. *„Sie sind aus Kyjiw? Es wäre besser, wenn Sie von hier verschwinden, wir werden ganz sicher nicht*

reden", beschwört mich ein lebhafter Mann. Er versucht, seine Verwandten zu beruhigen, gleichzeitig bietet er etwas zu Essen zum Gedenken an die Toten an. Die Stille auf dem Friedhof wird nur durch seine Stimme unterbrochen.

Wiktorija ist eine attraktive, stille Frau. Schweigend ist sie in die Betrachtung des auf einem Kreuz angebrachten Fotos ihrer Tochter Alina versunken. Die 16-jährige Alina Kerowa nahm Modelunterricht und war zudem eine begnadete Zeichnerin. Sie war im zweiten Jahr ihrer Ausbildung an der Berufsschule. Von den tragischen Ereignissen jenes Tages erfuhr die Mutter über das Telefon. Anschließend klapperte sie mehrere Stunden lang die Leichenhallen ab.

Am 17. Oktober 2018 meldete sich während der Live-Übertragung der Sendung „60 Minuten" auf dem Sender *Rossija 1* telefonisch eine Augenzeugin des Anschlags auf die Berufsschule zu Wort. Die Moderatorin Olga Skabejewa sagte, dass der Name der Anruferin Alina Kerowa sei. Später behauptete Skabejewa, dass die Anruferin unter Schock gestanden und sich mit fremdem Namen vorgestellt hätte. Zu diesem Zeitpunkt stand Alina Kerowa noch nicht auf der Liste der Todesopfer. Nach der Sendung gingen bei Alinas Eltern Wiktorija und Serhiy Kerow Anrufe von Verwandten und Bekannten ein, die sie davon überzeugen wollten, dass Wiktorija die Stimme ihrer Tochter möglicherweise nicht erkannt habe. Die Eltern schöpften Hoffnung. Doch auf der Aufnahme war nicht Alinas Stimme zu hören. Die Familie wurde in eine Leichenhalle gebeten, um das Mädchen zum zweiten Mal zu identifizieren. Später wird die Mutter in einem Interview mit dem Fernsehsender *Doschd* sagen, dass sie den Tod ihrer Tochter zweimal durchleiden musste.

Ein Mann tritt an Wiktorija heran – es ist der Verwandte einer ebenfalls ums Leben gekommenen Freundin von Alina. Wiktorija fällt es leichter, die Geschichte einer anderen Tragödie zu erzählen als die der eigenen Tochter: Die 17-jährige Wika Demtschuk, Alinas Freundin, wurde – wie sämtliche Schwerverletzten – zur Notbehandlung nach Moskau geflogen. Dem Mädchen wurde ein Bein amputiert, doch ihre Überlebensaussichten schwanden rapide. Wika starb an Bord des Flugzeugs und ist damit das zwanzigste und letzte Opfer. Als Wikas Freund vom Tod des Mädchens erfuhr, unternahm er einen Selbstmordversuch, sprang aus dem Fenster und brach sich die Wirbelsäule. Der Junge wurde in ein Krankenhaus in Krasnodar gebracht.

In wenigen Stunden werden wir Alinas Mutter bei Wikas Beerdigung erneut begegnen. Das Mädchen wird auf einem anderen Friedhof am Stadtrand von Kertsch beigesetzt.

Die emotional aufgewühlten Hinterbliebenen wünschen keine mediale Aufmerksamkeit. Auch die Medienvertreter zögern, von sich aus an sie heranzutreten. Sie wahren Distanz und horchen ihre Kollegen aus, ob die Hinterbliebenen zu einer Unterhaltung willens und fähig sind: *„Alle haben Angst, dass irgendwelche Aussagen verdreht oder zweckentfremdet werden. Sie wissen doch, wie das heutzutage ist. Und doch fällt es schwer, zu glauben, dass ein so zurückhaltender Junge so systematisch andere Kinder erschossen haben soll"*, erzählt uns eine Frau, die zur Beerdigung gekommen ist. Sie ist von sich aus an mich herangetreten und wollte wissen, ob ich von *Hromadske* sei. Es ist nicht entscheidend, ob diese Frau einen Bekannten verloren hat oder nicht. In einer Stadt mit 150.000 Einwohnern haben viele Menschen Angehörige oder Bekannte verloren, schließlich ist die Berufsschule eine der größten Bildungseinrichtungen in Kertsch.

Ruden Dschuran wäre in weniger als einem Monat 16 Jahre alt geworden. Er wurde am 18. Oktober, einen Tag nach der Schießerei, als erstes der Todesopfer bestattet. Er stammte aus einer muslimischen Familie und lebte in dem Dorf Hornostajiwka westlich von Kertsch. Nachdem wir dort angekommen sind, kommt Bachtijar, der Onkel des toten Schülers, zu uns heraus. Die Eltern sind nicht in der Verfassung zu sprechen.

„48 Jahre lang hatte ich keine einzige graue Strähne. Nun ergrauen alle Haare auf einmal. Ruden stand mir näher als ein Neffe, er war wie ein Sohn für mich, ich habe ihn großgezogen, ihn in meinen Armen gewogen, jeden Sommer hat er bei mir verbracht. Er war ein besonderes Kind, still und bescheiden", erzählt der Mann, während er eine Hand an sein Herz drückt: *„Ich stehe die ganze Zeit unter Beruhigungsmitteln, von den Eltern will ich gar nicht erst reden…"*

Wir entfernen uns ein Stückweit vom Haus, um die Familie nicht durch unsere Anwesenheit auf der Straße vor dem Grundstück zu belästigen. Bachtijars Ehefrau verbietet ihrem Mann jedoch kategorisch, mit Journalisten zu reden. Ich verstehe kein Krimtatarisch, aber es wird deutlich, dass sie in höchstem Maße besorgt ist. Unser Fahrer, ein Krimtatare, wird anschließend rekapitulieren, dass die Frau große Angst vor Repressionen habe. Dennoch beschließt Bachtijar, das Gespräch mit uns fortzuführen. Erneut wird für mich übersetzt - er begreift, dass wir von weither angereist sind, und bringt es nicht über sein Herz, uns Ukrainer abzuweisen.

„Ich habe selbst sieben Hubschrauber gesehen und geglaubt, dass Ruden in einem von ihnen ist, da er weder auf der Liste der Überlebenden noch auf der Liste der Toten stand. Später dann, es war bereits Nacht, sehe ich einen Krankenwagen heranfahren. Alles in mir ist erstarrt, ich wusste, das war´s.“ Bachtijar arbeitet an einer Tankstelle, er hat gesehen, wie die Krankenwägen *„buchstäblich durch die ganze Stadt gedüst“* sind. Noch in Arbeitskluft rannte er los, um seinen Neffen ausfindig zu

machen. Der Mann beschreibt in allen Einzelheiten die Verletzungen, denen der Junge erlag. Er befand sich im Epizentrum der Explosion.

Ruden hatte vor kurzem eine Ausbildung angefangen und wollte Elektriker werden. Sein älterer Bruder Rinat besuchte ebenfalls die Berufsschule, war jedoch gerade auf dem Weg zum Mittagessen. Dann, so schildert es der Onkel, habe er die Explosion gehört. Dumpf habe sie geklungen, überhaupt nicht so, wie in den Kinos gezeigt würde. Einmal habe Rinat der Familie gegenüber Wadym Rosljakow - den Mörder - erwähnt und erzählt, dass dieser vollkommen unauffällig sei und im Übrigen von der Berufsschule geworfen werden solle.

„Selbst in dieser Situation gibt es Helden", fährt der Mann fort, und berichtet von einem jungen Lehrer, der bis tief in die Nacht nach seinen Schülern gesucht hat.

Lilja ist eine dieser Heldinnen. Sie hat an der medizinischen Berufsfachschule, die an das größte Krankenhaus der Stadt angebunden ist und den Opfern als Erstaufnahmestelle diente, ihre Ausbildung gemacht. Erst später wurden die Schwerverletzten nach Simferopol und Moskau gebracht.

Obwohl sämtliche Ärzte der Stadt - darunter auch die selbständigen Mediziner, wie uns ein Arzt bestätigt hat - mit vereinten Kräften im Einsatz waren, fehlte es an Personal. Daher wurden die Schüler der fortgeschrittenen Jahrgänge hinzugezogen, um Erste Hilfe zu leisten: *„Ein weiterer Krankenwagen kam an, dann sagten sie, dass nun schwere Fälle hereinkommen. Es gab Unmengen an Blut. Einer meiner Klassenkameraden trug einen Verwundeten in den sechsten Stock. Dann sagten sie uns, dass einige von denen, denen wir hatten helfen wollen, gestorben waren. Ich sah ein Mädchen ohne Arme und Beine. Wir sollten vor allem denen helfen, die leichtere Verletzungen erlitten hatten."* Aus keiner ihrer Aussagen könnte man den Mädchen einen Strick drehen, dennoch zieht sie es vor, dass die Journalisten ihr Gesicht nicht zeigen.

Lilja ist 18 Jahre alt. Somit sind diejenigen, um deren Leben sie gekämpft hat, ihre Altersgenossen: „*Natürlich ist das schrecklich. Die ganze Zeit über dachten wir, dass wir an ihrer Stelle sein könnten. Aber am meisten quält mich die Vorstellung, dass ich nicht weiß, ob meine Mutter es überlebt hätte, wenn mir so etwas widerfahren wäre.*“

In den ersten Tagen nach dem Amoklauf fiel der Unterricht in sämtlichen Bildungseinrichtungen in Kertsch aus. Er soll am ersten Montag nach der Tragödie, die sich am vergangenen Mittwoch ereignet hat, wiederaufgenommen werden.

Die Berufsschule plant ebenfalls, den Unterricht wiederaufzunehmen, allerdings in anderen Institutsgebäuden. Für die Einwohner der Stadt ist es schwer vorstellbar, an den Schauplatz der Tragödie zurückzukehren.

Gegenüber der Berufsschule befindet sich eine Abteilung des Innenministeriums. Das Gebäude wird umschwärmt von Polizisten, Dutzende von Einsatzfahrzeugen bilden lange Reihen. Die

Straßen der Stadt sind am dritten Tag nach der Tragödie weitgehend frei, und es sind nur wenige Uniformierte auszumachen.

In der Nähe der Berufsschule treten die Polizeibeamten von selbst an uns heran und wollen wissen, ob eine Genehmigung zum Fotografieren des Hauptgebäudes vorliegt.

An der Straßenecke ist spontan ein Denkmal aus Blumen, Spielzeug und Kerzen entstanden. Tags zuvor wurden hier Bilder und Briefe hinterlassen, deren Farben im Morgentau zerlaufen sind. Auf einem Bild kann man noch das Wort „Freundschaft" entziffern. An diesem Samstagmorgen strömen unentwegt Menschen hierher. Sie legen Blumen nieder, weinen oder schweigen andächtig. Sie wechseln nur wenige Worte und gehen dann fort. Ein grauhaariger Mann erklärt mir, dass er selbst einmal hier seine Ausbildung gemacht habe. Jugendliche kommen in Begleitung von Älteren, die meisten sind Berufsschüler. Die Eltern wollen nicht, dass ihre Kinder mit Journalisten sprechen. Sie selbst haben ebenfalls nichts zu sagen. Wir hören nur immer wieder den Satz: *„Was könnte schlimmer sein, als Kinder zu begraben?"*

Allen Beiträgen im Internet zum Trotz erwähnt nahezu niemand der Anwesenden auf dem Friedhof oder in der Nähe der Schule Wlad Rosljakow, durch dessen Hände 20 Menschen gestorben sind und 70 verletzt wurden, von denen bis zu 45 noch in stationärer Behandlung sind, 25 in ernstem Zustand, darunter zehn Teenager.

In Kertsch endet die dreitägige offizielle Staatstrauer. Doch die Stadt scheint zu begreifen, dass die Trauer und das Schweigen noch andauern werden.

Wir haben die besten Spezialeinheiten weit und breit

„Wir haben die besten Spezialeinheiten weit und breit. Dennoch sind wir hergekommen, um die Arbeit der Wachleute zu überprüfen. Es ist gut, dass sie Polizeiwachen stationiert haben. Es heißt, sie würden bis zum Ende der Woche hier stehen – wie es weitergeht, haben sie bisher noch nicht bekanntgegeben. Aber die Kinder brauchen ihr soziales Umfeld“, so die Mutter eines Erstklässlers in der Nähe der „Schule Nr. 17“ in Kertsch, nur wenige hundert Meter von der Berufsschule – dem Ort des mörderischen Verbrechens – entfernt. Neben jede Bildungseinrichtung wurden zwei russische Nationalgardisten postiert. So beginnt in Kertsch die erste Arbeitswoche nach der Tragödie.

Im Gespräch untereinander beschweren sich die jungen Mütter darüber, dass schon nach wenigen Tagen *„nur noch ein schmaler Newsfeed am unteren Bildschirmrand während der Nachrichten der staatlichen Fernsehkanäle“* an die größte Tragödie ihres Lebens erinnert. In den Nachrichten werden neue Katastrophen gezeigt. Einerseits ist das Unglück bereits Geschichte. Und auch wenn die Untersuchung noch andauert, so begreifen doch alle, was geschehen ist. Und doch fehlen Antworten auf die einfachsten Fragen: wie geht es jetzt weiter? Wie soll man damit weiterleben? Was bleibt für die Verwandten und die Kinder zu tun, die zu Zeugen dieses Blutvergießens geworden sind?

Nach den Ereignissen an der Berufsschule haben die Schulen in Kertsch ihren Betrieb wieder aufgenommen, auch wenn in einigen Schulklassen nicht mehr als sieben Schüler anwesend sind. Aber soll man seine Kinder zur Schule bringen oder sie überhaupt zur Berufsschule gehen lassen? Ist es dort sicher? Oder ist es besser, wenn sie daheim bleiben? Viele Einwohner der Stadt haben sich nach der Tragödie einen Tag freigenommen, aber nun müssen sie wieder zur Arbeit. Wenn die Schule also ausbleibt, werden sich die Kinder in der Stadt herumtreiben, oder – was *„noch schlimmer ist, daheim in den sozialen Netzwerken lungern“*, wie mir ein Einwohner aus Kertsch erzählt.

„Verraten Sie mir doch, wie ich nun leben und was ich als nächstes tun soll", reagiert ein Mann auf meine Frage mit einer Gegenfrage: *„Ich versuche, zu meiner Enkelin durchzudringen und ihr zu erklären, dass sich das reale Leben nicht im Internet abspielt. Dort gibt es ganz sicher kein Essen. In meiner Kindheit habe ich die ganze Krim zu Fuß erkundet. Und nun hängen alle Kinder im Netz herum."*

Das virtuelle Leben im Internet ist nicht nur deshalb beängstigend, weil Wlad Rosljakow dort angeblich gelernt haben soll, wie man den Sprengsatz herstellt, mit dem er seine Klassenkameraden getötet hat. Zu diesem Zeitpunkt hat *Roskomnadsor*, die russische Aufsichtsbehörde für Massenmedien, Telekommunikation und Datenschutz, das Video der Explosion, welches Überwachungskameras aufgezeichnet haben, bereits verboten. Auf einem neuen Video, welches am Tag zuvor von russischen Sendern verbreitet wurde, ist angeblich ein weiterer Junge zu sehen, doch abgesehen von Nahrung für Spekulation liefern die Bilder keine neuen Erkenntnisse. Und doch hilft ein solches Video bisweilen dabei, die Situation besser zu begreifen. Auf einigen Aufnahmen ist etwa zu sehen, dass Rosljakow ein Versteck zwischen den Garagen angelegt hatte. Aus einem Interview mit einer Freundin seiner Mutter geht hervor, dass der Junge drei Sommer in Folge gejobbt hat, um das Geld für ein Gewehr aufzubringen.

Am meisten verunsichern die Einwohner von Kertsch die Gruppen auf *vKontakte*, in denen sich die Jugendlichen austauschen und in denen Posts von Wlad Rosljakow kursieren. Eine weitere Schwierigkeit besteht darin, mit den Kindern über das Verbrechen zu sprechen. Einige in Kertsch ansässige Medien haben bestätigt, dass eine Gruppe von Psychologen aus Moskau angereist ist und sich nun mit den Familien befasst.

Am Montag, den 22. Oktober, ist der Lehrbetrieb an der Berufsschule noch nicht wieder aufgenommen worden. Nur die Lehrkräfte sind wieder zur Arbeit gekommen. Das Personal weiß selbst nicht genau, ob der Unterricht am Dienstag oder erst wieder am

Mittwoch beginnt. Aber in jedem Fall wird er in einem anderen Teil des Campus stattfinden. Das Gebäude, in dem sich die Explosion ereignet hat, ist zerstört. Vor allem jedoch dauern die Ermittlungsarbeiten noch an, der betroffene Teil des Gebäudekomplexes ist von einem Zaun umstellt.

Wir treffen an der Berufsschule etwa eine halbe Stunde vor Beginn eines Unterrichts ein, der ohnehin nicht stattfinden wird. Eine junge Lokaljournalistin ist ebenfalls vor Ort. Es ist dieselbe junge Frau, der ich auf dem Friedhof begegnet bin. Wir sind gerade dabei, näher an das Gebäude zu gelangen, um Nachforschungen anzustellen, und sie schließt sich uns an. Gemeinsam fällt es leichter. Auch wenn es unangebracht ist, beneide ich sie in beruflicher Hinsicht: Sie kommt aus Kertsch und hat es daher leichter, Recherchen anzustellen und mit den Leuten ins Gespräch zu kommen. Sie muss sich nicht die Frage gefallen lassen, woher sie kommt. Und auch ohne das Klima der Angst und Trauer, welches auf der Stadt lastet, wüssten die eingeschüchterten Bewohner der Krim nicht, wie sie sich gegenüber ukrainischen Journalisten verhalten sollen.

Während wir uns in Geduld üben und die nähere Umgebung in Augenschein nehmen, muss ich daran denken, wie oft mein Kameramann und ich in den fünf Jahren seit dem Maidan und dem Beginn des Krieges an Massenbegräbnissen teilgenommen und mit Hinterbliebenen gesprochen haben, deren Angehörige auf tragische Weise ums Leben gekommen sind. Diese schreckliche Erfahrung ist nicht neu.

„Was ist hier los?" – mit selbstbewussten Schritten steuert ein untersetzter Journalist samt Kamera vom staatlichen russischen Fernsehsender *Perwij Kanal (Erster Kanal)* auf uns zu. Er scheint gerade erst als Ablösung für einen Kollegen auf die Krim gekommen zu sein. In knappen Sätzen versucht er, in Erfahrung zu bringen, was hier vor sich geht. Es sind nur noch wenige Korrespondenten vor Ort – die meisten Russen sind gleich im Anschluss an die offizielle Trauerfeier zu Ehren der Opfer und der Anordnung der Staatstrauer abgereist. Auf der Festlandukraine hat die Oblast Ternopil einen Akt der Staatstrauer ausgerufen.

Die Korrespondentin aus Kertsch schweigt. Ich weise darauf hin, dass es sich bei der hochgewachsenen, schlanken Frau, die soeben in Richtung der Spezialeinheiten gegangen ist, um die Schuldirektorin Olha Hrebennikowa handelt. Zum Zeitpunkt der Explosion und der Schießerei war sie nicht vor Ort - sie fuhr weg, kurz bevor sich die Tragödie ereignete. Die Direktorin kam am Montag um 8:30 Uhr auf die Arbeit, besprach etwas mit den Kollegen und unterhielt sich lange mit den Strafverfolgungsbehörden. In ihrer strengen Kleidung und den Absätzen sieht sie aus wie ein Mensch in Trauer.

„Sie können alles in den Nachrichten nachlesen - das ist mein Kommentar", mit diesen Worten verweigerte sie sich dem Gespräch mit uns.

Sie ignorierte auch den Moskauer Journalisten, der sich ebenso erfolglos um ein Gespräch mit den Spezialeinheiten und um Zutritt in das Gebäude bemüht hatte. Doch seine relative Unverfrorenheit und Selbstsicherheit erlauben es uns, aus nächster Nähe Aufnahmen zu machen. Die Kämpfer in den Uniformen der russischen Nationalgarde sehen in dem Moskauer beinahe so etwas wie einen Repräsentanten der Macht - was er im Übrigen ja auch ist.

Den Lehrkräften wurde grundsätzlich davon abgeraten, sich mit Journalisten auszutauschen - ebenso allen anderen, die etwas wissen könnten: Eltern, Berufsschüler, Augenzeugen. Dieser Tage führt der FSB Gespräche mit ehemaligen Schülern, die man in der Vergangenheit von der Berufsschule geworfen hatte.

Witalij Jehorow und seine Frau sind der Unterlagen wegen hier. Ihre 20-jährige Tochter Jana ist in Krasnodar in Behandlung. Die Mehrzahl der Verwundeten wurde dorthin gebracht, während man diejenigen, die in einem kritischen Zustand schwebten, nach Moskau geflogen hat. Diese Information konnten wir bestätigen, da wir das Krankenhaus besucht haben, in welches man die Opfer zuerst gebracht hatte.

Jana Jehorowa hat zwei gebrochene Beine, aber die Ärzte sagen, dass sie wieder laufen wird. Die Eltern sind gekommen, um Pass und Kreditkarten abzuholen. Am Tag der Explosion haben viele Kinder ihre Dokumente verloren. Der gedungene Mann mittleren Alters trägt einfache Kleidung und sieht aus wie die meisten erschöpften Arbeiter. Während er betont, dass er lediglich für seine Tochter eine Forderung auf Entschädigung einreichen werde und keine weitergehenden Ansprüche hege, wird er emotional - fast so, als würde er sich dafür schämen.

Nach Angaben der Besatzungsbehörden der Krim erhält jede Familie von Opfern grundsätzlich eine Million Rubel (etwas mehr als 13.000 Euro). Auch die Bewohner selbst sammeln Geld. Beim Gang durch die Stadt fällt auf so gut wie jedem Geldautomaten folgende Aufschrift ins Auge: „Offizielle Sammelaktion für die Opfer und die Angehörigen der Opfer von der Berufsschule Kertsch."

Auf der annektierten Halbinsel bieten eigens für die Krim geschaffene russische Banken respektive Niederlassungen jener Finanzinstitute, denen die internationalen Sanktionen gleichgültig sind, ihre Dienste an.

„Glauben Sie nicht, dass Sie jemanden finden, der bereit wäre, zu reden. Hier in der Stadt sind alle gleichermaßen traumatisiert", so eine Gesprächspartnerin.

„Wir dürfen nicht so zu tun, als sei nichts geschehen, aber es braucht eben auch Zeit, um wieder auf die Beine zu kommen", befindet ein Mann, der mit seiner Frau die Straße entlangspaziert. Als wir uns trennen, entspinnt sich zwischen dem Ehepaar eine Diskussion darüber, ob Wlad Rosljakow ein Einzeltäter war.

Die Stimmung in der Stadt ist zwiegespalten, aber es ist schwer vorstellbar, wie es anders sein könnte. Einerseits, so lässt sich sagen, sind die Menschen die Aufmerksamkeit leid; andererseits gibt es durchaus Gesprächsbedarf.

Im Laufe einer Stunde konnten wir die Äußerungen von knapp zehn Personen aufzeichnen. Natürlich ist es leichter, eine Unterhaltung ohne Kamera zu führen. Niemand will wissen, wo wir herkommen.

Inmitten der Fußgängerzone, auf der Leninstraße, die zum Hafenviertel von Kertsch führt, sind wir die einzigen Journalisten mit Kamera. Ende Oktober ist es hier noch sehr mild. Ringsum sind viele Jugendliche: einige sind in die Bildschirme ihrer Smartphones vertieft, andere fahren auf Skateboards und Fahrrädern. Zu Füßen des Obelisken zu Ehren der „Heldenstadt Kertsch" liegen Blumen und zahlreiche Teddybären. Auf dem Denkmal wurde sowohl die altostslawische Bezeichnung der Stadt – „Кърчевъ" – als auch die griechische Inschrift „Παντικάπαιον" (*Pantikapaion*) angebracht. Die Stadt wurde im 6. Jahrhundert v. Chr. in der Antike von den Griechen als Hauptsitz des Bosporanischen Reiches gegründet. Obwohl es nicht ganz mit der griechischen Mythologie übereinstimmt, behaupten einige Quellen, dass Herkules in Pantikapaion zur Welt gekommen sei. 2017 rief der Akademische Rat des Instituts für Archäologie der Russischen Akademie der Wissenschaften das annektierte Kertsch zur ältesten Stadt Russlands aus. Bisher trug die Stadt Derbent in Dagestan voller Stolz diesen Titel, den es im Augenblick der Annexion verlor. Gleich neben dem Obelisken befindet sich eine der ältesten Kirchen auf der Halbinsel, die Johanneskirche, die aus grauem Stein und umlaufenden Streifenmustern aus roten Ziegelsteinen erbaut wurde – ganz so wie die alten byzantinischen Kirchen. Es gibt nur sehr wenige davon in der Ukraine.

Kertsch ist eine Hafen- und Industriestadt, die sich entlang des Meeres ausgebreitet hat. In den ersten beiden Tagen waren wir in den Randgebieten unterwegs, zwischen Friedhöfen und Krankenhäusern. Im Stadtzentrum hingegen stelle ich fest, wie schön die Stadt in Wirklichkeit ist. Ich bin zum ersten Mal in Kertsch. Es hat sich nie ergeben, hier Urlaub zu machen. Kertsch liegt fernab, zudem gibt es da noch die Südküste der Krim. Nach der Annexion hat die Zeit dafür gefehlt, den weiten Weg auf sich zu nehmen. Und selbst nachdem mit dem Bau der „Krim-Brücke“ begonnen wurde, haben die Einwohner bezweifelt, dass es in der Stadt etwas zu sehen geben würde.

Die kürzlich fertiggestellte, von Nebelschwaden umhüllte „Krim-Brücke“ ist vom Mitridatberg aus gut zu sehen. Wir steigen den Berg über die berühmten Treppen empor. Die Stadt, die am äußersten östlichen Zipfel der annektierten Halbinsel liegt, wirkt in diesen Tagen besonders weit weg und noch isolierter vom Rest der Welt.

***

Kaum war ich aus Kertsch nach Kyjiw zurückgekehrt, stimmte ein Großteil meiner Gesprächspartner sofort eine weitere verschwörungstheoretische Version über die Schießerei an, die sie im Internet gefunden oder von Freundesfreunden weitergeleitet bekommen hatten. Mir blieb nicht einmal Zeit, auf ihre Frage *„was geht da vor sich?“* zu antworten, da sie mich sofort davon überzeugen wollten, dass Wlad Rosljakow kein Einzeltäter sein könne, sämtliche Informationen jedoch unter Geheimhaltung stünden; Kertsch werde

vom FSB belagert und Panik hätte die Stadt erfasst, zudem seien weitaus mehr Tote und Verwundete zu beklagen als von den Medien kolportiert. In der Kommentarspalte der Videoreportage vom Friedhof werden mir irgendwelche neuen Beweisaufnahmen des „Verbrechens" zugesandt, da „alles ganz anders gewesen" sei. Auf den Aufnahmen ist kaum etwas zu erkennen. Keine der alternativen Versionen des Falls wird später bestätigt, ebenso wenig wie die höheren Opferzahlen.

Faktisch gibt es weder in der Ukraine noch in Russland – und damit auf der Krim, das von russischer Seite besetzt und kontrolliert wird – Fachleute mit Erfahrung zu Verbrechen wie einem Amoklauf an einer Schule. Auch ausländische Medien, die aufgrund der Annexion so gut wie überhaupt nicht mehr auf die Krim reisen, berichten fast nicht über den Vorfall, da es sehr lange dauert, um legal von Kyjiw aus hierherzugelangen, während die ukrainische Gesetzgebung Flüge von Moskau aus verbietet. In Zeiten, in denen ein vergleichbares Verbrechen fast rund um die Uhr live übertragen wird, scheint es fast, als hätte es die Schießerei von Kertsch nie gegeben.

Die meisten Vorfälle dieser Art haben sich in den USA ereignet. Ich stehe in schriftlichem Austausch mit dem US-amerikanischen Journalisten Dave Cullen, Autor des Buches *Columbine*, dem Standardwerk über das Massaker an der *Columbine High School* im US-Bundesstaat Colorado, bei dem 1999 zwölf Schüler und ein Lehrer ums Leben kamen. Der Fall wird als Geburtsstunde des Phänomens der Amokläufe an Schulen angesehen. Damals legten die beiden älteren Schüler Eric Harris und Dylan Klebold Sprengsätze in der Schulkantine, und als diese nicht detonierten, begannen die Jungen damit, Schüler und Lehrer zu erschießen. Anschließend begingen Erik und Dylan in der Schulbibliothek Selbstmord. Wlad Rosljakow könnte von diesem Verbrechen inspiriert worden sein. Die Medien haben darauf hingewiesen, dass er sich vor Beginn des Tötens ein weißes T-Shirt, schwarze Hosen sowie hohe Stiefel anzog – Kleidungsstücke, die dem Outfit von Eric Harris bis ins Detail ähneln. Auch Rosljakow legte einen Sprengsatz in der Kantine – nur detonierte dieser in seinem Fall. Anschließend erschoss Wladislaw in den Schulkorridoren Menschen und richtete sich anschließend selbst in der Schulbibliothek, indem er sich ins Kinn schoss – genau wie Eric Harris.

Der US-amerikanische Buchautor, der sich zu einem Interview bereiterklärt hat, wohlwissend, dass ich soeben aus Kertsch zurückgekehrt bin, erzählt, dass er als einer der Ersten in Columbine eintraf – vier Stunden nach dem Verbrechen. Anschließend arbeitete er zehn Jahre lang an dem Buch und konnte nachweisen, dass ein solches Schulmassaker für gewöhnlich nichts mit *Gothic*-Subkultur oder Schulmobbing zu tun hat. Generell hätten Verbrechen dieser Art auch nichts mit Politik gemein. In sämtlichen Fällen weigern sich Einwohner wie Einsatzkräfte zunächst, der Tatsache ins Auge zu sehen, dass Kinder in der Lage sind, andere Kinder zu töten, und verbreiten stattdessen Verschwörungstheorien oder bezichtigen die Behörden oder die Machthaber eines Komplotts. Dabei sind entweder ein Einzeltäter oder zwei Komplizen, seltener ein Trio, für das Gewaltverbrechen verantwortlich. Bisher wurde jede Tat dieser Art ohne die Hilfe von Außenstehenden begangen.

Ich will wissen, wie solche Tragödien verhindern werden können. Es wird davor gewarnt, dass solche Verbrechen über die Medienberichterstattung einen Dominoeffekt auslösen können, indem sie andere Jugendliche zu ähnlichen Taten animieren. Der Autor erklärt, dass nicht nur ein Einzelgänger, sondern auch ein sozial integriertes Kind zu einem Amoklauf fähig sei. Lehrkräfte, Nahestehende und Altersgenossen sollte einschlägige, wenn auch scherzhaft gemeinte Äußerungen ernst nehmen, da fast alle Teenager, die zu Mördern geworden sind, vor ihren Absichten gewarnt hätten. Er analysiert die Fehler der US-Regierung, die als erste ein Gesetz eingeführt hatte, nach dem jedes Kind, das etwas in der Art von „Ich bringe euch alle um" von sich gibt, inhaftiert werden konnte. Daher wären Gleichaltrige zu verängstigt gewesen, um über ihren Verdacht zu sprechen.

Ich frage nach Ratschlägen für Eltern und Lehrer. Wie soll man mit Kindern umgehen, die eine solche Tragödie überlebt haben? Anstatt sie mit Fürsorglichkeit zu überhäufen, empfiehlt Cullen, den Kindern die Möglichkeit zu geben, gemeinsam Zeit mit Menschen zu verbringen, die dasselbe durchgemacht haben. Darüber hinaus betont Cullen: *„Für die Medien sollten die Geschichten der überlebenden Kinder interessanter sein als die Geschichte des Mörders"*, und der Staat solle Hotlines einrichten, an die sich Lehrer und Eltern wenden können.

Solche Tipps scheinen äußerst nützlich – und vor allem einfach umzusetzen. In erster Linie möchte ich, dass die fremden und uns bislang unbekannten Erfahrungen ganz konkreten Menschen helfen: den Familien in Kertsch, den Kindern, die dieses Grauen miterlebt, und den Kollegen, die ich dort kennengelernt habe. Ich weiß wohl, dass es sehr unwahrscheinlich ist, dass sie davon erfahren oder dieses Interview lesen werden – denn auch wenn dieser Text frei im Internet verfügbar ist, fehlt uns im Grunde genommen ein gemeinsamer Kommunikationsraum mit den Menschen in Kertsch.

„Für die Medien sollten die Geschichten der überlebenden Kinder interessanter sein als die Geschichte des Mörders", wiederhole ich in Gedanken den wichtigsten Ratschlag von Cullen. Nach den jüngsten Amokläufen in den USA sprachen die Journalisten anstatt über den Mörder, der so die Aufmerksamkeit erhalten hätte, die er sich so gewünscht hatte, über die Kinder, die es verdienen, in Erinnerung gehalten zu werden.

Vergeblich werden wir versuchen, mehr über die 20 getöteten Kinder in Erfahrung zu bringen und ihre Eltern und Altersgenossen zu kontaktieren. Und so findet man auf *Wikipedia* auch weiterhin nur die Vor- und Nachnamen und das Alter der 20 Todesopfer. Die wenigen existierenden Geschichten wurden in aller Hast in den ersten Tagen nach der Tragödie zusammengetragen.

Teil VIII
ENTTÄUSCHUNG

März 2019

Simferopol – Sewastopol –
Bachtschyssaraj – Jalta –
Aluschta – Skalyste

„Wenn der russische Grenzbeamte wissen will, wohin wir fahren, dann antworten wir ‚nach Kertsch'. Falls er nicht locker lässt, sagen wir einfach: ‚Dort wurden Kinder getötet.' Das ist doch verständlich, dass Journalisten vor Ort sein müssen, oder? Wir werden sehen, was er dagegen einzuwenden hat", setzte ich meinen Kameramann im Vorfeld der letzten Reise auf die Krim ins Bild. Damals gab man sich an der Grenze mit dieser Antwort zufrieden. Und doch gehen einem beim Überqueren eines Checkpoints jedes Mal dieselben Fragen durch den Kopf: lassen sie mich herein? Werden sie viele Fragen stellen? In den meisten Fällen hatte ich Glück. Die bisher unerfreulichste Erfahrung an der Verwaltungsgrenze war, als der Fahrer eines Kleinbusses nicht auf das Ende unserer Unterredung mit den russischen Grenzbeamten warten wollte und sich ohne jede Vorwarnung davonmachte. Wir blieben mitten in der Winternacht auf der Straße zurück – eine Nichtigkeit im Vergleich zu dem, was sonst auf der Krim vor sich geht.

Einmal erkundigte sich recht junger russischer Grenzbeamter nach unserem Filmmaterial. Wir hatten wunderschöne Panoramaaufnahmen vom Meer dabei. Nachdem er einen Satz auf Ukrainisch aufgeschnappt hatte, wollte er wissen, ob es ukrainischen Medien erlaubt sei, auf Russisch zu senden.

Um das Gespräch am Laufen zu halten, erkundigte ich mich danach, ob sie an den Grenzübergängen manchmal bekannte Persönlichkeiten anträfen. Kurz zuvor hatten mir Bekannte erzählt, dass sie gemeinsam mit dem Profiboxer Oleksandr Ussyk, dessen Eltern, wie die vieler anderer auch, auf der Krim geblieben waren, die Verwaltungsgrenze überquert hätten. Der Grenzbeamte hatte Ussyk nicht zu Gesicht bekommen, dafür jedoch die Sängerin und Schauspielerin Sofija Rotaru, die *„kein bisschen wie auf ihrem Passfoto"* aussähe.

Die russischen Sicherheitskräfte sitzen in Kabuffs, in denen sich jeweils drei Personen zum Gespräch bereithalten. Von Jahr zu Jahr werden ihre Arbeitsplätze unter immer größeren Bergen von neuer Ausstattung wie Telefonen und Computern begraben. Autofahrer überqueren die Grenze gesondert. Für Fußreisende ist ein langer, schmaler Weg vorgesehen, der von einem hohen, engmaschigen

Zaun begrenzt wird. Auf der Insel geht das Gerücht um, dass das gesamte Niemandsland mit hochempfindlichen Mikrofonen abgehört wird, die jedes Wort der Durchreisenden aufzeichnen. Angeblich werde alles in Echtzeit belauscht. Mit Blick auf die Infrastruktur im Umkreis scheint das eher unwahrscheinlich. Dennoch erzähle ich jedem meiner Begleiter von den Gerüchten und schlage vor, sicherheitshalber zu schweigen.

Jedes Jahr beobachte ich, wie die Anzahl der Absperrungen wächst, die Zäune höher und die Bretterverschläge stabiler werden. Offenbar sind im Zuge dieser Veränderungen neben den Grenzbeamten auch Mitarbeiter des FSB stationiert worden. Im fünften Jahr nach der Annexion wurden in dem näher an der russischen Seite liegenden Bereich des Niemandslandes entlang der Straße Laternen aufgestellt. Früher stellte sich hier nach zwanzig Minuten Fußweg unter dem nächtlichen Sternenhimmel das Gefühl ein, dass dieser Ort vollkommen verlassen ist. Für einen kurzen Moment wirkte das sogar romantisch. Auf der ukrainischen Seite gibt es keine Beleuchtung, dafür endlich eine Toilette – auf der russischen Seite gibt es das schon lange.[42]

Im Gegensatz zur russisch besetzten Seite, die durch Schlagbäume und Anbauten blockiert wird, stehen hier eine gewöhnliche Straßensperre und einige Betonklötze. Für die Passkontrolle bei der Ein- und Ausreise muss man kein Gebäude betreten. Die Warteschlange formiert sich bei Wind und Wetter unter freiem Himmel mitten auf der Straße. Die wichtigste Frage an die Bürger lautet, ob sie mit dem Flugzeug von der Krim nach Moskau oder umgekehrt geflogen sind. Das ist eines der häufigsten Vergehen. Einmal habe ich den langen Monolog eines Seemannes mitgehört, der vollkommen unbedarft zu erklären versuchte, dass nicht er selbst für die

---

42 Ende 2019 wurden zwei der drei Checkpoints (Kalantschak und Tschonhar) an der Verwaltungsgrenze der Krim zur Oblast Cherson saniert. Nun gibt es dort zahlreiche Toiletten, und die Zoll- und Passkontrollen werden nicht länger unter freiem Himmel durchgeführt. Nach Angaben der Staatlichen Grenzschutzbehörde der Ukraine passierten in den ersten neun Monaten des Jahres 2019 mehr als zwei Millionen Menschen die Verwaltungsgrenze in beide Richtungen (Anm. d. Autorin).

Flüge verantwortlich sei, sondern seine Reederei, die solcherart Flüge aus Moskau für die Mannschaft buche und er somit keine Wahl hätte. Manchmal flögen sie auch aus Kyjiw, aber für weitere Fragen müsse man sich an seinen Arbeitgeber wenden. Später, an der Haltestelle, bekomme ich mit, wie er sich darüber beschwert, dass er einige hundert Hrywnja *Bakschisch* (Bestechungsgeld) berappen musste. Manchmal drängt sich der Eindruck auf, dass alle um mich herum auf die ein oder andere Weise gegen die Einreisebestimmungen verstoßen haben. Offiziell gibt es zwischen der Krim und dem ukrainischen Festland keinen gewerblichen Personenverkehr. Das Recht zur Durchfahrt haben lediglich Privatpersonen in ihren eigenen Fahrzeugen. Freilich besitzen hunderttausende von Menschen kein eigenes Auto, und so gut wie niemand kann sich ein Taxi für die gesamte Familie leisten. Dennoch wird Personen, die ihre auf der Krim verbliebene Familie besuchen wollen, oder solchen, die dort leben, aber aufs Festland reisen möchten, keine legale Alternative geboten. Dabei haben die Menschen selbst zu Zeiten der schrecklichsten Kriege nicht aufgehört, sich gegenseitig zu besuchen. Es kann daher keine grundsätzlichen Verbote geben.

Es gibt noch eine weitere Grauzone: Sowohl in der Ukraine als auch in Russland ist die doppelte Staatsbürgerschaft verboten. Kyjiw erkennt russische Pässe, die auf der Krim ausgestellt wurden, nicht an. Sie haben den Status eines Personalausweises. Der bloße Besitz eines solchen Passes ist zwar nicht verboten, doch eine klare Regelung fehlt in dieser Angelegenheit. Die russischen Grenzbeamten wissen nur zu gut, dass die Bewohner der Krim nach der Annahme der russischen Pässe ihre ukrainischen nicht einfach weggeschmissen haben. Und so höre ich, wie eine Beamtin mit monotoner Stimme versucht, einer älteren Dame einzubläuen: „*Merken Sie sich Folgendes: hier zeigen Sie Ihren russischen Pass, und auf der anderen Seite den ukrainischen, nicht umgekehrt. Und warum zeigen Sie jetzt beide gleichzeitig vor*!?" Sie sagt es in einem Tonfall, als deklamiere sie eine offizielle Erklärung.

Der kleine Kioskladen, der die Busstation bedient, dürfte beträchtlichen Umsatz machen. Hier kann man sich auf der ukrainischen Seite unweit der Zollbeamten aufwärmen. Jedes Mal zieht sich die Grenzüberquerung bis in die Nacht, und meine Reisen finden nicht selten im Winter oder kurz vor Frühlingsbeginn statt. Instinktiv spüre ich, dass mich in Perekop bittere Kälte erwartet. Jedes Mal warte ich auf den Fahrer, der in der Warteschlange für die Fahrzeuge steht. Und jedes Mal versuche ich mir einzureden, dass diese über alle Maßen unbequemen Bedingungen für die Menschen, die von und auf die Krim reisen wollen, dadurch zu erklären sind, dass es sich um eine Pseudogrenze handelt, die es eigentlich nicht geben dürfte. Und dass unsere Grenzschützer die Guten sind. Aber jedes Mal muss ich mir eingestehen, dass das eine bloße Ausrede ist.

Eine Dystopie, zu Realität geworden

Ein doppelköpfiger Adler mit Hammer und Sichel kreuzt das Wappen Russlands, darüber prangt die russische Trikolore - dieselbe, die Wladimir Putin schon 2009 einem Biker mit Spitznamen „Chirurg" überreichte, auf dass er diese nach Sewastopol bringe. Unter den Klängen der sowjetischen Hymne wird diese Konstruktion aus Metall emporgezogen und anschließend, in Gedenken an den Donbas, das syrische Palmyra und die Region Bergkarabach im Kaukasus, das Fünfte - natürlich russische - Imperium ausgerufen. Auf diese Weise begeht man im Hauptquartier der *Nachtwölfe* nahe bei Sewastopol den fünften Jahrestag der Annexion der Krim durch Russland, die hier „Krim-Frühling" genannt wird. Hier tummeln sich „Freiheitskämpfer", Kosaken, Männer in *Berkut*-Uniformen und mit *Noworossija* (*Neurussland*)-Aufnähern, Schwarzhunderter, Jugendliche mit Bannern, auf denen „Sewastopol ist unser" steht sowie Biker aus Russland, aber auch aus Sewastopol und Simferopol. Wir sind in eine dystopische Welt hineingeraten. Eine Dystopie, die Realität geworden ist.

Der 16. März 2019 markiert den fünften Jahrestag des sogenannten Referendums. Auf der Krim ist er ein offizieller Feiertag, ebenso wie der 18. März - der Tag, an dem in Moskau die „Aufnahme der Krim und Sewastopols als neue Föderationssubjekte der Russischen Föderation" verkündet wurde.

Die Feierlichkeiten haben bereits am Vortag begonnen. Der Vorsitzende der Staatsduma Wjatscheslaw Wolodin, der als erster eine „Kompensation für die Besetzung der Krim" ab 1991 von der Ukraine forderte, ist auf die Halbinsel gereist. Auch der Chef der „Liberal-Demokratischen Partei Russlands", der russische Nationalist Wladimir Schirinowski, hat die Reise hierhin angetreten.

Doch aus den Lautsprechern der Radiostationen ertönt umso häufiger ein so gut wie unbekannter Name: Thierry Mariani. Der ehemalige Abgeordnete der Nationalversammlung führte 2016 eine elfköpfige französische Delegation auf die Krim. Die Besatzungsmacht und die russische Regierung möchten um jeden Preis zeigen, dass unter den Befürwortern der Annexion auch Ausländer anzutreffen sind. Das macht Mariani noch lange nicht zu einem einflussreichen Politiker.

Auf dem Platz vor der Leninstatue in Jalta werden Erstklässler in der *Junarmija* (Jugendarmee[43]) empfangen. Die Pressestelle der Besatzungsbehörden von Jalta berichtet, dass 200 Schüler die „Weihe erfahren" haben: *„Die heutigen Rekruten sind ein besonderer Jahrgang. Sie sind die Träger der Erfahrungen und Lehren von 2014. Die Ereignisse des ‚Krim-Frühlings' haben den russischen Charakter, den Willen und die Einheit des Volkes zutage gefördert"*, zitiert die Pressestelle den Chef des Generalstabs der *Junarmija,* Roman Romanenko. Er ist Kosmonaut, Oberst der Russischen Streitkräfte und Abgeordneter der Partei „Einiges Russland" für die Oblast Amur, die im fernen Osten Russlands liegt, nahezu 9.000 Kilometer von Jalta entfernt.

Neben der improvisierten Bühne und den Militärfahrzeugen sollen Männer in Uniformen die Erinnerung an die „grünen Männchen" wachhalten. Ihre Ähnlichkeit mit den Kämpfern, die damals die ukrainischen Kasernen besetzt haben, ist verblüffend. Bereitwillig, wenn auch maskiert, posieren die Männer für Fotos. Diesmal sind die Masken nur ein Teil der Show.

Wir haben uns in den Kopf gesetzt, dem großen Finale beizuwohnen – einer grotesken Bike Show an einem See zu Fuße des Hasford-Berges bei Sewastopol. Dieser geschichtsträchtige Ort war Schauplatz des Krimkrieges und der Schlacht um Sewastopol im Zweiten Weltkrieg. Heute befindet sich hier das Hauptquartier der *Nachtwölfe*, einem russischen Biker-Club, der 1989 nach US-amerikanischem Vorbild gegründet wurde. Heute steht der Club fest an der Seite russisch-nationalistischer Politiker und begreift sich als integraler Bestandteil der „Russischen Welt". Ihr Gründer und Präsident gründete die russische „Antimaidan"-Bewegung, die sich an der Annexion der Krim beteiligte.

---

43 Die Junarmija ist eine 2016 gegründete Kinder- und Jugend-Militär-Erziehungsorganisation Russlands. Ihr gehören heute in ganz Russland bis zu 200.000 Kinder und Jugendliche im Alter von 8 bis 18 Jahren an (Anm. d. Übers.).

5 ЛЕТ
Русской Весны
16 МАРТА 12:00

An diesem Tag sollen Biker aus ganz Russland auf der Krim eintreffen. Der erste Halt ist in Simferopol, anschließend werden die Clubmitglieder von den Bikern aus Sewastopol in Empfang genommen. Dann fährt die Truppe unter der Führung des „Chirurgen", mit bürgerlichem Namen Aleksandr Saldostanow, gemeinsam zum Ziel.

Von Sewastopol bis Hasford sind es 25 Kilometer. Als wir vor den eisernen Toren des Hauptquartiers der „Wölfe" aus dem Taxi steigen, beschleicht uns ein ungutes Gefühl. Ringsum stehen Kosaken mit Fellhüten und stattliche Männer in Uniformen. Einer wie der andere trägt das Georgsbändchen. Wir – meine Kamerafrau und ich – sind zwei junge Frauen, und wir hoffen, nicht zu sehr aufzufallen. Ich halte mein Telefon fest umklammert. Das zweite Telefon ist in meinem Rucksack versteckt, für alle Fälle.

Gleich hinter den gewaltigen Eisentoren steht ein heruntergekommener Betonbau, an dem ein großes Plakat mit der Aufschrift „Sewastopol – Stalingrad – Bruderstädte" angebracht wurde. Das Wappen Russlands, ein roter Stern und eine Imitation des Denkmals für den sowjetischen Soldaten im Treptower Park in Berlin sind nicht zu übersehen; ein Stückchen weiter steht die Plastik „Arbeiter und Kolchosbäuerin". Das alles könnten auch Requisiten für eine Art russisch-sowjetischen *Steampunk*-Film sein. Wir versuchen, unsere Nervosität mit Witzen zu überspielen: Das *Burning Man* der „Russischen Welt". Dabei ist uns überhaupt nicht nach Scherzen zumute. Vor uns türmt sich ein hoher Galgen mit der Aufschrift „Für Verrat" auf. Er mag zwar eine Attrappe sein, doch er lässt keinen Interpretationsspielraum, was man hier unter Verrat versteht.

Vom Berg aus erstreckt sich der Blick über den See, wo die Zuschauer bereits das Spektakel erwarten. Die Kolonne aus Simferopol verspätet sich um einige Stunden. Entlang des Ufers erwächst eine gigantische Szenerie aus metallischen, teilweise verrosteten Konstrukten, darunter Feldküchen, auf denen Schaschlik gebraten wird. Ich schlage meiner Kollegin vor, etwas zu essen – in erster Linie, um in der Menschenmasse unterzutauchen. Aber anscheinend hat sie keinen Appetit.

„Und hier auf dem Foto sind wir mit drauf, schau, da ist mein Kopf." Eine kleine Gruppe bärtiger Männer in farbenprächtigen Uniformen betrachtet Fotos, die im März 2014 an den Straßensperren entstanden sind. Hier wird eine Ausstellung der etwas anderen Art dargeboten.

„Und Sie, sind Sie hier auch zu sehen?", mische ich mich ins Gespräch ein.

„Naja, ich bin nicht so gut zu erkennen, ich habe immer nachts Wache geschoben."

„Und, zeigt ihr uns jetzt auf dem Fünften Kanal? [44] *Taucht das Foto dann bei ‚Kriegsstifter' auf?"*, ruft einer aus der Gruppe in unsere Richtung, während Fotos gemacht werden: *„Bei ‚Friedensstifter' mein' ich natürlich. Ich verwechsle die immer." Friedensstifter* (*Mirotworets*) ist der Name einer Website, die mit ukrainischen Sicherheitsdiensten in Verbindung steht und eine Datenbank über Separatisten und vermeintliche „Agenten des Kreml" führt. Gleichzeitig werden dort auch die persönlichen Daten all jener veröffentlicht, die nach Ansicht der Betreiber eine *zu* kritische Position gegenüber der ukrainischen Regierung beziehen. Wir filmen die Szene mit der Kamera, doch es ist offensichtlich, dass wir Land gewinnen müssen.

Ein paar Meter entfernt steht ein Mann mit seiner Tochter, der eine Uniform der ukrainischen *Berkut* trägt. Ein Stückchen weiter, neben einem Auto mit einer Flagge der selbsternannten „Volksrepublik Donezk", erregt ein weiterer Teilnehmer der Veranstaltung unsere Aufmerksamkeit. Er trägt einen *Noworossija*-Aufnäher. Der Mann heißt Mykola und breitet ein Spruchband aus, auf dem „Tag der Wiederherstellung der Gerechtigkeit" geschrieben steht. Dann knöpft er seinen Mantel auf, um uns seine Medaillen aus dem Jahr

---

44 *5 Kanal* ist ein ukrainischer Fernsehsender im Besitz des Politikers und ehemaligen Präsidenten der Ukraine Petro Poroschenko. Der Sender wurde 2004 bekannt, als er offen die Orangene Revolution unterstützte. 2013/14 zeigte der Sender unzensierte Aufnahmen von den Ereignissen auf dem Maidan (Anm. d. Autorin).

2014 zu präsentieren. Er ist in Brjansk geboren, hat in Luzk gedient, und lebte bereits zu sowjetischen Zeiten in Sewastopol. Während der Annexion schloss er sich einer sogenannten Bürgerwehr an. Das waren Bewohner der Krim, die sich den russischen Streitkräften bei der Besetzung der Halbinsel nützlich machten.

Es fällt schwer, Mykola in seinem Redefluss zu unterbrechen; ohne Punkt und Komma lässt er sich über die Einigkeit des slawischen Volkes aus und äußert seinen Unmut darüber, wie sich damals in der Armee Ukrainer und Belarussen in die Haare gekommen sind. Dann mokiert er sich noch über Anglizismen in der russischen Sprache. Derweil dröhnt im Hintergrund amerikanischer *Heavy Metal* aus den Boxen. In der Nähe befindet sich ein Stand mit tschetschenischem Essen, darüber hängt ein Banner mit dem Konterfei Achmat Kadyrows, dem Vater des tschetschenischen Präsidenten Ramsan Kadyrow.

„Wir pfeifen auf die Sanktionen", heißt es im Namen der Betreiber eines städtischen Heizkraftwerks auf zwei Plakaten.

Schon wird die Kolonne der Biker sichtbar, die auf dem Schauplatz auffahren. „Magnitogorsk", „Krasnodar", „Grosny" steht in Frakturschrift auf den Aufnähern ihrer Lederjacken.

„Der Russische Frühling begann schon 2009, als Wladimir Putin mir die Flagge überreichte, die ich nach Sewastopol brachte", lässt „Chirurg" verlauten. Er hat keine Zeit zu verlieren, denn die Biker sind spät dran: *„Zack, zack, jetzt kommt der Höhepunkt, wir rollen die Flagge aus"*, ruft er den Journalisten zu, während er nach der Hand meiner Kamerafrau schnappt. Sie hält die Kamera drauf und filmt. In diesem Moment höre ich nicht genau, was er sagt. Erst kurz darauf wird mir klar, dass er direkt in meine Handykamera spricht. Später überfliege ich noch einmal seine Biografie im Internet. Er wurde in der ukrainischen Oblast Kirowohrad geboren.

Die Biker haben eine überdimensionale russische Flagge mitgebracht, die es bereits ins *Guinness*-Buch der Rekorde geschafft hat. Die vornehmlich in schwarzes Leder gekleideten Männer schreiten, im Takt der Musik den Staub aufwirbelnd, voran. Der *Heavy Metal* donnert, und im Epizentrum des Spektakels steht ein

Bildschirm, über den Originalaufnahmen von der Besetzung flimmern. Mein Blick schweift über die *VIP*-Tribüne, von der aus die Zuschauer auf uns herabschauen. So muss es gewesen sein, als die Herren und Meister den Kämpfen ihrer Sklaven beiwohnten.

Vor meinen Augen spielen sich Szenen aus *Mad Max* und Saurons Vorbereitung auf die Schlacht um Gondor aus *Herr der Ringe* ab. Es ist durchaus möglich, dass das ideologische *Mastermind* Saldostanow auf genau diesen dramaturgischen Effekt abgezielt hat. Das Schlimme daran ist, dass alles ringsum real ist.

„*Wie gefällt's Ihnen?*", frage ich eine Frau mittleren Alters, die aus der Masse der Biker und Uniformierten stark heraussticht: „*Wunderbar. Ich bin aus Feodossija gekommen. Meine Schwester hat 2014 eine Medaille bekommen für… nun, was sich eben damals ereignet hat.*"

Der *Heavy Metal* vermischt sich mit dem Gesang Alexander Marshals, einem Rockmusiker, der zu einem der wichtigsten Sänger des russischen Regimes avanciert ist.

Der Karneval auf dem Berg am Ufer des Sees inmitten all dieser Metallkonstrukte und der ohrenbetäubenden Musik wirkt surreal und wirklich zugleich. Doch es nur vergleichsweise wenige Zuschauer. Lediglich die Einheimischen, die damals die Annexion unterstützt haben, sind hier zusammengekommen.

Auch Sergej Aksjonow, der Leiter der Besatzungsbehörden, ist heute vor Ort. In einer kurzen Ansprache erklärt er unverhohlen, dass die Operation zur Besetzung der Krim vom russischen Präsidenten höchstpersönlich angeleitet wurde: „*Wir haben eine zivilisatorische Wahl getroffen. Wir wollten die Vereinigung mit Russland, unserem historischen Vaterland. Wir haben keine Bedingungen oder Forderungen gestellt. Aber all das wäre nicht geschehen, hätte unser Präsident Wladimir Wladimirowitsch Putin nicht höchstpersönlich diese Operation geleitet und die Entscheidungen getroffen, von denen das Schicksal der Bewohner der Krim und Sewastopols abhing. Wir verdanken den Entscheidungen des Präsidenten unser Leben. Wir sind ihm, den Russen, den Spezialeinheiten, allen, die vor Ort waren und dafür gesorgt haben, dass das Referendum sicher durchgeführt wird, zu Dank verpflichtet.*" Und er fügt hinzu: „*Das war in der Tat eine einzigartige Operation. Alles ging derart schnell, mutig und kühn vonstatten, dass unsere Gegner keine Chance hatten, sich in Stellung zu bringen."*

Die Feierlichkeiten dauern an. Wir entfernen uns ein Stück vom Geschehen, damit ich einen Videokommentar mit der Szenerie im Hintergrund aufzeichnen kann. Auf Ukrainisch natürlich. Wir bestellen ein Taxi und schweigen während der gesamten Rückfahrt.

Der Preis der Annexion ist das Leben

„Oksana ist gestorben", wird mir gesagt, als ich ein Video zeige, auf dem sie, die Patientin einer Drogenersatztherapie, im Mai 2014 zu sehen ist.

„Ich halte das körperlich nicht aus! Sie zwingen uns, die Dosis zu verringern. Das bedeutet durchgehende Schmerzen und anhaltende Schwäche. Niemand will mir helfen", erzählte sie damals. Oksana lernte ich vor fünf Jahren in Simferopol unweit des Krankenhauses kennen, in dem bis 2014 Drogenabhängige behandelt wurden. Bis dahin hatte Oksana sieben Jahre lang unter Aufsicht von Ärzten Methadon erhalten. Diese Form der Therapie ist in Russland - und somit auch auf der annektierten Krim - verboten. Im Frühling 2014 flehten die rund 800 Methadon-Patienten um Hilfe. Oksana hielt auf der besetzten Halbinsel genau drei Jahre durch: *„Ihre Mutter hat sie rausgeholt. Aber sie hat nicht auf sie aufgepasst. Sie ist in einem Hostel in Kyjiw gestorben. Die Einsamkeit hat das Mädchen das Leben gekostet. Ich bin in Tränen ausgebrochen, als ich es herausfand. Dabei weinen Männer eigentlich nicht. Am meisten schmerzt mich die Sinnlosigkeit dieser ganzen Todesfälle"*, erzählt Ihor.[45] Er ist selbst ein ehemaliger Patient und gehört zu den wenigen, die einige Zeit auf dem Festland verbracht haben. Aber der Gesundheitszustand seines Vaters brachte ihn nach Simferopol zurück.

Ihor hat sich lange gegen ein Treffen verwahrt. Es sei mit einem gewissen Risiko verbunden, vor allem jedoch sei es sinnlos, denn es mache die Toten auch nicht wieder lebendig: *„Es interessiert die Leute nicht, dass auf der Krim jemand gestorben ist, da doch alles so gut gelaufen ist und sie zum ‚Referendum' gegangen sind"*, erklärt er. Seine aufgewühlte Stimme ist voller Bitterkeit, während er darüber klagt, weshalb *„die ganze Welt und Russland über einen Genozid in Odessa sprechen"*,[46] nicht jedoch über Menschen wie ihn. Und doch will er wissen, ob die Chance besteht, dass das Thema nach seiner

---

45 Name auf Wunsch des Gesprächspartners geändert (Anm. d. Autorin).

46 Gemeint ist ein Brand, der am 2. Mai 2014 im Verlauf von Zusammenstößen vor dem Gewerkschaftshaus ausgebrochen war. Dabei kamen 48 Menschen ums Leben (Anm. d. Autorin).

Aussprache aufgegriffen wird und sich etwas ändert. Ich sage ihm, dass ich nichts versprechen kann. Und dass die Aussicht auf Veränderung verschwindend gering sind, es aber falsch wäre, deswegen gar nichts zu unternehmen.

Nach langem Hin und Her im Messenger willigt er schließlich auf ein Treffen vor einem Café in einer Plattenbausiedlung ein.

„Ukrainisches Fernsehen? FSB, Ihre Dokumente bitte", so sein missglückter Scherz anstelle einer Begrüßung. In den langen Sekunden, bis klar wird, dass alles in Ordnung ist, gehe ich in Gedanken alle Fluchtwege durch.

Wir führen ihm noch einmal vor Augen, dass es keinen anderen Weg gibt, diese Geschichte zu erzählen, als mit ehemaligen Patienten - oder mit solchen, die ihnen nahestanden - zu sprechen. Und dass wir zumindest seine Stimme aufzeichnen möchten, da die Menschen anonymen Berichten von der Krim noch weniger Glauben schenken. In dem Café, in dem wir uns letztlich an die Arbeit machen, wird laute und völlig unpassende Musik von *Roxette* und *Ace of Base* gespielt.

„Hunderte von Menschen sind in diesen Jahren einen entsetzlichen Tod gestorben. Einer hat sich erhängt, ein anderer ist aus dem neunten Stock gesprungen. Meiner Meinung nach haben die Regierungen der Krim und Russlands 400 Menschen auf dem Gewissen. In ihren Augen sind das keine Menschen. Selbst die Affen im Zoo werden besser behandelt. Ihnen allen hätte man Erste Hilfe zuteilkommen lassen müssen", befindet Ihor.

Gesicherte Zahlen darüber, wie viele der 800 Patienten gestorben sind, gibt es nicht. Die Wohltätigkeitsorganisation *Bündnis für öffentliche Gesundheitsfürsorge*, die sich um Drogenabhängige auf der Krim gekümmert hat, stellte 2015 die Erfassung der Toten ein. Bis zu diesem Punkt sind ihren Angaben zufolge etwa 120 ehemalige Patienten gestorben.

Dieselben Zahlen finden sich auch in Dokumenten der *UN* wieder. Das Thema wurde auf internationalen Konferenzen vorgebracht, aber die russischen Vertreter empörten sich und bestanden darauf,

dass allen Betroffenen geholfen sei. 2015 wurde der Zugang zu Patientendaten, die unter Aufsicht der Russischen Föderation in den Gesundheitsämtern verwahrt werden, erschwert. Die Eltern von Verstorbenen lehnten jegliche Kontaktaufnahme ab. Ein Jahr später begannen die Razzien bei den Familien von Patienten, die aufs Festland gezogen waren und dort mit Medienvertretern gesprochen hatten.

„Vor Kurzem habe ich eine Bekannte getroffen und erfahren, dass Mischa aus Marino, eine recht bekannte Persönlichkeit, sich erhängt hat. Shenja ist in den Knast gewandert. Sie haben sie auf der Straße mit Drogen aufgegriffen. Später ist auch sie gestorben. Ich kenne eine Familie, die ein Kind bekam, nachdem sie gerade mit der Methadontherapie angefangen hatte. Jetzt sind sie wieder auf Drogen. Das Kind haben sie bei den Großeltern gelassen. Eine Klassenkameradin meines Mannes ist hier in Jalta mitten auf der Straße gestorben. Wie viele sonst noch in Kertsch, Jewpatorija, Feodossija gestorben sind, weiß ich nicht. Wenn von den 800 noch ein paar Hundert am Leben sind, dann wäre das schon ein Erfolg." Inessa geht ihren Bekanntenkreis durch. Sie bittet darum, ihr Gesicht nicht zu filmen und ihren Namen vor der Veröffentlichung zu ändern.

Sie sagt, dass sie weniger um sich als um ihren Sohn Angst habe: *„Der Staat hat immer eine Patrone mehr im Magazin. Das hat mir mein Vater beigebracht."*

Inessa kritisiert, dass Drogenabhängige auf der Krim im Grunde der Willkür ausgeliefert seien: *„Das ist keine Diskriminierung, das ist Sadismus, Rassismus, Chauvinismus, fast schon Faschismus. Man kann einen Menschen nicht seiner Rechte berauben, nur weil er krank ist. Ist das so schwer zu begreifen, dass das eine Krankheit ist, die zudem soziale Ursachen hat?"*

Wir spazieren die Promenade von Jalta entlang. Die Frau ist nicht ganz bei der Sache und beäugt jede der Neubauten, die sich in großer Zahl in den Horizont erstrecken; Baukräne, so weit das Auge reicht, gen Osten, gen Westen. Inessa sieht darin die Zerstörung ihrer Heimatstadt.

Ihor und Inessa sind erwachsene Menschen, die sich noch an die Sowjetunion und die 90er Jahre erinnern können. Sie lebten ihre kreative Ader aus und haben sich nie den Kopf über Politik zerbrochen. Die Krim war für sie ein Ort der Freiheit, den es so nicht mehr gibt: *„In meinen Augen haben die Regierungen der Krim und Russlands diese Menschen auf dem Gewissen. Jetzt feiern sie hier den ‚Frühling', fünf Jahre sind schon vergangen. Ich bete zu Gott, dass niemand in diesen Schraubstock gerät wie wir und wie alle, die schon von uns gegangen sind."* Mit diesen Worten beendet Ihor unser Gespräch.

Die Familien der „Volksfeinde"

Ich blättere durch die Seiten eines Schulbuchs mit der Aufschrift „Unsere Welt". Mir fällt auf, dass darin von der „Alten Rus" und nicht von der „Kyjiwer Rus" die Rede ist. In kindlicher Handschrift wurde das Wort „Kyjiw" auf die Karte geschrieben und das Porträt Putins durchgestrichen.

„Das Wichtigste ist, nichts Falsches vor den Kindern zu sagen oder ihnen beizubringen, dass sie über das, was sie in der Küche hören, nicht mit Fremden reden dürfen", erzählt man uns in einer typischen krimtatarischen Familie in Bachtschyssaraj. 2014 wurde in diesem Haus noch offen ausgesprochen, dass man sich vor Repressionen fürchtet. Ein Jahr später hatten sie bereits begriffen, dass es besser ist zu schweigen. Jeder Post auf *Facebook*, selbst unter falschem Namen, kann zu einem Verweis durch den Arbeitgeber führen. Zuhause wird mit den Nachbarn bei Kaffee und Tee auch mal über ukrainische Wahlen und die Besatzung gesprochen. Die Höhe der Rente ist bei allen unterschiedlich – und bei manchen alles andere als bescheiden. Doch alles ist teuer. Die medizinische Versorgung bietet den größten Grund zur Klage: *„Früher konnte man zu einem Facharzt gehen, heute darf man nur noch zum Hausarzt. Und für fast alle Leistungen muss man bezahlen."*

Die Krimtataren unterstützen auch die Verwandten der inhaftierten Ukrainer, so auch die Mutter von Oleh Senzow, die nicht weit von Bachtschyssaraj entfernt lebt, oder die Familie von Wolodymyr Baluch.

Das Telefon von Ljudmyla Senzowa, der Mutter von Oleh, klingelt stoisch vor sich hin. Ich vermute, dass sie nach dem Hungerstreik ihres Sohnes und aufgrund der ständigen Anrufe von Journalisten ihre Nummer geändert haben könnte. Sie wohnt in Skalyste bei Bachtschyssaraj, weniger als eine Stunde von Simferopol entfernt, daher fahren wir einfach bei ihr vorbei. Ich erkenne das einfache Haus wieder. Es ist verschlossen. Ist sie im Krankenhaus? Ob alles in Ordnung ist? Was ist mit den Kindern? Sie fährt doch sonst nie weg. In diesen Zeiten ruft das Unvermögen, einen anderen Menschen zu erreichen, ein Gefühl der Angst in mir hervor. Uns bleibt nichts anderes übrig, als an einem anderen Tag wiederzukommen. Am Ende stellt sich heraus, dass sie einen Gottesdienst besucht und ihre Nummer tatsächlich geändert hat. In derselben Woche hat auch Sascha Koltschenkos Mutter Larissa, die kurz auf der Krim zu Besuch war, nach ihr gesucht, ebenso wie Erzbischof Kliment vor ihr. Kliment ist ein Geistlicher der nunmehr Orthodoxen Kirche der Ukraine, der während Senzows Hungerstreik persönlich nach Labytnangi fuhr, dem Städtchen im polaren Norden Russlands, in dem Oleh seine Haft absitzt. Der Regisseur sagte, dass er nicht religiös sei und deshalb kein Wunder erwarte. Aber er bat Kliment darum, nach seiner Mutter zu schauen. Seither kümmert sich der Priester gemeinsam mit der Menschenrechtsorganisation *Krim-Solidarität* um die Frau.

Ljudmyla Heorhijiwna empfängt uns wie enge Verwandte, obwohl Oleh ihr davon abgeraten hat, sich mit Journalisten zu treffen. Er fürchtet, dass dubiose Gestalten die Offenherzigkeit seiner Mutter ausnutzen könnten. Die Verwandten sagen, dass es sich nicht lohne, alte Wunden aufzureißen. Aber sie freut sich aufrichtig über das Gespräch, und sie ist dankbar für die Aufmerksamkeit.

„Sowohl Ukrainer als auch Russen fragen nach ihm, sie begreifen, dass die Vorwürfe konstruiert sind. Ich hoffe, dass die Leute das nicht vergessen. Ich hatte befürchtet, dass man sich ein Jahr später schon nicht mehr an ihn erinnern würde. Wie könnte er so durchhalten? Ich bin allen, die ihn nicht vergessen, aufrichtig dankbar. Ohne diese Menschen wäre es still um ihn. Die Sache würde versinken wie in einem Sumpf. Deshalb bin ich den Menschen dankbar. Auf der Krim ist es sehr still geworden. Ich habe den Eindruck, dass alle Angst haben und nicht sprechen wollen. Wenn sie nach Oleh fragen, dann flüstere ich ihnen die Antworten ins Ohr. Es fragen nur die, die mich gut kennen, ich habe ja viele Jahre hier als Erzieherin gearbeitet.“

Die Frau sieht nicht fern. Ihre Enkelin Alina, die versucht, ihre Großmutter zu beschützen, hält sie über alle Aktionen zur Unterstützung ihres Sohnes auf dem Laufenden. Ich will von Ljudmyla

Heorhijiwna wissen, wie sie mit dem Hungerstreik ihres Sohnes umgegangen ist. Auch wenn sie es nicht nachvollziehen konnte, hat sie seine Entscheidung doch akzeptiert.

„Ich hatte große Angst. Ich kenne doch seinen Gesundheitszustand. Ich weiß noch, wie sie meinen Sohn, als er noch klein war, wegen all dieser Krankheiten behandelt haben. Oleh wurde wegen seines Herzens und der Polyathritis nicht einmal zum Wehrdienst eingezogen. Ständig musste er Medikamente schlucken. Und dann so ein Hungerstreik. Ich hatte solche Angst. Er beruhigte mich und sagte: ‚Mama, der Organismus hält das schon aus, alles wird gut.' Aber das war eine Tortur. Wissen Sie, wie das ist, sich abends hinzulegen und über so etwas nachdenken zu müssen? Und dann aufzustehen, und mitten in der Nacht mit diesen Gedanken im Kopf aufzuwachen? Ich wollte so sehr, dass mein Sohn aufhört zu hungern, und der Herr hat mich erhört. Meine Enkelin rief mich an und sagte, dass Papa wieder angefangen hat zu essen. Dann rief Vater Kliment an. Er sagte: ‚Ich gratuliere. Gott hat unsere Gebete erhört und Oleh hat den Hungerstreik beendet.' Dann kam die schlimme Frage wieder auf, wie er dort rauskommt."

Mit ihrem Sohn spricht Ljudmyla Heorhijiwna etwa zwanzig Minuten im Monat. Oleh erkundige sich hauptsächlich nach den Kindern. Früher, so sagt er, seien sie selten, vielleicht ein oder zwei Mal, in seinen Träumen erschienen. Doch seit einem halben Jahr träume er nur noch von seinen Kindern. Er fragt, wie es um ihre Gesundheit bestellt ist, wie sie in der Schule zurechtkommen und wofür sie sich interessieren. Nach dem Hungerstreik bat er um Fotos seiner Kinder. Seiner Mutter sagt er, dass er sehr zufrieden mit der Entwicklung seiner Kinder sei. Um seine Gesundheit gehe es bei den Gesprächen nicht, denn bei ihm sei immer *„alles gut"*. Er erzählt, dass er Sport treibe, dass die Kräfte nach und nach zurückkehren, dass er Vitamine zu sich nehme und auf sich aufpasse. Deswegen lohne es sich nicht, sich um ihn zu sorgen. Stattdessen interessiere ihn jede Kleinigkeit über die Kinder: mit wem sie sich treffen, mit wem sie befreundet sind. Ihre Telefonate seien jedes Mal viel zu kurz.

Zum ersten Mal bekommen wir Olehs 13-jährigen Sohn Wlad zu Gesicht. Er ist groß und gleicht seinem Vater bis aufs Haar – als wäre eine Fotografie zum Leben erwacht. Es ist seltsam, denn weder ich noch meine Kollegin sind Oleh jemals persönlich begegnet, aber nach all diesen Jahren wirkt er wie ein Vertrauter – umso mehr, als wir wirklich jedes Foto von ihm kennen.

Wir erkundigen uns bei seiner Großmutter, ob Wlad zu einem Gespräch bereit ist. Sie erklärt: wenn er Angst hat oder wenn ihn etwas nervt, dann schreit er laut. Und er wisse immer, was man fragen dürfe und was nicht. Sie erzählt, wie Wladik einmal ein chinesisches Horoskop las und ausrechnete, dass sein Papa ein Drache sei: *„Sie haben unseren Drachen gefangen und er kann sich nicht befreien"*, sagte er damals.

Während wir uns unterhalten, spielt der Junge auf einem Tablet. Er entschließt sich dazu, uns Fotos von seinen Auftritten zu zeigen. Das Theater, in dem er spielt, hat Gastauftritte in Moskau absolviert. Seine Mutter Alla hat ihn begleitet. Wie früher ist Wladik unter der Woche bei ihr. Olehs Exfrau bezieht aufgrund der Behinderung ihres Sohnes staatliche Transferleistungen. Das Verhältnis zu ihrer Tochter gestaltet sich schwierig. Im Frühjahr 2019 ist Alina sechzehneinhalb Jahre alt. Eigentlich wollte sie Fotografin werden, aber jetzt liegt der Fotoapparat ungenutzt in der Ecke. Sie wollte Kamerafrau werden, nur um mit ihrem Vater zusammen zu sein. Sie möchte studieren, aber nicht in Russland. Sie träumt davon, auf das ukrainische Festland zu ziehen, aber ihre Mutter gibt ihr nicht die für eine Minderjährige nötige Einwilligung. Oleh, der die Kinder bis zu seiner Verhaftung großzog (damals war Alina in der fünften, Wlad in der zweiten Klasse), kann aus der Haft nicht erwirken, dass das Sorgerecht von der Exfrau auf seine Mutter oder auf die ältere Schwester übertragen wird: *„Alina konnte sich lange nicht damit abfinden, wie die Dinge gelaufen sind. Anfangs, als sie das alles noch nicht verstand, war sie sogar wütend auf ihren Vater. Aber jetzt braucht man ihr nichts mehr zu erzählen. Für sie ist Papa der allergrößte. Egal, was er getan hat – er ist immer im Recht. Die Hauptsache ist, dass Papa wiederkommt. Nur mit ihm an ihrer Seite will sie leben."*

Während Olehs Hungerstreik haben sich weder ukrainische noch russische Politiker mit seiner Mutter in Verbindung gesetzt. Sie beschloss, ein Begnadigungsgesuch zu schreiben. Es hieß damals, dass man Oleh austauschen könnte; auf das Gesuch der Mütter der russischen Soldaten Jerofejew und Aleksandrow hin wurden die beiden gegen Nadija Sawtschenko ausgetauscht: „*Ich schrieb so einen Brief. Vielleicht würde sich ja jemand erbarmen, denn wofür muss Oleh so lange im Gefängnis sitzen? Ich habe Putin persönlich geschrieben. Wissen Sie, ich dachte, er ist doch ein gläubiger Mensch. Ich setzte auf seine Güte, glaubte, dass er antworten würde. Aber ich bekam eine, sogar zwei sehr offiziöse Antworten. Dort stand in völlig nüchternen Worten geschrieben, dass eine Begnadigung möglich ist, wenn sich Oleh selbst an den Präsidenten wendet. Nur dann würde die Bitte geprüft. Das war alles. Ich begriff, dass alles umsonst gewesen ist. Ich hätte nicht schreiben sollen. Damals gab es noch Hoffnung. Jetzt weiß ich, dass das alles nichts bringt.*“

Ljudmyla Heorhijiwna setzt auf einen Machtwechsel. Sie erinnert sich, wie nach der Verhaftung, die nun fünf Jahre zurückliegt, alle gesagt haben: „*Die werden ihn bald wieder freilassen.*“ In einem seiner letzten Briefe schrieb Oleh: „*Mama, ich weiß, dass es passieren wird. Aber es wird unterwartet kommen.*“

Während Ljudmyla Senzowa häufiger Gäste empfängt, hat die Mutter des inhaftierten Wolodymyr Baluch seltener Besuch. Sie lebt in Serebrjanka, einem Dorf im Norden von Jewpatorija. Dabei ist nicht von den Journalisten die Rede – für die Mütter bedeutet jede Unterhaltung Stress und Tränen – sondern von den Freiwilligen, die etwas Geld, Essen oder Neuigkeiten über die Kinder mitbringen.

Der Landwirt Wolodymyr Baluch machte Schlagzeilen, als er 2015 die ukrainische Flagge über seinem Haus auf der Krim hisste. Das war der Auftakt zu seiner Verfolgung. Auch wir tragen eine Mitverantwortung an seinem Schicksal, da meine Kollegin den ersten Beitrag über ihn filmte. Anschließend wurde Baluch in einem politisch motivierten Verfahren wegen Waffenbesitzes angeklagt und zu vier Jahren Haft verurteilt. Im Gefängnis ging er für 206

Tage in den Hungerstreik und lebte nur von einigen Löffeln Haferbrei, Zwieback, Wasser und Tee mit Honig. Allerdings unterbrach er den Hungerstreik für die Zeit seiner Verlegung in ein anderes Gefängnis.

Auf der Fahrt aus Simferopol heraus sehen wir den neuen Flughafen und die große Baustelle der Autobahn *Tawrida*. Sie soll Kertsch mit Simferopol und Bachtschyssaraj verbinden und bis nach Sewastopol reichen. Ich würde mir gerne die Stadt Jewpatorija anschauen, aber wir sind in Eile, und so umfahren wir sie, um nicht im Stau zu landen. In meiner Kindheit zu Beginn der 90er Jahre war ich dort im Ferienlager und habe die Stadt als unwirtlich in Erinnerung – als Stadt, in der Wasser und Strom nur wenige Stunden am Tag in Betrieb sind, der Nahverkehr miserabel ist und die Regeln, an die sich die postsowjetischen Schüler während der Ferien halten mussten, furchtbar streng. Nach der Annexion las ich alte Bücher und Erinnerungen an die einzige *Tekke* – das Refugium der Derwische – auf der Krim. In den ersten Jahren nach dem Zusammenbruch der Sowjetunion war sie noch kein Denkmal, das man als Schüler zu besichtigen hätte. Jetzt, da ich in der Nähe von Jewpatorija bin, habe ich wieder keine Zeit, wenigstens eine Weile durch die Stadt zu schlendern. 2016 versuchten wir, die ehemalige Unterkunft des ukrainischen Olympiateams zu fotografieren, aber wir wurden umgehend fortgescheucht.

In Serebrjanka gehen wir noch einmal ins Dorfgeschäft, bevor wir zu unserer Gastgeberin stoßen. Wie auch in Bachtschyssaraj gibt es hier fast nichts zu kaufen. Ich nehme die letzte Tüte Bonbons aus der Vitrine.

Noch während wir auf der Krim sind, wird Wolodymyr aus dem russischen Jaroslawl in die Oblast Twer verlegt. Natalija hat ihren Sohn seit seiner illegalen Inhaftierung nur zwei Mal gesehen – einmal während des Prozesses in Rosdolne und einmal im Sommer 2018. Zum Prozess in Kertsch ist Wolodymyrs Frau alleine gefahren.

Письменники

Am 19. Februar 2019 wurde Baluch nach Russland gebracht, und im März schließlich nach Twer verlegt. Am Vortag unseres Treffens rief er seine Mutter an: „*Er will immer nur wissen, wie es um meine Gesundheit bestellt ist. Über sich erzählt er gar nichts.*" Den Rest ihrer Rente, der nach Abzug der Wohnkosten übrigbleibt, überweise sie Wolodja, denn er weigere sich zu essen, was man ihm im Gefängnis vorsetzt: „*Er sagt, dass er nicht aus dem Trog der Terroristen essen werde.*" Seiner Mutter zufolge wird Wolodymyr in Russland von seiner Schwester unterstützt.

Wolodymyr nannte ein hübsches Haus samt kleinem Bauernhof sein Eigen. Natalija lebt in einer einfachen Dorfhütte, die sie 1967 erworben hat. Sie spricht darüber, dass sie zuvor in einem Kolchosehof ohne Strom und fließend Wasser gelebt hatte. Ihr ganzes Leben lang habe sie gearbeitet, mal auf einer Geflügelfarm, mal im Weinbau. Ihr Sohn – „Wolodka", wie sie ihn nennt – ist auf dem Land groß geworden. Voller Stolz erinnert sie sich, wie er den Nachbarn immer zur Hand ging. In ihrer Straße leben ausschließlich Frauen, weshalb Wolodymyr sich um alles gekümmert habe. Er grub Beete um und erledigte Reparaturarbeiten. Doch die Mutter hat auch noch die Nachbarn in Erinnerung, die zum Ortsvorstand liefen und sich über Wolodja beschwerten, als er neben die blau-gelbe Flagge am Traktor noch eine rot-schwarze Flagge hängte. Aber vor allem ist sie denen dankbar, die ihn unterstützen. Auch davon gebe es eine Menge.

Über der Anrichte hängt ein T-Shirt mit dem Portrait des Sohnes. Auch eine Postkarte mit dem Porträt Taras Schewtschenkos findet sich dort: „*Schon als kleiner Junge hat Wowka ukrainische Literatur gelesen, alles war ukrainisch. Sie haben in der Schule ukrainisch gelernt, obwohl es eine russische Schule war*", erinnert sich die Mutter: „*Hier war alles ukrainisch, und nach der Annexion waren plötzlich alle Russen. Aber das ändert sich. Die Leute haben eine Fingerspitze von Russland gekostet. Früher hieß es, wenn die Russen kommen, erhalten wir neue Traktoren. Von wegen, wir müssen für alles bezahlen.*"

Die Mutter versucht zu schildern, wie wenig es braucht, um zum „Volksfeind“ zu werden. Sie erinnert sich, wie die Behörden die Vorwürfe frei erfunden haben. Ihr Sohn reiste während der Präsidentschaftswahlen mehrfach in die Ukraine. Als er zurückkehrte, wurde behauptet, dass er zum „Rechten Sektor“ gehöre. Es fand eine Hausdurchsuchung statt, bei der sie Flaggen fanden. Anschließend brachte Baluch erneut Flaggen und ein Schild mit der Aufschrift „Straße der himmlischen Hundertschaft“ vom Festland mit, das er an seine Hütte anbrachte. Der Ortsvorstand warnte ihn, dass alles abgehängt werden müsse. Aber Wolodymyr reagierte nicht. Sein Haus wurde erneut durchsucht, ohne Ergebnis. Dann fuhren vier Autos ohne Nummernschilder vor der Hütte seiner Mutter vor. Alle Personen hatten vermummte Gesichter: *„Sie waren gekommen, um den ‚Terroristen‘ zu ergreifen. Verstehen Sie? Das ganze Dorf in Aufruhr – ist Baluch nun ein Terrorist oder nicht?“*, entrüstet sich die Mutter: *„Als sie dann das zweite Mal kamen, fanden sie plötzlich Munition. Aber welcher Dummkopf würde Berge von Munition in seinem Haus herumliegen lassen? Einer nach dem anderen krochen sie auf den Dachboden. Sie brachten sogar ihre eigenen Zeugen mit. Dann schafften sie Wolodja fort. Seitdem sind schon drei Jahre vergangen.“* Natalija hat nicht die Absicht, bei Putin um eine Begnadigung zu bitten, denn ihr Sohn würde das nicht verstehen. Sie setzt auf Gott und die Menschen.

Gerade als Krimtatare wird man auf der Krim heute leicht zum „Terroristen“ gemacht. Bereits im Frühjahr 2016 hatte der Anwalt Emil Kurbedinow erklärt: *„Wenn du Verbindungen zum Medschlis hast, klagen sie dich wegen Extremismus an. Wenn du gläubig bist, dann wegen Terrorismus.“*

Die systematischen Verhaftungen von Krimtataren begannen im Jahr nach der Annexion. Derzeit sitzen mehr als 70 politische Gefangene in russischen Gefängnissen, die meisten stammen von der Krim. Als ich mit den Verwandten der ersten Inhaftierten sprach, glaubten viele noch, dass bei der Verhaftung ein Fehler unterlaufen sei. Anfangs waren die Ehefrauen und Kinder noch vorsichtig, doch schon bald ließen sie ihrem Kummer freien Lauf. Damals entstand die Bewegung *Krim-Solidarität*, die die Familien der politisch Inhaftierten zusammenbrachte. Die Organisation *Unsere Kinder* (*Bizim Balalar*) unterstützt Kinder unter 16 Jahren mit einem monatlichen Geldbetrag. Auf einem der ersten Treffen im März 2017 waren es etwa 40 Kinder. Heute sind es 168.

Wir besuchen die Ehefrau eines der ersten Inhaftierten. Wir kennen uns seit langer Zeit. Sie ist standhaft und durchsetzungsstark. Zu meiner Überraschung ist sie dieses Mal nicht bereit, uns ein Interview zu geben. Früher ließ man die Ehefrauen und Kinder in Ruhe. Mittlerweile wird ebenfalls gegen sie ermittelt, es finden Verhöre und Hausdurchsuchungen statt. Bei der letzten Razzia zwangen sie die Frauen dazu, sich auszuziehen – eine für muslimische Frauen besonders demütigende Prozedur. Diesmal sind wir zum ersten Mal bei ihr daheim, ansonsten haben wir uns immer bei ihrem Anwalt getroffen. Das Haus liegt hoch oben auf dem Berg, von der Haltestelle aus kann man in der Ferne das Meer sehen. Während wir laufen, sagt sie, dass sie früher häufig Freunde aus Russland und aus Zentralasien zu Besuch hatte. Und obwohl sie ihren Mann persönlich kennen, würden sie die Annexion nicht kritisieren – sie zögen es vor, das Thema zu meiden.

Die Frau erzählt von den ständigen Demütigungen, die manchmal nur subtil vonstattengehen, dafür aber nicht weniger verletzend seien. Wenn die russischen Wachleute etwa den Zugang zum Gerichtssaal versperrten, damit die Kleinen nicht einmal die Silhouette ihres Vaters zu Gesicht bekommen.

Zuletzt seien sie vier Stunden lang von ukrainischen Beamten am Grenzübergang festgehalten worden, weil diese die Erlaubnis des Vaters für die Ausreise des minderjährigen Kindes verlangt haben. Sie erklärte ihnen in aller Ausführlichkeit, dass der Vater ein politischer Gefangener sei, und wollte wissen, ob sie sich mit einem Dokument aus einem Gefängnis auf der Krim zufriedengäben.[47]

---

[47] Seit dem 9. Februar 2020 dürfen Kinder unter 16 Jahren nach ukrainischem Recht in Begleitung eines Elternteils oder einer bevollmächtigten Person auf die annektierte Halbinsel einreisen. Die Begleitung des zweiten Elternteils oder eine Bevollmächtigung sind nicht erforderlich (Anm. d. Autorin).

Ihr Ehemann lacht von einem am Kühlschrank befestigten Foto herunter. Ich erinnere mich, dass ich vor fünf Jahren eben dieses Bild von einem Handybildschirm abfotografiert habe. Damals hatte noch niemand Aufnahmen der Inhaftierten. Seit vier Jahren kommt diese kinderreiche Familie nun schon ohne ihren Mann und Vater aus.

„Ich hätte Verständnis dafür, wenn die ukrainische Regierung die Energieversorgung einstellen würde. Wir sind bereit, das zu erdulden. Unseren Eltern, die deportiert wurden, erging es schließlich noch schlechter, sie hatten weder Strom noch Wasser", befand Lenur Osmanow, der Betreiber des Cafés *Musafir* in Bachtschyssaraj im März 2014, am Morgen nach dem sogenannten Referendum. Fünf Jahre später versichert er, dass er nach wie vor zu seinen Worten steht: *„Kompromisse sind fehl am Platz. Ich warte auf den Tag, an dem sie ihre Koffer packen und von hier abhauen."*

Noch zwei Jahre nach der Besetzung arbeitete Lenur im *Musafir*. Jetzt unterhalten wir uns in einem winzigen Büro in Simferopol.

Eine der renommiertesten krimtatarischen Einrichtungen der Halbinsel wurde dazu gezwungen, den Betrieb einzustellen: „*Bei den ersten ‚Masken-Shows' kamen 15 maskierte Männer. Ich wollte wissen, wozu sie die Maschinengewehre mitgebracht hätten. Sie erklärten mir, das sei zu ihrer Sicherheit. Und ich entgegnete: ‚Nun mal halblang – ich bin hier der einzige Mann, der Rest sind Frauen.'*"

Es folgten zahlreiche Prozesse zur Klärung der Besitzverhältnisse. Letztendlich ist es nicht gelungen, die Einrichtung wieder den rechtmäßigen Eigentümern zuzusprechen. Daraufhin eröffneten zwei erfolgreiche Filialen von *Musafir* in Kyjiw. Lenur betrachtet die Fotos der Filialen auf *Facebook*: „*Ich würde nach Kyjiw gehen und als Kellner anfangen, wenn da nicht meine Familie und außerdem noch eine Immobilie wären. Die werde ich nicht verkaufen. Dann würde ich alles verlieren.*" Eine Zeitlang war der erfahrene Manager als Taxifahrer tätig – einer der am weitesten verbreiteten Berufe auf der Krim.

Über dem Café *Musafir* in Bachtschyssaraj hängt, wie schon fünf Jahre zuvor, die hellblaue Flagge der Krimtataren. Ich schaue mir noch einmal mein Video an. Am Tag des Pseudoreferendums fuhr an genau dieser Stelle ein russisches Militärfahrzeug vorbei. Die Eigentümer haben nicht die Absicht, die Räumlichkeiten zu verkaufen. Sie hoffen, den Ort erhalten und irgendwann zurückkehren zu können.

#IhreKrim

Wir unterhalten uns nicht nur mit Regimekritikern. Doch es ist schwierig, andere Gesprächspartner zu finden. In den vergangenen fünf Jahren haben sich die meisten Bewohner der Krim ausdrücklich von der Politik ferngehalten. Schon ein Gespräch mit Journalisten über Preise und über das Business kann als Meinungsäußerung ausgelegt werden. Deswegen müssen wir auch in diesem Fall unserer Gesprächspartnerin einen anderen Namen geben: Oksana.

Wir sitzen in einem modernen Restaurant in Jalta. Es ist äußerst stilvoll und gemütlich eingerichtet. Genau diese Art von Einrichtung sieht man auf der touristischen Krim gerne. Derartiges fällt auch deshalb ins Auge, weil es hier sonst nicht an Geschmacklosigkeiten mangelt. Auf dem Weg hierher haben wir am Pier eine kleine Kopie des Eiffelturms entdeckt.

Oksana ist seit Jahren in der Tourismus- und Gastronomiebranche von Jalta tätig und organisiert Kulturveranstaltungen. Ihren Ausführungen zufolge seien früher 40 Prozent der Gäste von der Festlandukraine gekommen und je 30 Prozent aus Russland und dem Ausland. Heute kämen zu 95 Prozent Russen.

Dennoch kämen seit dem vergangenen Sommer auch viele Freunde vom Festland. Die Geldautomaten und Banken haben den Betrieb wieder aufgenommen, sodass man nicht mehr mit Koffern voller Bargeld anreisen müsse. Schritt für Schritt kehren die Investitionen zurück, vorwiegend aus Russland. Schmuggel sei eine Ausnahmeerscheinung, da alles kontrolliert werde. Die Preise entsprächen denen in Moskau. Die Filialen der großen Unternehmen öffnen wieder ihre Pforten; Klein- und Mittelbetriebe, insbesondere in der Lebensmittelbranche, erwachen wieder zum Leben: private Bäckereien, Weinhandlungen oder Käsereien.

„Die Krim zu verlassen, nur um die eigene politische Haltung unter Beweis zu stellen und sich als politischen Outsider zu inszenieren – ich halte das für falsch. Wir haben das Meer, die Berge. Wir sind hier geboren. Es gibt welche, die nach Kyjiw gezogen sind. Ihre Geschäfte liefen schleppend,

und so kamen sie wieder zurück. Es gibt auch welche, die dort geblieben sind", erzählt Oksana.

Sie schildert, wie die Jugend nach der Schule gen Moskau oder Sankt Petersburg strebe. Es sei schwierig, auf das ukrainische Festland zu gelangen. Es gelte, die Grenze zu überqueren, außerdem sei es kompliziert, den Kindern, die in der Ukraine studieren, Geld auf ihre Konten zu überweisen oder ihnen Sachen zu schicken.

„Es fällt mir schwer, festzustellen, ob es schlechter oder besser geworden ist. Soll ich etwa die ganze Zeit in Weltuntergangsstimmung verbringen? Manche Sachen haben sich nicht verändert – das Meer, die Wälder. Und wir Menschen, wir haben uns auch nicht verändert, denn wir bemühen uns weiterhin darum, in der Welt herumzukommen und weltoffen zu sein. Nur manchmal kommt das Gefühl auf, dass du die ganze Zeit unter der Aufsicht des ‚großen Bruders' lebst. Dennoch versuchen wir neutral zu bleiben und zusammenzustehen. Ich weiß nicht, ob es notwendig ist, sich von all dem abzuwenden – den Eltern, dem Haus, dem Geschäft, nur um eine leuchtende Zukunft dort zu suchen, wo man höchstwahrscheinlich gar nicht auf uns wartet", befindet sie schließlich.

Auf dem Nachimow-Platz in Sewastopol stehen russische Militärtechnik und Menschen in Uniform. Von den Mitgliedern der sogenannten Bürgerwehr – den „Verteidigern des Krim-Frühlings" ist nicht länger die Rede, sondern von Sondereinsatzkräften und Russland. 2014 wurde die Anwesenheit russischer Truppen in der Stadt noch kleingeredet.

„Ich hätte nicht gedacht, dass sich der Westen als so schwach und die NATO als ‚Papiertiger' erweisen. Ich hätte auch nicht erwartet, dass das so lange dauern wird, aber ich bin nach wie vor der Ansicht, dass es kein zweites Jahrzehnt unter Besatzung geben wird", so Andrij Mykolajowitsch, der in Wirklichkeit anders heißt. Er war Angehöriger der ukrainischen Armee und ist jetzt im Ruhestand. Während der Annexion half er dabei, zu den ukrainischen Stützpunkten Kontakt herzustellen. Er schlägt vor, etwas weiter aus dem „offiziellen Sewastopol" herauszufahren und die Menschen auf dem Markt – *„wo es entspannter zugehe"* – anzuhören.

Wir treffen uns am Hotel *Ukrajina*. Auf jedem Balkon hängt eine russische Flagge. Bis heute ist mir das Verhältnis der Einwohner zu den „Spuren der Ukraine" ein Rätsel. Im Hotel *Sewastopol* etwa, wo alle hohen Beamten absteigen, gibt es eine Filiale der „Lwiwer Schokoladenmanufaktur". Die Speisekarte ist komplett auf Ukrainisch. Die Quittung mit der Aufschrift „Krim, Russland" stecke ich als Erinnerung ein.

Ich frage mich, ob es auf dem Markt ukrainische Produkte oder Waren gibt, die - von Russland abgesehen - aus anderen Ländern importiert werden. Aber ich kann sie weder dort noch in einem großen Supermarkt ausfindig machen.

Andrij Mykolajowitsch berichtet, dass die Verkäufer noch wenige Tage zuvor über die Wahlen in der Ukraine diskutiert hätten. Sie bevorzugen Julija Timoschenko, da sie „schöne Versprechungen" mache. Doch die Menschen auf dem Markt weigern sich, über Politik zu reden. Die am stärksten politisch engagierten Personen, die ich während dieser Reise treffe, unterstützen Präsident Poroschenko. Auf die Frage, welche Medien sie verfolgen, antworten sie *ATR* und *Prjamyj*. Der Gang (beziehungsweise die Fahrt) an die Wahlurne ist selbst für die Willigsten unter ihnen mit hohen Kosten verbunden. Man muss sich erst in Cherson registrieren lassen, um dort wählen zu können, anschließend muss man das Ganze für die Stichwahl wiederholen. Die Reisekosten summieren sich auf bis zu 100 Dollar; das entspricht einer halben Monatsrente.

Auf sämtlichen Bildschirmen - in den Hotels, den Geschäften und Cafés - laufen russische Sender. Im Hotel zeigen sie den Film *Die Tawrida-Autobahn*, darin reist der Regimebarde Mamontow auf der Halbinsel herum, besichtigt die Baustellen und stellt Fragen wie: „*Ist es wirklich besser geworden, oder ist das nur Propaganda*?" Mamontow präsentiert einen nagelneuen Fuhrpark von Trolleybussen. Tatsächlich wurden in Sewastopol alle alten Trolleybusse ausrangiert. Im weiteren Verlauf wird ein Heizkraftwerk in Saky gezeigt, und zum Jahrestag der „Wiedervereinigung der Krim" ist Putin höchstpersönlich zur Einweihung eines Heizkraftwerks in Balaklawa angereist.

„Die heutigen Preise und Löhne mit denen von damals zu vergleichen – das zieht nicht länger als Argument", sagt Andrij Mykolajowitsch, als es wieder um Preise und Infrastruktur geht: *„Am wichtigsten ist der Glaube, dass man dich nicht vergisst, wenn du etwas unternimmst, und dass das Leben in der Ukraine wirklich besser ist."*

Vor fünf Jahren wurde mit der Verteilung von russischen Pässen an die Bewohner der Krim begonnen. Innerhalb von rund drei Monaten konnte man auf die russische Staatsbürgerschaft verzichten, stattdessen den ukrainischen Pass behalten und eine Aufenthaltsgenehmigung für fünf Jahre beantragen. Andrij Mykolajowitsch ist einer derjenigen, die sich für diese Option entschieden haben. In diesem Jahr wird sich zeigen, ob er bleiben darf. Ihm wurden zwei Ordnungswidrigkeiten aufgedrückt. Beide sind an den Haaren herbeigezogen, doch formal bilden sie eine hinreichende Grundlage, um ihm den weiteren Aufenthalt auf der Halbinsel zu verweigern: *„Ich will zwar hierbleiben, aber ich bin bereit, die Krim zu verlassen. Wie viele andere auch bin ich ein gebrochener Mensch. Ich habe einige Operationen hinter mir. In diesem Zustand und in meinem Alter fällt der Kampf schwer. Doch vor allem stellt sich die Frage: wofür kämpfen? Widerstand ist nur möglich, solange an seine Sinnhaftigkeit geglaubt wird. Doch hier kann man nur auf dem technischen oder intellektuellen Gebiet gewinnen. Gewalt führt zu nichts"*, fährt er fort – und ergänzt, dass auf der Krim keine Veränderungen zu erwarten sind: *„Mein Blick ist nach Kyjiw gerichtet. Meine größte Sorge ist, dass Putin sein Ziel erreicht hat – die Ukrainer zu Aggressivität anzustacheln. Aggressiv sind diejenigen, die Angst haben. Aber wir dürfen keine Angst haben. Sie fallen über die Schwächeren her. Wir dürfen nicht nach ihren Regeln spielen. Wir müssen anders sein als sie."*

***

In meiner Vorstellung hat jede Stadt auf der Krim ihre eigene Farbe. Simferopol ist grau. Wahrscheinlich wegen des Asphalts, der endlosen Straßenarbeiten, der Plattenbauten und der Gebäude der Behörden. Bachtschyssaraj ist gelb wie Sandstein. Das liegt wohl an den Häusern der Krimtataren, in denen ich mich zumeist aufgehalten habe. Jalta ist – wie die gesamte Nordküste – sogar im Winter grün wie eine Zypresse. Sewastopol ist weiß. Weiß wie die zentralen Bauten, die Theater, die sowjetischen Kinos und die Museen. Diese Stadt war schon immer irgendwie kalt. Unser letzter Tag auf der Krim ist sagenhaft sonnig, die Gebäude funkeln schneeweiß, das Meer dagegen leuchtet azurblau.

Zu guter Letzt nehmen wir meine Kommentare für den Film über die fünf Jahre der Annexion auf. Die Farbe des Wassers und der strahlende Tag bilden einen starken Kontrast zu meinen Worten: politische Gefangene, tote Patienten, Zensur. Das schöne Wetter löst geradezu Schuldgefühle in mir aus.

Überhaupt begleitet mich auf der Krim ständig ein Gefühl der Reue, und ich fühle mich oft schuldig. So ist es mir dieses Mal nicht gelungen, Switlana, die Lehrerin für ukrainische Literatur, die ich direkt nach den Schüssen auf die Himmlische Hundertschaft auf dem Maidan traf, ausfindig zu machen. Sie hat mir während der ersten Reisen sehr geholfen. Switlana nutzt keine sozialen Netzwerke, daher hatte ich nur ihre ukrainische Telefonnummer. Ein Jahr später gab es bereits keine ukrainischen Mobilfunkbetreiber mehr auf der Krim. Ich fühle mich schuldig, weil ich mehr hätte unternehmen müssen, um mich mit Switlana in Verbindung zu setzen, bevor es zu spät war.

Aufgrund des Wechsels einiger ukrainischer Telefonnummern habe ich auch den Kontakt zu einigen ukrainischen Soldaten und ihren Familien verloren. Sie im Internet zu finden ist nicht einfach. Der Armeedolmetscher Roman etwa hatte aus Sicherheitsgründen einen erfundenen Namen für das Telefoninterview angegeben und für Facebook ein anderes Pseudonym verwendet. Auf vielen meiner Reisen habe ich aus Sicherheitsgründen ein anderes Telefon verwendet, zuerst ein ukrainisches, dann ein russisches. Auf der Rückfahrt nach Kyjiw habe ich es nicht geschafft, die Namen und Nummern zu sichern und zu kopieren.

Mir war äußerst unbehaglich und sogar etwas traurig zumute, als Andrij Mykolajowitsch mich fragte, wie es dem ukrainischen Aktivisten ergangen ist, der uns im März 2014 miteinander bekannt gemacht hatte. Auch seine Nummer ist verlorengegangen – und das sogar zweimal. Ich traf den Jungen erneut am 5. September 2014, nur wenige Stunden vor der Unterzeichnung des Minsker Abkommens. Er schlief unter einem Baum in der Nähe eines Checkpoints in Mariupol. In der Nacht zuvor hatte er an Kämpfen teilgenommen.

Ich würde sehr gerne herausfinden, was aus dem Offizier im Ruhestand geworden ist, der sich dazu entschlossen hatte, auf der Krim zu bleiben, um die genauen Umstände des Todes seines Sohnes zu ergründen, der bei einem Verkehrsunfall ums Leben kam.

Vielleicht hätte ich noch weitere überlebende Patienten der Drogenersatztherapie finden können? Ich weiß lediglich, dass Jurij aus Sewastopol, der dort Geschäften nachging, nach Odessa gezogen ist. Von Zeit zu Zeit kehrt er zurück, um seine Eltern zu besuchen.

Ich mache mir auch Vorwürfe, dass ich es nicht geschafft habe, alle zu besuchen, denen ich es versprochen habe. Und ich werfe mir vor, dass wir, die wir unter deutlich besseren Bedingungen auf dem Festland leben, viel zu wenig tun. In Kyjiw kommt dieses Gefühl immer dann hoch, wenn ich wieder einmal Nachricht von einer weiteren Verhaftung erhalte. Besonders dann, wenn mir die Familien von politischen Gefangenen schreiben, die nun selbst zu Opfern von Repressionen werden. Es geht hier um Menschen, die, wie mir scheint, auf Aufmerksamkeit hoffen, da wir uns persönlich begegnet sind. Und obwohl wir jedes Mal über die Ereignisse berichten, scheint es, als würden sie sich im ewigen Strom der Nachrichten verlieren.

Dieses Mal schaffe ich es nicht zu Diljara, der Besitzerin des Cafés *Musafir*. Sie verbringt jetzt die meiste Zeit in Kyjiw, wo sie auf ihre Enkel aufpasst, während ihre Kinder arbeiten. Aber sie beharrt auf der Feststellung, dass sie sich nur vorrübergehend in der Hauptstadt aufhalte, dass sie *„immer noch in Bachtschyssaraj"* lebe und *„die Krim nicht verlassen"* habe.

Diljara Seitwelijewa ist die jüngere Schwester Mustafa Dschemiljews, des Anführers der Krimtataren. Sie mag es nicht, darauf reduziert zu werden. Diljara lebt ihr eigenes Schicksal und führt ihren eigenen Kampf. Auch sie gehört der krimtatarischen Bewegung an. In ihrer Jugend zu Sowjetzeiten ging sie auf die Straße, um zu demonstrieren. Sie kam aus Usbekistan auf die Krim zurück, als das noch verboten war, und wurde erneut von dort deportiert. Sie half anderen Krimtataren, die in die Heimat zurückkehren wollten. Mit bitterer Ironie in der Stimme erzählt sie, dass die Zeit, in der ihr Bruder hinter Gittern saß, für die Familie die ruhigste Periode seit der Deportation war: damals gab es keine ständigen Hausdurchsuchungen.

In diesem Jahr habe ich mehrfach mit Diljara telefoniert. Als ich sie in ihrem Haus am Rande von Kyjiw besuche, wo es hinter dem Zaun wie auf der Krim aussieht, muss ich daran denken, wie wir damals in der Nacht nach dem „Referendum" in ihrem kleinen Hotel untergekommen sind, das mittlerweile ebenfalls schließen musste. Diljara unterhielt sich damals lange mit meinem estnischen Bekannten. Sie erinnerte sich an die baltischen Dissidenten, die den Krimtataren Ende der 80er Jahre geholfen haben. Die litauischen, lettischen und estnischen demokratischen Bewegungen unterstützten Ukrainer wie Krimtataren durch ihre Pressetätigkeit im Untergrund. Einige ihrer Bekannten stiegen später an die politische Spitze ihrer Länder auf, wie etwa Vytautas Landsbergis. Er war Kopf der litauischen *Perestroika* und der erste Vorsitzende des unabhängigen litauischen Parlaments. Landsbergis war mehrmals auf der Krim und wohnte dabei in eben diesem Hotel.

Dieser Moment hat sich mir als besonders glücklich eingeprägt. In jenem März 2014 verbrachten wir nur einen Tag auf der Krim und waren dementsprechend in großer Eile. Es schien, als würden wir es sonst nicht schaffen, alles zu erzählen und zu zeigen und also irgendjemandem wenigstens irgendwie zu helfen.

Wir machten für zehn Minuten halt, um einen kurzen Blick auf die Felsen von Suwlu-Kaja, die vom Hotel aus sichtbar sind, zu erhaschen. Man nennt sie die Sphinxen von Bachtschyssaraj. Damals sah ich die Formation zum ersten Mal. Über den Felsen thronte eine russische Flagge. Mir wurde schwer ums Herz. Ich hatte das Gefühl, als würde ich etwas verlieren, dass ich gerade erst entdeckt hatte. Später fand ich heraus, dass über den Felsen von Suwlu-Kaja jahrelang die rote Flagge der Sowjetunion hing. Seit 2019 hängt sie wieder dort, anstelle der russischen Flagge.

Mein Gespräch mit Diljara war der Deportation ihrer Familie gewidmet, die drei Mal von der Krim vertrieben wurde. Zuerst 1929 als Kulaken, das zweite Mal 1944, und erneut im Jahr 1979. Sie erzählte, wie die Familie nach der *Perestroika* wieder zurückkehrte, wie sie in den 90er Jahren, den Jahren der Bandenkriminalität, wieder bei null anfing, und wie schwer die Nuller Jahre waren.

Nachdem ich ihr für das ausführliche Interview gedankt hatte, bat ich Diljara vor dem Abschied noch um ein paar Sätze an diejenigen, die langsam den Mut verlieren: die Familien, Freunde, Aktivisten, die - wie sie selbst zu sowjetischen Zeiten - auf ihre eingesperrten Angehörigen warten, und denen es vorkommt, als wäre der Widerstand gegen ein gigantisches Imperium zum Scheitern verurteilt: *„Vergesst niemals, dankbar zu sein. Unter keinen Umständen. Es könnte noch schlimmer sein. Man muss immer in Bewegung bleiben und darf niemals die Hoffnung verlieren. Das ist das Wichtigste. Man darf sich nicht in die Isolation begeben. Man muss einander unterstützen"*, sagte sie. So hat es ihre Mutter ihr beigebracht. Und sie fügte hinzu, dass auch sie besorgt sei, allerdings aus anderen Gründen: So treffe sie viele Ukrainer, die die Annexion beklagen. Doch wenn Sie ihnen Mut mache und darauf beharre, dass sie die Krim zurückholen, ernte sie bloß verständnislose Blicke.

„*Wie kann das sein?*“, fuhr sie überzeugt und fast schon belustigt fort: „*Wie können wir die Hoffnung verlieren, wenn schon so viel erreicht wurde? Ich führe mir immer die Hoffnungen unserer Eltern vor Augen. Wir haben bereits etwas gelernt und viel gesehen. Aber sie wurden immer verfolgt. Was konnten sie sich erhoffen? Und trotzdem haben sie ihren Glauben und ihre Hoffnung nicht verloren. Deshalb werden auch wir zurückkehren.*“

Nachwort
HOFFNUNG

September 2019

Moskau – Kyjiw

„Die Chance, mitzubekommen, wo genau in Lefortowo die ukrainischen Gefangenen herausgebracht werden, ist gering. Das Gefängnis hat viele Ausfahrten, und es ist schon vorgekommen, dass Gruppen von Journalisten gewartet haben und der Gefängnistransporter dann eine andere Ausfahrt genommen hat", erklärt mir der Redakteur eines unabhängigen russischen Fernsehsenders.

„Weiß man, zu welchem Flughafen die Gefangenen gebracht werden könnten? Wie bei den letzten Gefangenenaustauschen zwischen Russland und der Ukraine?"

„Beim letzten Mal sahen wir lediglich die Übertragung von RT (ehemals Russia Today), und die übertrugen live von einem unbekannten Militärflugplatz, daher ist alles ungewiss."

Ich versuche herauszufinden, was ich tun soll. Am Samstag, den 7. September 2019, wurden die Verwandten derjenigen ukrainischen Gefangenen, die in Russland inhaftiert sind, nach Kyjiw einbestellt – sie sollten frühmorgens an Ort und Stelle sein, um ihre Angehörigen zu empfangen. Die Gespräche über den Austausch dauern seit Wochen an, und im Vorfeld hatte es bereits eine Art falschen Alarm gegeben: russische *Telegram*-Kanäle hatten behauptet, dass der Austausch bereits angefangen habe, was alle in hellen Aufruhr versetzte. Doch damals hatte man die Verwandten nicht informiert, und die ukrainischen Behörden hatten niemanden einbestellt. Diesmal ist es anders. Dennoch haben wir noch keine Gewissheit.

Ich befinde mich in Moskau, und es ist gewiss aussichtsreicher, zum Untersuchungsgefängnis Lefortowo zu fahren, selbst wenn dort nichts passiert, als die Newsfeeds der staatlichen Medien zu verfolgen, denen man nur schwerlich vertrauen kann. Doch neben der Warterei auf den Austausch haben wir noch einen anderen Auftrag (wir bereiten Material über die russischen Proteste vor), und es gibt keine Garantie, dass etwas geschehen wird.

Die letzten beiden Nächte war ich unterwegs. Da es keinen Direktflug gibt, muss man über Minsk nach Moskau fliegen. Um also vor Ort keinen Arbeitstag zu verlieren, sind wir um drei Uhr nachts zum Flughafen gefahren. Ich kann mich kaum auf den Beinen halten und beratschlage mit der Redaktion, was genau ich in Lefortowo tun könnte. Nachts unter einem Gefängnis ausharren und bestenfalls filmen, wie ein Fahrzeug durch ein Tor fährt? Die Redaktion versucht mich davon zu überzeugen, dass es sich nicht lohnt. Aber ich entscheide mich dazu, dennoch hinzufahren.

Gegenüber dem Gefängnistor hat ein kremlfreundlicher Fernsehsender eine Kamera aufgebaut. Ich mache Fotos. So ist die Lage. Alle warten.

„Warum machen Sie Fotos?“ Ein junger Mann kommt auf mich zu. Seine Stimme klingt leicht empört. Er spricht natürlich Russisch.

„Wir sind Kollegen.“

„Woher? Aus Kyjiw? Vom Fernsehsender 112?“

„Nein, von Hromadske.“

„Ach, wie sehr ich meine Heimat vermisse“ – vollkommen unerwartet wechselt er ins Ukrainische und erzählt, dass er *Hromadske* während des Maidan verfolgt habe.

„Woher kommst du?“

„Aus Sewastopol.“

„Und wie bist du hier gelandet?“

„Ich habe zuerst ein Fernstudium an der Staatlichen Lomonossow-Universität Moskau aufgenommen und bin dann vor ein paar Jahren zum Vollzeitstudium hierhergekommen.“

Meine Aufgabe ist eindeutig: ich muss in Erfahrung bringen, was über den Austausch bekannt ist, ob er stattfindet, und wohin die Inhaftierten gebracht werden sollen. Natürlich könnten wir eine Grundsatzdebatte über die Annexion vom Zaun brechen, aber es ist drei Uhr nachts, und ich stehe in Moskau vor dem berühmt-berüchtigten Lefortowo-Gefängnis. Schließlich lässt der Journalist die Bemerkung fallen, dass die Reporter seines Fernsehsenders seit letzter Woche 12-Stunden-Schichten vor dem Gefängnis schieben. Seitdem sei die Kamera des staatlich-patriotischen Fernsehsenders *Swesda* (*Stern*) ununterbrochen auf die Tore des Untersuchungsgefängnisses gerichtet. Der Journalist arbeitet nicht in der Politikredaktion, er ist einfach mit seiner Schicht an der Reihe. Er erzählt, was er in den langen Arbeitsnächten alles gesehen und gehört hat – von den Schwätzchen lokaler Trinker bis hin zu Sex unter dem Gefängniszaun. Zwischendurch beschwert er sich darüber, dass der ukrainische Fernsehsender *112* – im Gegensatz zu den russischen Staatssendern – gemeinsam mit dem Taufpaten von Putins Tochter, Wiktor Medwedtschuk, das Gelände von Lefortowo habe betreten dürfen.

Allmählich begreifen wir, dass der Bus das Gefängnis nur über das gegenüberliegende Tor verlassen kann, da die übrigen Ausfahrten zu schmal sind für die beiden Busse, die bislang auf das Grundstück gefahren sind. In solchen Bussen finden bis zu 35 Personen Platz – genauso viele, wie der Übereinkunft entsprechend freigelassen werden sollen. Darunter befinden sich 24 im November 2018 in der Seestraße von Kertsch gefangengenommene Seeleute sowie elf politische Gefangene: Oleh Senzow, Oleksandr Koltschenko, Mykola Karpjuk, Stanislaw Klych, Roman Suschtschenko, Wolodymyr Baluch, Jewhen und Artur Panow, Pawlo Hryb, Oleksij Syzonowytsch sowie der kranke Edem Bekirow.

Ich finde einen Platz, von dem aus man einen auf dem Gelände des Gefängnisses geparkten Bus sehen kann, und schicke ein Video davon an die Redaktion – als Puzzlestück dieser Geschichte. Wir können das Video veröffentlichen, sobald wir aus vertrauenswürdigen Quellen die Bestätigung erhalten, dass der Austausch angefangen hat. Die nächtlichen Unterhaltungen helfen dabei, die Lage besser zu verstehen: etwas ist im Gange, und das Team in Kyjiw muss sich bereithalten.

Ich versuche, in Erfahrung zu bringen, zu welchem Flughafen die Gefangenen gebracht werden könnten. Ein weiterer Journalist von *RT* steuert auf uns zu: „*Warum müssen wir drei Ukrainer uns ausgerechnet hier begegnen?*“, sagt der erste Journalist.

„*Und wer ist der dritte?*“

„*Das bin ich*“, sagt der neue Journalist.

„*Woher kommst du?*“

„*Aus Sewastopol. Ich habe dort bei der russischen Marine gedient, aber als alles anfing, habe ich noch im Februar ein Entlassungsgesuch eingereicht und begriffen, dass ich verschwinden muss.*“

Die beiden fragen mich nach Kyjiw aus und bedauern, dass sie schon viel zu lange nicht mehr dort gewesen sind und die Stadt und ihre Angehörigen vermissen – einer der beiden hat enge Verwandte dort. Er vermutet, dass ihm die Einreise in die Ukraine verwehrt wurde, da er seit dem Beginn der Kriegshandlungen im Donbas nicht mehr dort gewesen sei. Der andere reise noch gelegentlich ins Land, doch jedes Mal mache er sich Sorgen, ob sie ihn wieder hineinlassen.

Unter anderen Umständen und an einem anderen Ort würde ich mich wohl ausführlich mit ihnen darüber unterhalten, was sie hierher verschlagen hat, was sie wirklich denken, und warum sie – wenn sie schon bei einem staatlichen Nachrichtensender arbeiten – im Gespräch mitunter ins Ukrainische wechseln und ihnen nicht in den Sinn kommt, sich untereinander anders als Ukrainer zu bezeichnen – zumindest hier und jetzt.

Es ist schon bizarr, dass sich um drei Uhr nachts unter dem Zaun eines Moskauer Gefängnisses von zweifelhaftem Ruf so viele Ukrainer und Krimbewohner eingefunden haben – drei auf dieser, weitere 35 auf jener Seite des Zauns.

Die beiden schlaflosen Nächte machen sich bemerkbar, und mir wird bewusst, dass ich – im Gegensatz zu den Staatssendern, die genügend Personal haben, um sich vor dem Gefängnis abzuwechseln – in den kommenden Tagen auf mich alleine gestellt arbeiten werde. Doch falls es zum Gefangenenaustausch kommt, werde ich Kraft brauchen.

Ich sage Bescheid, dass ich gehe, weil ich es mir nicht erlauben kann, die ganze Nacht hier zu verbringen. Falls es zu einem Austausch kommt, wollen wir filmen, wer freigelassen wurde und wie die Inhaftierten in Empfang genommen werden.

„Gib mir deine Telefonnummer“, bitte ich einen der Sewastopoler, bevor ich gehe: *„Für alle Fälle. Falls etwas sein sollte.“*

„Du wirst mich aber nicht verraten? Ich habe eine Mutter dort, ich will zu ihr fahren.“

Ich lasse ihm meine Nummer da und gebe ihm zu verstehen, dass er sich keine Sorgen machen muss.

Gegen sieben Uhr morgens erhalte ich eine SMS: *„Es hat angefangen.“*

Wir schaffen es noch rechtzeitig, um die Abfahrt der Busse aus Lefortowo gegen halb neun Uhr morgens mitzuverfolgen. Vor dem Untersuchungsgefängnis tummeln sich zahlreiche Fahrzeuge mit eingeschalteten Warnlichtern, und abgesehen von den bereits bekannten Journalisten hat sich eine Vielzahl weiterer russischer Journalisten der größten Fernsehsender eingefunden, ebenso einige ukrainische Journalisten sowie eine russische Freiwilligenhelferin, die fortwährend den ukrainischen Gefangenen geholfen hat.

Ich hätte diesen Moment gerne ausgekostet und mich an dem Gedanken erfreut, dass ich Zeugin eines außergewöhnlich bedeutsamen Ereignisses bin, da die Menschen, deren Freiheit wir herbeigesehnt haben, nun endlich freigelassen werden. Aber ich muss sicherstellen, dass das Telefon aufgeladen ist, dass die Kopfhörer funktionieren und dass die Internetverbindung für eine Live-Übertragung ausreicht. Die Tore öffnen sich, und zwei Busse verlassen zügig und in Begleitung von Fahrzeugen der Sondereinsatzkräfte das Gefängnis. Wir springen ins Auto, aber es liegt auf der Hand, dass wir die Eskorte nicht einholen können: *„Zwei Busse mit eingeschalteten Warnleuchten haben soeben das Lefortowo-Gefängnis verlassen. Dort werden ukrainische politische Gefangene festgehalten.“* Solange offizielle Quellen in Kyjiw nicht bestätigen, dass der „Prozess des Gefangenenaustauschs eingeleitet“ wurde, können wir nichts Genaueres berichten.

In diesen Minuten positionieren sich die Vertreter von Dutzenden – zumeist regierungsfreundlichen – russischen Medien vor den Toren des Regierungsterminals des Flughafens Moskau-Wnukowo. Ein ums andere Mal fahren Autos mit Warnleuchten vor. Wir schließen uns der Live-Übertragung an und teilen unsere Beobachtungen mit. Eine russische Regierungsmaschine erhebt sich in die Lüfte, anschließend landet ein Flugzeug mit einer ukrainischen Flagge an Bord – man kann sie durch das nahegelegene Waldstück hindurch sehen.

Es ist heiß draußen. Auch die bekannten russischen Propaganda-Journalisten Skabejewa und Kisseljow halten sich hier auf – im Gegensatz zu den anderen dürfen sie das Terminal nach wie vor betreten.

Obwohl das Ereignis einige Stunden in Anspruch nimmt, bleibt keine Zeit zum Nachdenken. Hauptsache, die Ausrüstung funktioniert. Wir sind auf unserem Posten und sollen das Geschehen verfolgen. Am liebsten würde ich die Freilassung am Flughafen Kyjiw-Boryspil mitverfolgen, anstatt mitten auf der Straße neben dem abweisenden Zaun des Terminals Wnukowo-Zwei herumzustehen.

Die Hitze ist unerträglich, aber immerhin gibt es Wasser. Mein Kameramann und ich sind abgelenkt; wir versuchen, auf dem Handy den Stream zu schauen – jene 15 Minuten, in denen die Ukrainer, die nach Kyjiw zurückgekehrt sind, aus dem Flugzeug steigen.

„Ohh! Budzylo! Mokrjak! Schau, da ist Mokrjak! Und Eider!“ Ich schreie vor Glück: *„Da, schau, da ist Klych! Und Pascha! Pascha Hryb! Baluch! Koltschenko“*, schreie ich weiter.

„Was ist los?“, wollen einige Journalisten wissen. *„Was schaut ihr da?“*

„Stream aus Kyjiw.“

Wir sind umgeben von knapp 70 russischen und ausländischen Medienvertretern, die offenkundig gelangweilt sind. Aber sie müssen die Tore von Wnukowo-Zwei im Auge behalten: jederzeit könnten diejenigen, die nach Moskau gebracht wurden, herausgefahren werden. Gleichzeitig scheint es, als wären wir alleine hier, denn die einzigen, die unsere Freude nachempfinden können, sind zwei weitere Journalisten aus der Ukraine, die russische Freiwillige und einige unabhängige russische Journalisten. Einer davon bestätigt, dass die Familien der nach Russland überstellten russischen Gefangenen, ebenso wie die Angehörigen von Wladimir Zemach, einem der Verdächtigen des Abschusses der Malaysia *Boeing* MH17, nicht von den russischen Behörden, sondern von Journalisten vom Austausch erfahren haben. Auf sie wartet niemand an der Landebahn.

„Oleh! Oleh! Senzow wurde definitiv freigelassen!" Es ist wirklich passiert. Etwa eine Stunde später kann man beobachten, wie der Propagandist Kisseljow den im Zuge des Gefangenenaustauschs freigelassenen Journalisten und Leiter der Nachrichtenagentur *RIA Nowosti Ukraine,* Kirill Wyschinski, mit einem Fahrzeug des Senders *RT* abholt. Nach einer Weile sehen wir, dass dieselben zwei Busse, die wir im Lefortowo-Gefängnis gesehen haben, durch ein etwas weiter entferntes Tor hinausfahren. Sie rasen buchstäblich an uns vorbei, während wir diesen Augenblick live übertragen.

Am Abend kehren wir nach Moskau zurück. Natürlich wären wir jetzt gerne in Kyjiw.

Erneut haben wir die ganze Nacht kein Auge zugemacht, da wir über Minsk nach Kyjiw zurückgeflogen sind. Während ich vom Flughafen in die Stadt fahre, beginnt die erste Pressekonferenz von Oleh Senzow und Saschko Koltschenko. Wie sich herausstellt, wollen die beiden Männer im Anschluss danach zum Mittagessen – und ich kann sie begleiten.

Beide sind mir im Grunde fremd, da wir uns nicht persönlich kennen. Im Laufe der Jahre habe ich wiederholt ihre Mütter, Kinder und ihre Verwandten getroffen und habe sogar das Zuhause von einem von ihnen aufgesucht. Ihre Portraits finden sich auf den T-Shirts, die ich getragen und Regierungsvertretern westlicher Staaten geschenkt habe, sie hängen an den Wänden unserer Redaktionsräume. Für wirklich viele von uns sind ihre Profile zu einem vertrauten Anblick geworden. Aber was will das heißen?

Während wir uns kennenlernen und er sich meine Telefonnummer notiert, sagt Oleh sofort, dass er sein erstes Interview mit *Hromadske* führen wolle, und bittet darum, niemandem etwas davon zu sagen.

Ich erzähle ihm von der Krim und frage ihn nach dem Gefängnis. Ich sage, ich hätte Angst, dass andere politische Gefangene nicht so bekannt seien und in Vergessenheit geraten könnten. Er versichert, dass er für die anderen politischen Gefangenen selbstverständlich alles in seiner Macht stehende tun werde. Doch in beruflicher Hinsicht wolle er sich der Filmemacherei widmen und als Regisseur arbeiten. Vor allem jedoch wolle er einfach das Leben genießen.

Gegen Ende der Woche wird Oleh mir schreiben, dass er zu dem Interview bereit ist. Wir sind aufgeregt und bereiten uns gründlich vor. Er schenkt uns eine Collage aus Papier, die einen Gefängnisfernseher mit dämlich dreinblickenden Gesichtern von Putin und Kadyrow darstellt. Darunter steht: „*Hromadske*, lasst euch nicht verbiegen". Ich schenke ihm sein autobiografisches Werk *Marketer*, das frisch aus der Druckerei gekommen ist und das er daher noch nicht gesehen hat. Es scheint, als würde genau das ihn ehrlich freuen.

Ich lese das Buch und versuche, in dem autobiografischen Text die Stellen ausfindig zu machen, in denen die Orte auf der Krim, die ich besucht habe, beschrieben werden. Senzow schreibt viel über sein Dorf Skalyste (ohne das kenntlich zu machen), und darüber, dass er „*nicht begriff, dass es Menschen gibt, die nicht bereit sind, für ihren Traum bis zum Äußersten zu gehen*". Es ist schwierig, das Bild des Freiheitskämpfers und des berühmtesten politischen Gefangenen von dem Bild eines gewöhnlichen Menschen zu trennen. Sascha Koltschenko kommt ebenfalls zu uns ins Studio und flachst herum, dass es an der Zeit sei, sein Konterfei auf die „*Wand der Krim bei Hromadske*" zu malen.

Währenddessen sprechen die Kollegen mit anderen politischen Gefangenen – mit dem Hauptbootsmann der *Jana Kapu*, Jurij Budzylo, und dem jüngsten der gefangenen Seeleute Andrij Eider, der seiner Freundin, die während seiner Gefangenschaft auf ihn gewartet hat, einen Heiratsantrag macht. Und wir veröffentlichen ein Interview mit Pawlo Hryb.

In den fünf Jahren der Berichterstattung über die Krim sind dies die ersten positiven Emotionen, die mit der Halbinsel verbunden sind. Wie das *Happy End* eines Spielfilms in Überlänge. Aber es bleibt nicht genügend Zeit, um das zu realisieren – andere Nachrichten beanspruchen unsere Aufmerksamkeit.

Gleichzeitig habe ich Gewissensbisse: Die Geschichte der besetzten Krim und der Menschen, die dort geblieben sind, ist noch nicht zu Ende. Und diejenigen, die in die Freiheit entlassen wurden, sind trotz des Glückstaumels noch nicht nach Hause auf die Krim zurückgekehrt.

Danksagung

Irgendwann nach einer meiner ersten Reisen auf die Krim fiel es mir zu, mich mit einigen Kollegen aus der Hauptstadt zu streiten, die darauf bestanden, dass es sinnlos und Zeitverschwendung sei, auf die Krim zu reisen, da *„es unmöglich ist, verifiziertes Material von dort mitzubringen, denn die Zensur ist überall, und unter solchen Bedingungen werden die Bewohner nichts preisgeben."* Sie führten Beispiele aus anderen Konflikten oder autoritären Regimen an. Doch sie haben sich getäuscht. Journalisten haben schon immer versucht, eine bestimmte Gegend zu betreten, selbst wenn ihr Staat als Feind angesehen wurde. In der heutigen Welt stellt die physische Möglichkeit des Zutritts ein viel größeres Problem dar als die „örtliche Zensurkontrolle", da sie primär vom Vorhandensein eines von den Behörden ausgestellten Visums abhängt. Es ist diese Unmöglichkeit, ein Visum zu erhalten, die den Korrespondenten den Zutritt nach Syrien, Nordkorea oder Russland verwehrt.

Vielen Journalisten von der Krim bleibt die Einreise auf die Festlandukraine verwehrt – sie stehen auf der Liste unerwünschter Personen. Für Ukrainer vom Festland ist es einfacher, auf die Krim zu gelangen. Auf der Halbinsel, die uns näher und vertrauter ist als den Ankömmlingen aus Russland, heben wir uns nicht so vom Rest ab wie beispielsweise ein US-amerikanischer oder westeuropäischer Journalist im Iran.

Vor diesem Hintergrund möchte ich mich zunächst bei der Redaktion von *Hromadske* bedanken, die in den ganzen sechs Jahren nie die Frage aufgeworfen hat, wozu es gut sei, auf die besetzte Krim zu reisen und diese ganzen Geschichten zu liefern – sei es das Pseudoreferendum oder der Jahrestag der Deportation, die Geschichte über die Angehörigen der politischen Gefangenen, der Amoklauf an einer Schule in Kertsch oder auf den ersten Blick „nur ein weiterer" Jahrestag der Annexion. Diese Redaktion war bereit, sowohl Risiken auf sich zu nehmen als auch Verantwortung zu übernehmen, die vor allem jedoch den Wert jedes Satzes und Fotos erkannt hat, trotz des Umstandes, dass Geschichten von der Krim mit den Jahren an Popularität eingebüßt haben. In der Einleitung habe ich betont, dass es viele wunderbare ukrainische Journalisten und Projekte gibt, die sich mit der Krim befassen und denen ich für ihre Arbeit danke.

Ebenso geht mein Dank ganz grundsätzlich an *Hromadske* als politisches Medienunternehmen mit begrenzten Ressourcen, das mir jede erdenkliche Unterstützung hat zukommen lassen. Dahinter steht ein ganzes Team von Menschen - Videografen, Videoeditoren (ausdrücklich Nikita Mikjensin, mit dem ich den Film *Krim, ich liebe dich*, das Ergebnis unserer ersten Reise, realisiert habe), Produzenten, Redakteure und andere Kollegen, die an meiner Seite standen und immer noch stehen.

Besonders erwähnen möchte ich das Team von *Hromadske.Krim*, mit dem wir einige Projekte gemeinsam umgesetzt haben. Ich danke hiermit Julia Stets, Olja Wolynets, Natalija Kokorinija, Serhij Mokruschyn und selbstverständlich Maksym Koscheljew.

Ich danke auch dem Team hinter der russischsprachigen Ausgabe von *Hromadske*, das für diejenigen über die Ukraine berichtet, die kein Ukrainisch sprechen, sowie *Hromadske international*, die es einem englischsprachigen Publikum ermöglichen, die Realität der heutigen Krim kennenzulernen. Und natürlich geht mein Dank an die Redakteure der Homepage und der sozialen Netzwerke, die über den Texten gebrütet und größtmögliches Verständnis für die hastig *„unterwegs auf Knien“* verfassten Texte aufgebracht haben.

Ich hatte großes Glück mit dem Verlag *Staryj Lew* (*Alter Löwe*), der es sich zur Aufgabe gemacht hat, dieses Buch so schnell wie möglich zu veröffentlichen, und mich positiv überrascht hat damit, wie angenehm sich die Zusammenarbeit zwischen Autorin und Verlag gestalten kann.

In den ersten Jahren nach der Annexion habe ich nur Videos gedreht und keine Reportagen verfasst, daher hat Nastja Koltschenko dabei geholfen, die stundenlangen Aufzeichnungen der damals geführten Interviews zu transkribieren und die Ereignisse zu rekonstruieren.

Ich bin Angela Osypowa und Ksenija Turkowa außerordentlich dankbar für die Möglichkeit, die russische Übersetzung des Buches als *E-Book* zugänglich zu machen, damit es auch außerhalb der Ukraine gelesen werden kann. Ich bin ehrlich davon überzeugt, dass die Art und Weise, wie die Annexion der Krim vonstattenging, und vor allem das Leben der Menschen auf der Halbinsel sowohl den Bewohnern postsowjetischer Länder als auch allen, denen diese Region am Herzen liegt, die aber kein Ukrainisch sprechen, nicht gleichgültig ist.

Mein Dank gilt Kateryna Mishchenko, die in ihrem Vorwort so profund zum Kern dessen vorgedrungen ist, was ich sagen wollte, und mich auch zum Buchtitel inspirierte. Und Ihor Balynskyj, der für Orientierung im ukrainischen Verlagswesen sorgte.

Nur dank der Fotografin von *Hromadske,* Nastija Wlasowa, konnte ein solches Projekt wie *Getrennt* gelingen, für das sie die Angehörigen der politischen Gefangenen portraitiert hat und wir die Aufnahmen für die Veröffentlichung verwenden konnten.

Meine grenzenlose Dankbarkeit gilt auch den mitreisenden Videografen auf die Krim. Auf solchen Reisen kann man nur mit denen zusammen sein, denen man mehr vertraut als sich selbst und die man ohne Worte versteht. Da wären Saschko Nazarow – der erste aus dem Team, der mit mir losfuhr, um den Film *Einmal um die halbe Welt* über die Haft von Senzow und Koltschenko zu drehen, Saschko Popenko, der während der Tragödie von Kertsch mit großem Einfühlungsvermögen gearbeitet hat, und die leitende Direktorin bei *Hromadske*, Anja Tsyhyma, mit der ich gemeinsam den Stützpunkt der *Nachtwölfe* am Hasford-Berg besucht habe, und die leider die Erfahrung machen musste, dass sie nicht so viele Gesprächspartner auf der Krim aufnehmen kann, da sie einen Auftritt vor der Kamera nicht riskieren wollen. Trotz allem ist es ihr gelungen, den Film *Der Preis der Annexion ist das Leben* zu realisieren.

Eine besondere Rolle in dieser Geschichte spielt mein alter Freund Silwer Mejkar, der vor mir, im März 2014, auf die Krim gereist ist und sich dazu bereiterklärt hat, mein „ausländisches Cover" zu werden. Ohne diese Reise gäbe es die anderen nicht.

In meinem vorherigen Buch Der *Tahrir-Platz* habe ich meiner Mutter Halyna und meiner Schwester Olena Gumenyuk dafür gedankt, dass sie *„sich irgendwann mit meiner Arbeit abgefunden und aufgehört haben, Fragen zu stellen"*. Ich danke ihnen erneut dafür, obwohl ich weiß, dass sie sich kaum weniger Sorgen gemacht haben. Und wenn ich bei der ersten Reise noch vorgab, *„irgendwo unterwegs und busy"* zu sein, reicht mittlerweile ein kurzer Anruf aus: *„Ich fahre übrigens auf die Krim und überquere gleich den Checkpoint, ich werde nicht erreichbar sein, ich habe dort Bekannte, und ihr wisst ja, dass ich sehr gerne auf der Krim arbeite – ich bin in ein paar Tagen zurück."*

Das alles wäre ohne die Unterstützung meines Mannes Petr Ruzawin nicht so einfach gewesen. Dabei ist es nicht nur so, dass ich weiß, dass ich niemals alleine bin, egal wo ich bin, und dass *„alles gut wird, wie immer"*. Das wichtigste ist die gemeinsame Vorstellung, dass es in unserem Leben keine „Arbeit" im normalen Sinne gibt – egal, ob es notwendig ist, alles neu zu planen oder mitten in der Nacht nach Lefortowo zu fahren. Das, was wir beide tun, ist unser Leben.

Mein größter Dank gilt der Redaktion – Wlad Azarow, der einen der ersten Rohentwürfe gelesen und Wiktorija Kurtschynska, die die Illustrationen ausgewählt und für die Veröffentlichung vorbereitet hat. Und natürlich Angelina Karjakina, die Chefredakteurin von *Hromadske*, die in ihrer Freizeit zur Herausgeberin dieses Buches geworden ist, und deren Ratschläge das Buch tiefsinniger, bunter, offener und damit auch aufrichtiger und wahrhaftiger gemacht haben. Ich danke auch für die Sorgfalt, die mir manchmal abgeht, die vorbildliche Ethik und den hohen Anspruch bei der Arbeit in all ihrer Komplexität und ihren Widersprüchen. Danken möchte ich auch dem Übersetzer dieses Buches, Johann Zajaczkowski, der mit seinem Einsatz und seiner nuancierten und gewissenhaften Übersetzung dieses Buch für eine deutschsprachige Leserschaft zugänglich gemacht hat.

Doch natürlich würde es dieses Buch nicht geben ohne seine Helden, die ihre Zeit, ihre Aufrichtigkeit und auch ihr Vertrauen gegeben haben. Ohne die Krimbewohner, die gezwungen waren, die Krim zu verlassen, aber aus Kyjiw dabei halfen, sich vor Ort zu orientieren, wie etwa Walja Samar oder Sascha Dworetsko und viele andere. Ohne alle hier erwähnten Familien der politischen Gefangenen, die sich im Gespräch mit uns wieder erinnern mussten und erneut ihr Leid durchlebt haben. Ohne den Menschenrechtsaktivisten Pawlo Skala vom *Bündnis für öffentliche Gesundheitsfürsorge*, der einer der wenigen ist, die alles dafür getan haben, um das Leben der Drogenabhängigen auf der Krim zu retten. Ohne die Aktivisten, Menschenrechtler und couragierten Anwälte, die so viel dafür getan haben, um den Stimmen der Krim zu ihrem Recht auf Gehör zu verhelfen.

Und doch bleibt diese Danksagung unvollständig. Schließlich kann ich die Menschen, die es am meisten verdient hätten, nicht nennen. Und das sind alle, die irgendein Problem im hintersten Winkel der Krim lösen konnten – einen Kontakt finden, sich kennenlernen, hinbringen, treffen und mir zur Seite zu stehen. Diejenigen, bei denen ich untergekommen bin, und die ich ohne Vorwarnung einmal im Jahr anrufen und um ein Treffen bitten konnte, indem ich einfach sagte: *„Ich bin hier, bei euch."* Ihnen habe ich es zu verdanken, dass ich die letzten sechs Jahre nirgendwo mehr Gastfreundschaft und Aufrichtigkeit erfahren habe als auf der besetzten Krim. Doch am meisten danke ich ihnen nicht für die Hilfe, die sie mir haben zuteilkommen lassen, sondern für die unglaubliche Inspiration und Bewunderung, die sie durch ihre Haltung, für die sie oft leiden müssen, hervorrufen, und für ihre Menschlichkeit und Willensstärke. Da ich weiß, dass es diese Menschen gibt, bin ich überzeugt, dass wir die verlorene Insel schneller wiederfinden, als wir glauben.

UKRAINIAN VOICES

Collected by Andreas Umland

1 *Mychailo Wynnyckyj*
Ukraine's Maidan, Russia's War
A Chronicle and Analysis of the Revolution of Dignity
With a foreword by Serhii Plokhy
ISBN 978-3-8382-1327-9

2 *Olexander Hryb*
Understanding Contemporary Ukrainian and Russian Nationalism
The Post-Soviet Cossack Revival and Ukraine's National Security
With a foreword by Vitali Vitaliev
ISBN 978-3-8382-1377-4

3 *Marko Bojcun*
Towards a Political Economy of Ukraine
Selected Essays 1990–2015
With a foreword by John-Paul Himka
ISBN 978-3-8382-1368-2

4 *Volodymyr Yermolenko (ed.)*
Ukraine in Histories and Stories
Essays by Ukrainian Intellectuals
With a preface by Peter Pomerantsev
ISBN 978-3-8382-1456-6

5 *Mykola Riabchuk*
At the Fence of Metternich's Garden
Essays on Europe, Ukraine, and Europeanization
ISBN 978-3-8382-1484-9

6 *Marta Dyczok*
Ukraine Calling
A Kaleidoscope from Hromadske Radio 2016–2019
ISBN 978-3-8382-1472-6

7 *Olexander Scherba*
Ukraine vs. Darkness
(Undiplomatic Thoughts)
With a preface by Adrian Karatnycky
ISBN 978-3-8382-1501-3

8 *Olesya Yaremchuk*
Our Others
Stories of Ukrainian Diversity
With a foreword by Ostap Slyvynsky
Translated from the Ukrainian by Zenia Tompkins and Hanna Leliv
ISBN 978-3-8382-1475-7

9 *Nataliya Gumenyuk*
Die verlorene Insel
Geschichten von der besetzten Krim
Mit einem Vorwort von Alice Bota
Aus dem Ukrainischen übersetzt von Johann Zajaczkowski
ISBN 978-3-8382-1499-3

***ibidem**.eu*